Europa ist ein Pulverfass, und die Zündschnur brennt: In Nordafrika warten 2,5 Millionen Menschen auf eine Gelegenheit, in Booten das Meer nach Europa zu überqueren, und täglich sterben Menschen bei diesem Versuch. In den Großstädten haben sich ganze Bezirke in Ghettos verwandelt. In Frankreich rebellieren die Enkel der Zuwanderer in zerstörerischen Aufständen gegen ihren Ausschluss aus der Gesellschaft. Der Extremismus unter islamischen Jugendlichen hat in Amsterdam und London zu Attentaten geführt, ausgeübt von jungen Europäern aus Zuwanderer-Familien.
Europa hat sich zu einer Zwei-Klassen-Gesellschaft entwickelt, in der selbst noch die Enkel von Zuwanderern als „Ausländer" gelten und der Bedarf an Arbeitskräften durch zehn Millionen „Illegale" ohne jegliche Rechte gedeckt wird. Die Politik reagiert auf die explosive Situation mit dem Bau einer Festung: Die Grenzen werden geschlossen – außen mit Stacheldraht, innen mit unsichtbaren Barrieren.

Corinna Milborn, geboren 1972, ist Politikwissenschaftlerin und Journalistin in Wien. Als Chefredakteurin der Menschenrechtszeitschrift „liga" und als Politik-Redakteurin bei dem österreichischen Nachrichtenmagazin „Format" setzt sie sich seit Jahren mit den Themen Migration, Integration und Parallelgesellschaften auseinander. Mit Waris Dirie hat sie zuletzt das erschütternde Buch „Schmerzenskinder" recherchiert und die Ausländerghettos, u. a. in Berlin, London, Paris, Amsterdam, Mailand und Madrid besucht.

Unsere Adressen im Internet: www.fischerverlage.de

Corinna Milborn

Gestürmte Festung Europa

Einwanderung zwischen Stacheldraht und Ghetto
DAS SCHWARZBUCH

Fischer Taschenbuch Verlag

Veröffentlicht im Fischer Taschenbuch Verlag,
einem Unternehmen der S. Fischer Verlag GmbH,
Frankfurt am Main, Januar 2009

Lizenzausgabe mit freundlicher Genehmigung
des Styria Verlags, Wien-Graz-Klagenfurt
© 2006 by Styria Verlag
in der Verlagsgruppe Styria GmbH & Co KG, Wien-Graz-Klagenfurt
Buchgestaltung: Bruno Wegscheider
Druck und Bindung: Druckerei C. H. Beck, Nördlingen
Printed in Germany
ISBN 978-3-596-17986-2

Inhalt

Einleitung — 6

Kapitel 1:
An der Grenze — 12

Kapitel 2:
Todesfalle Mittelmeer — 38

Kapitel 3:
Illegal — 60

Kapitel 4:
Asyl: In Lagern und Gefängnissen — 84

Kapitel 5:
Gespaltene Gesellschaft — 100

Kapitel 6:
Frauen zwischen den Welten — 122

Kapitel 7:
Aufstand in den Ghettos — 138

Kapitel 8:
Terror in Londonistan — 154

Kapitel 9:
Die Pflicht, trotz allem zu gehen — 178

Schlussbetrachtung:
Wie weiter? — 198

Anhang — 208
Danksagung — 222
Anmerkungen — 224

Einleitung

Alle Menschen sind frei und gleich an Würde und Rechten geboren. Sie sind mit Vernunft und Gewissen begabt und sollen einander im Geiste der Brüderlichkeit begegnen.

(Artikel 1 der Menschenrechtsdeklaration)

Europa ist dabei, eine Festung gegen Einwanderung zu bauen. An den Außengrenzen werden die Zäune und Überwachungsanlagen verstärkt. Im Mittelmeer und auf dem Atlantik patrouilliert die Marine, um Flüchtlingsboote aufzuhalten. Im Inneren Europas werden Gesetze geschaffen, die Ausländer von der Gesellschaft immer weiter ausschließen, und die unsichtbaren Barrieren gegen Einwanderer und ihre Nachkommen verdichten sich, bis hin zur Bildung von Ghettos in den großen Städten. Dieser Festungsbau ruft Widerstand hervor: Die Festung Europa wird unterlaufen und immer öfter auch gestürmt.
Ich habe für dieses Buch Schauplätze an diesen Grenzen besucht und mit den Menschen gesprochen, die vor ihnen stehen und an ihnen scheitern: Flüchtlinge an der marokkanisch-spanischen Grenze, die in geheimen Lagern darauf warten, nach oft jahrelangem Fußmarsch endlich nach Europa zu kommen. Rechtlose illegale Einwanderer, die zu Zehntausenden auf spanischen Feldern Gemüse ernten. Jugendliche in den Vorstädten von Paris, die gegen ihren Ausschluss aus der französischen Gesellschaft einen neuen „Sturm auf die Bastille" ankündigen. Junge muslimische Männer in London, die im Gefühl leben, sie seien Opfer eines Krieges, den der Westen gegen den Islam führt. Eines hatten alle Begegnungen gemeinsam: Ich wurde vorher jedes Mal davor gewarnt, an die Orte dieser Treffen zu gehen, das sei viel zu gefährlich. Die Menschen, die in diesem Buch vor-

kommen, sind zu einem großen Teil Parias, Ausgeschlossene, mit denen „man nicht redet". Ich wurde von ihnen allen nach anfänglichem Misstrauen mit großer Gastfreundschaft aufgenommen.

Es ist derzeit wenig opportun, die Probleme anzusprechen, die Einwanderung mit sich bringt. Das Thema ist lange von rechten Populisten monopolisiert worden, die daraus Argumente für Fremdenfeindlichkeit, Islamophobie und ein rein weißes, christliches Europa ziehen. Menschen, die solidarisch mit Einwanderern sind und sie als selbstverständlichen Teil der Gesellschaft sehen, haben sich jahrelang darauf beschränkt, diese Argumente zurückzuweisen und Probleme zu negieren. Man wollte den Rassisten nicht in die Hände spielen, indem man ihnen Argumente liefert. Aber auch das hat zu Ausschluss geführt: Die Probleme eingewanderter Frauen etwa, die zwischen den Welten ihrer patriarchalen Familienstrukturen einerseits und der abweisenden europäischen Gesellschaft andererseits zu zerbrechen drohen, wurden viel zu lange ignoriert. Auch der wachsende Unmut der zweiten und dritten Einwanderer-Generation im Inneren Europas und die täglichen Menschenrechtsverletzungen an den Grenzen sind zu wenig bekannt. Es ist höchste Zeit, die Probleme von Einwanderung und Ghettoisierung anzusprechen. Es ist aber ebenso wichtig, darauf hinzuweisen, dass die allermeisten Einwanderer als ganz normaler Bestandteil der europäischen Gesellschaft friedlich leben. Es ist nicht die Einwanderung, die Probleme schafft – es ist der politische Umgang damit. Es ist auch nicht Europa, das gestürmt wird – es sind die Mauern einer Festung, die derzeit gebaut wird.

Entlang dieser Festungsmauern finden immer mehr Explosionen statt. Im September 2005 starben dutzende Menschen, als einige Tausend Flüchtlinge den Zaun stürmten, der in den spanischen Exklaven Ceuta und Melilla die Grenze zwischen Europa und Afrika sichert. Zwei Monate später stürzten zehntausende junge Franzosen aus Einwandererfamilien Frankreich für zwei Wochen in ein bürgerkriegsähnliches Chaos. Im Winter 2005/06 starben mindestens 1.300 Menschen beim Versuch, von Afrika aus die Kanarischen Inseln zu erreichen. Diese Ereignisse, die auf den ersten Blick nichts miteinander zu tun haben, markieren die Spitzen desselben Eisbergs: Sie sind Auswirkungen der aktuellen europäischen Einwanderungs- und Integrationspolitik. Europa ist seit den 1950er-Jahren ein Einwanderungskontinent. 56 Millionen Einwanderer leben in den europäischen Staaten, täglich kommen neue dazu, die vor dem Elend und der Perspektivenlosigkeit in ihren Heimatländern nach Europa fliehen, um zu arbeiten. Schon lange leben wir in einer gemischten Gesellschaft mit verschiedensten Religionen, Herkünften, Kulturen und Hautfarben. Europa wird auch weiterhin ein Einwanderungskontinent bleiben: Die Zahl der Personen im erwerbsfähigen Alter wird wegen des Geburtenrückgangs – bei der derzeitigen Einwanderungsquote – zwischen 2010 und 2030 um 20 Millionen abnehmen. Es wird daher mehr, nicht weniger Einwanderung notwendig sein. „Der Bedarf des EU-Arbeitsmarktes kann in Zukunft und in steigendem Maße nur durch eine kontinuierlichere Einwanderung gedeckt werden. Diese ist auch zur Sicherung des Wohlstandes in Europa notwendig", stellt die EU-Kommission in ihrem *Grünbuch* zur Einwanderungspolitik fest.[1] Zugleich wächst die Armut in den Herkunftsländern in Afrika und Asien. Wir leben in einer globalisierten Welt, in der Europas Reichtum täglich über die Fernsehschirme auf der gesamten Welt flimmert und in der Güter, Dienstleistungen und Geld grenzenlos quer über den Globus verschoben werden. Diese Entwicklung macht auch vor Menschen nicht Halt: Sie fördert Migration. 175 bis 200 Millionen Personen waren 2005 Migranten – mehr als je zuvor in der Geschichte. 2050 werden es 230 Millionen sein.[2]

Migration ist ein Phänomen, das stattfindet – ob man will oder nicht. Und noch dazu nützt sie Europa. Es wäre also nur logisch, wenn sich Europa um Zuwanderung bemühen würde und alles täte, die eingesessenen Zuwanderer möglichst gut zu integrieren und willkommen zu heißen. Doch das

Gegenteil geschieht: Derzeit werden die Mauern der „Festung Europa" hochgezogen.
An den europäischen Außengrenzen wird aufgerüstet: Die Zäune, die die beiden einzigen europäischen Städte auf afrikanischem Boden – Ceuta und Melilla – vor dem Flüchtlingsansturm bewahren sollen, sind mittlerweile sechs Meter hoch, mit Stacheldraht bewehrt, mit Richtmikrophonen, Wärmekameras und automatisierten Tränengas-Anlagen bestückt. Die Meere zwischen Europa und Afrika werden von der Marine, der Grenzpolizei und von elektronischen Systemen überwacht. An der Ostgrenze der Europäischen Union wird neuestes Überwachungsmaterial eingesetzt, um Einwanderer zu stoppen. In Nordafrika entsteht ein Gürtel von Flüchtlingslagern, der Einwanderer schon vor den Grenzen abfangen soll. Legal kann man nur mehr als politischer Flüchtling oder als Familienangehöriger eines EU-Bürgers nach Europa einwandern, und auch diese letzten Möglichkeiten werden laufend beschnitten. Selbst die Prozeduren, um als Tourist einzureisen, werden schwieriger und teurer. Ein EU-weit vernetztes Überwachungssystem speichert die biometrischen Daten aller Personen, die nach Europa einwandern oder hier aufgegriffen werden. Viele dieser Maßnahmen werden mit dem Kampf gegen Terror gerechtfertigt. Doch Terroristen reisen im Allgemeinen nicht zu Zehntausenden in nicht hochseetauglichen Holzbooten ein oder klettern nachts über die Grenzzäune. Diese Aufrüstung, die täglich Tote nach sich zieht, richtet sich gegen Menschen, die hier nichts anderes wollen als arbeiten. Jeder an der Grenze weiß, dass er in Europa innerhalb weniger Wochen Arbeit findet: Ganze Branchen hängen mittlerweile von der – faktisch geduldeten – Schwarzarbeit illegaler Einwanderer ab. Die Aufrüstung kann die Einwanderung daher nicht stoppen. Aber sie macht sie zu einem illegalen und viel zu oft tödlichen Unterfangen.
Auch im Inneren der EU wachsen die Festungsmauern gegen Einwanderer, wenn auch in subtilerer Form. Das geschieht einerseits durch Gesetze: Einbürgerungen werden er-

schwert, Familienzusammenführungen seltener, und wenn ein Staat illegale Einwanderer, die sich seit Jahren im Land aufhalten, legalisiert – wie zuletzt in Spanien –, zieht das eine Welle des Protestes der anderen EU-Staaten nach sich. Andererseits werden Einwanderer in die europäische Gesellschaft nicht aufgenommen: Sie sind die Ersten, die vom Arbeitsmarkt ausgeschlossen werden, haben meist keine Bürgerrechte, wohnen in schlechteren Wohnungen und sind ärmer als gebürtige Europäer. Der Ausschluss trifft auch ihre Kinder und Enkel, die in Europa geboren sind. Unsichtbare, aber fast undurchdringliche Barrieren, gebaut aus Rassismus und Vorurteilen, halten Einwanderer von der europäischen Gesellschaft fern.

Dieser Mauerbau führt dazu, dass Europa seine eigenen Grundwerte verrät – nicht nur, weil an den Außengrenzen und an den inneren Bruchlinien der Gesellschaft Menschenrechtsverletzungen an der Tagesordnung sind. Vor allem wird der Grundsatz verraten, auf dem die europäische Gesellschaft aufbaut: das Versprechen der Gleichheit und der sozialen Gerechtigkeit. Es hat sich eine Oberschicht von Alteingesessenen gebildet, die alle Vorteile dieser europäischen Grundwerte genießen, und eine Unterschicht von Einwanderern und ihren Nachkommen, die faktisch davon ausgeschlossen sind und immer öfter unter ghettoähnlichen Bedingungen wohnen. Darunter liegt ein Subproletariat von zehn Millionen illegalen Migranten, deren billige Arbeit ganze Wirtschaftszweige erhält – wie die Landwirtschaft, die Baubranche, Gastronomie und Haushaltsdienstleistungen –, die aber keinerlei Rechte genießen und jederzeit festgenommen und abgeschoben werden können. Diese Situation ist explosiv: Die europäische Gesellschaft stolpert blindlings in die Spaltung.

Der Bau von Mauern führt unweigerlich zu Versuchen, diese zu überwinden. Meist werden sie unterwandert – die Grenzen werden heimlich überquert, gearbeitet wird illegal im Verborgenen. Doch immer öfter werden die Mauern auch gestürmt: Allein in Nordafrika warten etwa 2,5 Millionen verzweifelte Flüchtlinge aus den Ländern südlich der Sahara darauf, die Grenze überwinden zu können. Der Sturm auf den Zaun von Ceuta und Melilla im Herbst 2005 und der Ansturm über See auf die Kanarischen Inseln im Winter 2006 sind ein Vorgeschmack auf den Widerstand, auf den die Hochrüstung an den Grenzen stößt. Im Inneren Europas sind es vor allem die Jugendlichen zweiter und dritter Generation, die sich gegen die unsichtbaren Barrieren auflehnen: Sie sind in Europa geboren und kennen das europäische Versprechen von Gleichheit und sozialer Gerechtigkeit, doch sie erleben jeden Tag, dass es für sie nicht gilt. Die große Mehrheit findet sich mit dieser Tatsache ab. Doch in Frankreich entlud sich die Frustration der dritten Generation von Einwanderern in Straßenschlachten. Und in London oder den Niederlanden ist es aufschlussreich, sich unter muslimischen Jugendlichen umzuhören: Dort schafft der Ausschluss aus der Gesellschaft einen Nährboden, auf dem Verständnis für terroristische Anschläge wie die Bomben von London und den Mord am Filmemacher Theo van Gogh wächst.

Die Schauplätze der Reportagen in diesem Buch sind die Brennpunkte der Einwanderungspolitik. Es sind einige der Orte, an denen der Druckkochtopf, den sich Europa hier schafft, bald explodieren könnte. Die Bruchlinien an den inneren und äußeren Grenzen sind ein Indiz dafür, dass die europäische Gesellschaft vor einem Problem steht. Europa ist ein Pulverfass geworden, dessen Zündschnur brennt.

---

[1] Kommission der Europäischen Gemeinschaften: *Grünbuch über ein EU-Konzept zur Verwaltung der Wirtschaftsmigration*. Brüssel, KOM(2004)811, 11. Jänner 2005
[2] Quelle: *International Organization on Migration IOM*

Kapitel 1
An der Grenze

Der Zaun von Ceuta

Ende September 2005 rückten die Mauern der Festung Europa für einige Tage ins Scheinwerferlicht der Weltpresse. Fünf Tage hindurch stürmten Nacht für Nacht Hunderte afrikanische Flüchtlinge mit selbst gebastelten Leitern den vier Meter hohen Doppel-Grenzzaun, der den Andrang von Flüchtlingen vor den Toren der spanischen Exklaven Ceuta und Melilla stoppen soll – den einzigen zwei europäischen Städten auf afrikanischem Boden. Die Grenzpolizei war darauf nicht vorbereitet: Zwar gibt es täglich geglückte Versuche, den Zaun zu überwinden – mal drei, mal 40 –, aber noch nie hatten Flüchtlinge offen und in so großer Zahl den Zaun gestürmt. Dutzende schnitten sich an den scharfen Klingen des Z-Drahtes die Hände und Arme auf, brachen sich die Knochen beim Fallen oder wurden von marokkanischen und spanischen Sicherheitskräften verletzt. Noch Monate später liegen einige von ihnen in der Krankenstation des Flüchtlingszentrums in Ceuta. Sieben der Flüchtlinge wurden beim Überwinden des Zauns vom marokkanischen Militär erschossen. Etwa 1.200, die es nicht über den Zaun schafften, wurden mit Handschellen aneinander gekettet und in Bussen an die algerische Grenze mitten in die Sahara gebracht. Die Bilder von gefesselten Flüchtlingen, die ohne Verpflegung allein in der Wüste ausgesetzt wurden, gingen um die Welt. *Ärzte ohne Grenzen*, die dem Konvoi nachgefahren waren, spürten über 200 umherirrende Flüchtlinge auf, doch viele verdursteten. Noch wochenlang berichteten Mitglieder der *Frente Polisario*, die im Süden Marokkos für die Unabhängigkeit der *Saharauis* kämpft, von Leichenfunden.

Der Massenansturm war ungewöhnlich. Die Tatsache, dass Menschen an der Grenze Europas sterben, hingegen keinesfalls. Ein Lokalaugenschein an der spanisch-marokkanischen Grenze führte uns das Massensterben und das Leben der Flüchtlinge vor den Toren Europas in erschütternder Weise vor Augen.

Fünf Monate nach dem Ansturm erhöht die Festung Europa ihre Mauern weiter. Um zwei Meter soll der Zaun wachsen, und deshalb darf ich nur ein kleines Stück davon sehen. Ich könnte sonst ja einem Flüchtling von Schwachstellen aufgrund der Bauarbeiten berichten, sagt Presse-Offizier Coronado von der *Guardia Civil* in Ceuta und kichert. Das Kichern soll heißen: Das ist natürlich ein Witz. Es gibt keine Schwachstellen. Da ich nicht mitlache, erklärt Offizier Coronado es uns zur Sicherheit noch einmal, sieht etwas beleidigt durch seine dicke Brille und zieht seinen zu kurzen grauen Wollpullover tiefer. Eigentlich dürfe man den Grenzwall ja gar nicht besuchen, Hunderte von Journalisten stünden auf der Warteliste, und er wundere sich, dass wir die Genehmigung von Madrid überhaupt bekommen hätten – und die seinige, zwinkert er, und verschweigt, dass ich dafür einen ganzen Vormittag vor seinem Büro ausharren musste, weil er das Telefon nicht mehr abhob. „Aber bitte. Steigen Sie in den Jeep. Der Grenzkommandant begleitet uns."

Der Zaun, der Europa vom Süden abschottet, zieht sich wie eine Schneise aus Beton und Stahl durch hügelige, bewaldete Landschaft, acht Kilometer lang, von Küste zu Küste. Gemeinsam mit acht weiteren Kilometern in Ceutas spanischer Schwesterstadt Melilla, die 400 Kilometer weiter östlich ebenfalls auf afrikanischem Boden liegt, bildet er Europas einzige direkte Grenze mit dem „schwarzen" Kontinent. Durch das Doppelgitter sieht man nach Marokko, in kleinen weißen Häusern geht das Licht an, Schafe kehren heim und der Muezzin ruft zum Gebet. Drüben in den Hügeln campen marokkanische Soldaten in schmutzig-weißen Zelten, hier auf dieser Seite düst die *Guardia Civil* in Allrad-Fahrzeugen am Zaun entlang. Drüben liegt die Lebenserwartung bei 70, weiter im Süden – in Mali etwa – bei 40, hier in Europa bei 80 Jahren. Das BIP pro Kopf liegt in Marokko bei 4.000 Dollar, in Mali gar nur bei 1.000, in Spanien bei über 27.000 Dollar. Südlich der Sahara verdient ein Arbeiter durchschnittlich unter 60 Euro im Monat, in Spanien 1.200. An keiner anderen Grenze sind die Unterschiede so groß.[1]

Zwischen diesen Extremen schützt der Doppelzaun, nun bald sechs Meter hoch, Europa vor dem Andrang der Armen. Ein Streifen toten Bodens zieht sich an ihm entlang; hier wurden die Bäume abgeholzt, um freie Sicht auf Flüchtlinge zu haben. Er erinnert fatal an den Eisernen Vorhang, der 1989 unter Jubel und „Nie wieder!"-Rufen niedergerissen wurde. Alle 40 Meter leuchtet ein Scheinwerfer nach Marokko, alle 400 Meter steht ein Wachturm, ausgerüstet mit Infrarotkameras und Richtmikrophonen, die tief in die hügeligen Wälder auf der anderen Seite hineinlauschen. Unten, in der Mitte und ganz oben ist der Zaun mit großen Rollen Z-Drahtes versehen, eine Art Stacheldraht, gespickt mit kleinen scharfen Klingen. „Die biegen sich im Zweifelsfall um, das tut nicht weh", erklärt Coronado und schwitzt. Er weiß, dass ich Flüchtlinge getroffen habe, deren Unterarme bis zum Knochen aufgeschlitzt waren von diesem Draht, aber Coronado muss das sagen. „Der Zaun ist nur ein Kommunikationsinstrument, er dient dazu, dass wir rechtzeitig bei den Flüchtlingen sind, bevor sie europäischen Boden betreten." Coronado schwitzt nun noch mehr. „Das ist eben unsere einzige Aufgabe. Zu verhindern, dass jemand europäischen Boden berührt."
Eigentlich gilt das Recht auf Asyl, sobald man an eine Grenze kommt: Das Prinzip des *Non-Refoulement* verbietet es Staaten, Flüchtlinge von ihren Grenzen abzuweisen. Würde die Genfer Flüchtlingskonvention befolgt, könnten Flüchtlinge also schlicht zum spanischen Grenzposten gehen und um Asyl bitten, man müsste sich um sie kümmern – ob sie tatsächlich verfolgt sind und damit Anspruch auf Asyl haben oder nicht, muss ein Verfahren klären. Aber seit der Ansturm größer wird, hat man dieses Recht den politischen Wünschen angepasst. Nun gilt es de facto erst, erklärt Coronado, wenn jemand mit beiden Füßen auf europäischem Boden steht. Bis zum spanischen Grenzposten kommt man nur mit Visum, und Visa gibt es keine. Damit rückt der Zaun in den Mittelpunkt. Erst wenn jemand den Zaun überwunden hat, hat er Rechte: auf ein Asylverfahren, Aufnahme in einem

Flüchtlingszentrum oder auch nur auf Abschiebehaft, aber man muss sich mit ihm und seiner Geschichte auseinandersetzen.[2]

Um das zu verhindern, sind hier zwischen 60 und 150 Mann auf einmal im Einsatz, in der Nacht mehr, denn da gibt es die meisten Versuche, über den Zaun zu klettern. Im Ernstfall holt man Polizei und Militär dazu: 1.200 Soldaten warten abrufbereit im Militärlager, 500 mehr als noch im Sommer 2005. Zwei Minuten braucht ein Team der *Guardia Civil*, um an jeden beliebigen Punkt des Zaunes zu gelangen. Und dann? „Wir sprühen Tränengas, schießen mit Gummikugeln, was eben notwendig ist", erklärt der Leiter des Grenzeinsatzes. Er trägt ein schweres Fernglas um den Hals, hat traurige braune Augen und sieht nicht aus wie jemand, der Gummikugeln auf wehrlose Flüchtlinge schießt. „Das tut nicht weh. Die haben ja schließlich nichts verbrochen", setzt er nach.

Die Organisation *Ärzte ohne Grenzen* hat in einem Report festgestellt, dass über 70 Prozent der Krankheitsfälle von afrikanischen Flüchtlingen in Marokko auf Verletzungen durch Sicherheitskräfte zurückgehen[3] –, viele davon auf Gummikugeln der *Guardia Civil*: Zertrümmerte Wangenknochen, zerplatzte Augäpfel, geprellte Rippen. „Den Bericht kenne ich nicht", antwortet der Kommandant und sieht weg.

Selbst wenn ein Flüchtling den ersten Zaun überwunden hat – und somit auf europäischem Territorium steht –, wird er üblicherweise nach Marokko zurückgeschickt, obwohl das dem spanischen Recht widerspricht. Das berichten Flüchtlinge übereinstimmend. Ein Fall der *Ärzte ohne Grenzen*: Am 3. Jänner 2005 greift eine Patrouille der *Guardia Civil* den Kameruner A., 28 Jahre alt, zwischen den beiden Zäunen auf. Die Beamten fesseln ihm die Hände auf den Rücken, prügeln ihn bewusstlos und werfen ihn durch eine Tür im Zaun auf die marokkanische Seite der Grenze zurück. Dort blieb er drei Tage lang gefesselt liegen, bis ihn in der Nacht ein anderer Flüchtling zufällig findet.[4] Coronado kennt auch diesen Fall nicht und verdächtigt eher die marokkanischen Kollegen. „Oft schicken wir sie zurück, wenn sie den ersten Zaun überwunden haben", gibt er zu, "aber das ist sozusagen eine humanitäre Maßnahme. Wir helfen ihnen vom ersten Zaun herunter, sonst brechen sie sich ja alle Knochen, aber dann müssen sie durch die Türe nach Marokko zurück." Wenn dabei einmal geprügelt werde, sei das sicher eine Ausnahme. Man müsse auch den Stress verstehen, den die Kollegen hier haben. "Schließlich sind wir ein Stöpsel für die ganze afrikanische Elends-Badewanne. Wenn wir auslassen, wird Europa überschwemmt", sagt Coronado und schaut dramatisch. Dann seufzt er. "Leicht ist das nicht. Manchmal werfen sie in der Nacht Babys über den Zaun, mit dem Namen auf einem Zettel auf der Brust. "Wir schaffen es nicht mehr, sorgt für ihn", steht dann auf einem Zettel, manchmal der Name eines Verwandten. "Das ist schon alles sehr traurig", sagt Coronado.

Derzeit ist es ruhig am Zaun. "Wir haben seit Monaten keine Versuche", sagt Coronado, doch ich treffe in Ceuta immer wieder Flüchtlinge, die es über den Zaun geschafft haben: einer gestern, drei vor ein paar Tagen. Aber es sind weniger als früher und es werden in Zukunft noch weniger sein. Es wird an einer neuen Sperranlage gearbeitet, die den Stress der Grenzwächter reduzieren soll: Auf marokkanischem Boden werden vor dem Grenzzaun Stahlseile gespannt, kreuz und quer, bis zu einer Höhe von drei Metern. Das Gewirr der Seile soll zur Grenze hin immer dichter werden, damit sich Flüchtlinge darin verfangen. So soll die *Guardia Civil* Zeit gewinnen, die neuen Wasserwerfer und Tränengas-Kanonen in Stellung zu bringen, bevor es zu einem neuerlichen Massenansturm kommen kann. Auf den Powerpoint-Präsentationen des spanischen Innenministeriums sind die Seile bunt eingefärbt, da sieht die neue Hürde ein bisschen aus wie ein Klettergerüst auf einem Kinderspielplatz – aber eines, das zur tödlichen Falle werden kann: Denn das marokkanische Militär, das für die hängen gebliebenen Flüchtlinge dann zuständig ist, verwendet als Munition keine Gummikugeln – mindestens ein Dutzend Flüchtlinge hat es 2005 vor den Zäunen von Ceuta und Melilla erschossen.[5]

Der Zaun von Ceuta

Sechs Jahre zu Fuß

Etwa 3.000 Menschen lagerten vor dem Ansturm vor dem Zaun in Ceuta. Insgesamt schätzt die marokkanische Regierung, dass in ganz Marokko 50.000 Afrikaner aus den Ländern südlich der Sahara auf eine Gelegenheit warten, die Grenze zu überqueren.

Wer sind diese Menschen vor den Toren Europas? Es sind die Ärmsten der Armen unter den Auswanderern – die, die sich keinen falschen Pass, kein Flugticket, keine Bootsüberfahrt und keinen Schlepper leisten können. Viele sind zu Fuß durch die Sahara gekommen, andere mit Lastwagen. „Solche Strapazen nimmt man nicht aus Abenteuerlust auf sich; wir haben keine Wahl", sagen sie. Die meisten von ihnen sind seit Jahren unterwegs, um nach Europa zu kommen. Sie fliehen vor Krieg, vor Hunger, oder mit der Hoffnung, ihren Familien zu helfen. Sie wollen nur eines: arbeiten.

Es sind Menschen wie Faly. Ich habe ihn in Ceuta auf der Straße getroffen, wo er Supermarkt-Kunden beim Suchen eines freien Parkplatzes behilflich war. Manchmal bekam er dafür ein paar Cent, meistens nichts. „Man muss es nehmen, wie es kommt", meinte er dann und ließ sich gerne auf einen Orangensaft einladen. Faly ist 19 und sieht zugleich viel älter und viel jünger aus: Das Gesicht ist ausgezehrt, die Augen liegen tief in den Höhlen, unter der schwarzen Hautfarbe ist er erschreckend blass. In seinem Alltag ist seine Geschichte nichts Besonderes. Als er sie mir erzählt, wird ihm selbst erst wieder bewusst, wie traurig sie ist.

Faly ist mit 13 aus Guinea-Bissau geflohen. Er war eben in die Stadt gezogen, um eine Ausbildung zu machen, als ihn einer der Umstürze überraschte, die das Land seit der Unabhängigkeit 1974 erschüttern. Alles beginnt zu fliehen, an eine Rückkehr ins Dorf ist nicht zu denken. Faly folgt den Flüchtlingsströmen, alleine kommt er in Guinea an. Dort wird er von einer halbnomadischen Viehzüchter-Familie aus dem Volk der *Peulh* aufgenommen. Ein Jahr lang arbeitet er als Hirte, lernt langsam die Sprache. „Ich musste dauernd an meine

Familie denken. Ich wusste ja nicht einmal, ob sie noch am Leben waren", sagt Faly. Er weiß es bis heute nicht.

Immer mehr Kinderflüchtlinge kommen über die Grenze, und sie werden immer unbeliebter. Die Essensrationen werden kleiner, die Schläge häufiger, schließlich muss Faly gehen. Mit einem gleichaltrigen Freund, der ebenfalls aus Guinea-Bissau geflohen war, schlägt er sich bis nach Mali durch. Er ist jetzt 14 und sucht wieder nach einer Familie, die ihn aufnimmt. Doch in der trockenen Sahelzone sind die Böden zu karg und die Familien zu groß, um zusätzliche hungrige Kinder zu versorgen. Faly zieht in die Hauptstadt Bamako, schlägt sich mit den vielen anderen Straßenkindern bettelnd durch. „Ich hatte immer Hunger, immer", erzählt er. „Ich hasse es zu betteln. Aber wir hatten keine Wahl."

Nach zwei Jahren in Mali erfährt Faly von einer Gruppe, die sich nach Europa aufmachen will. Er ist jetzt sechzehn und beschließt, sich ihr anzuschließen. „Mir blieb nichts anderes übrig", betont er. „In Mali konnte ich nicht bleiben, zurück konnte ich erst recht nicht." Zu Fuß machen sie sich auf, doch schon an der Grenze zu Algerien scheitern sie: Das algerische Militär greift sie auf und schickt sie zurück. Der nächste Versuch wird besser geplant, in der Nacht machen sie sich über die grüne Grenze auf den Weg, schlagen einen großen Bogen um den Grenzposten. Sie sind eine Gruppe von 15 jungen Männern, aus verschiedenen Ländern zusammengewürfelt, jeder von ihnen hat eine monate- oder jahrelange Fluchtgeschichte hinter sich. Keiner ist älter als 20.

„Die folgenden Monate waren viel schlimmer als alles, was ich zuvor erlebt hatte", erzählt Faly. Es ist einer dieser Momente, in denen er seitlich zu Boden sieht und nicht weiter spricht. Er sagt einige Minuten lang nichts, und hinter der toughen Fassade ahnt man ein zerbrechliches Kind. Dieses Kind hat die Sahara durchquert. Zu Fuß. „Wir sind meist in der Nacht gegangen, weil tagsüber war es zu gefährlich", erzählt Faly. Manchmal treffen sie auf Gruppen von *Tuareg* oder auf Dörfer, in denen sie Zucker und Wasser erbetteln. „Wir haben uns fast nur von Zuckerwasser ernährt. Manchmal haben wir ein bisschen Brot bekommen. Das gibt Energie, aber stark macht es nicht", sagt Faly. „Immer wieder sind welche aus unserer Gruppe krank geworden. Wir mussten sie dann einfach am Weg liegen lassen. Wir konnten gar nichts tun. Wir hatten ja keine Medikamente, und wir konnten auch niemanden rufen, wir waren ja mitten in der Wüste. Wir hatten auch Todesangst vor den Militärs." Nur einmal bleibt Faly einige Tage stehen – als sein bester Freund, mit dem er schon unterwegs ist, seit er 14 ist, an einer Darminfektion erkrankt. Faly erbettelt Geld für ein Antibiotikum, es wirkt: Sein Freund wird gesund, sie können weitergehen, in Richtung Europa.

Mittlerweile machen Gerüchte von tödlichen algerischen Militärlagern unter den wandernden Flüchtlingsgruppen die Runde; die Anstrengungen werden verdoppelt. Nach mehreren Wochen Fußmarsch kommt ein Teil der Gruppe schließlich in Maghnia an – der Stadt an der Grenze zu Marokko. Ein ganzes Jahr bleibt Faly hier hängen. Er bettelt, verrichtet kleine Arbeiten, erholt sich langsam vom Marsch durch die Wüste. Schließlich gelingt es ihm und seinem Freund, die Grenze zu überqueren. Ein Fußmarsch durch ein trockenes Bachbett bei Nacht, einige Stunden lang, dann sind sie in Marokko, in einem kleinen Dorf nahe der Stadt Oujda. Schon nach wenigen Tagen machen sie sich wieder auf: Faly will nach Melilla, um von dort aus nach Europa zu gelangen. „Ich hatte nur mehr eines im Kopf: herausfinden was mit meiner Familie los ist, arbeiten. Und beides heißt Europa." Mehrere Nächte marschiert er durch, noch einmal 167 Kilometer, und gelangt in den Wald von Gourougou hinter dem Grenzzaun von Melilla. In der Nacht versucht er, den Zaun zu erreichen, wird aber vom marokkanischen Militär gefasst. In einem Lastwagen geht es zurück nach Oujda, wo er an der algerischen Grenze wieder freigelassen wird. Auch seinen Freund hat es erwischt, gemeinsam nehmen sie den Fußmarsch noch einmal in Angriff, noch einmal werden sie gefasst, insgesamt drei Mal. Da beschließen die beiden, es über Ceuta zu versuchen. Der Marsch nach Ceuta ist viel länger – fast 600 Kilometer müssen sie durch Marokko gehen.

In manchen Orten hilft man ihnen weiter, meist schlägt ihnen jedoch offene Feindseligkeit entgegen. Mehr als einmal müssen sie sich vor Steinwürfen retten. Eine Narbe knapp unter Falys Auge erzählt von so einer Attacke von marokkanischen Dorfbewohnern, die sie um Essen bitten wollten. Die schwarze Haut verrät von weitem, dass sie Flüchtlinge sind. Viele Marokkaner meinen, die beiden hätten Geld – kommen doch viele Afrikaner aus dem Süden mit dem Plan, einen der teuren Plätze auf einem Flüchtlingsboot zu ergattern.

Auch in Ceuta scheitert Faly. Diesmal schafft er es gar nicht bis zum Zaun, er gerät im Wald von Ben Younech hinter der Grenze in eine Razzia. Wieder wird er zusammengeschlagen und nach Oujda deportiert, noch einmal versuchen er und sein Freund es: Wieder 600 Kilometer Fußmarsch durch feindliches Gebiet. „Sie haben uns gejagt wie die Tiere", sagt Faly. Als er wieder vor dem Zaun von Ceuta ankommt, ist er schwer krank. Eine Wunde an seinem Bein, geschlagen bei einem Überfall, hat sich entzündet. Sieben Monate lang lebt Faly im Wald von Ben Younech, gemeinsam mit bis zu 3.000 anderen Flüchtlingen, die auf eine Chance warten, den Zaun zu überqueren. Ein Team von *Ärzte ohne Grenzen* versorgt seine Wunde, langsam erholt er sich.

Am 29. September ist es so weit: Beim Massenansturm auf den Zaun kommt Faly durch. Er wird ins Flüchtlings-Aufnahmezentrum gebracht, stellt einen Asylantrag und wartet seither auf eine Entscheidung. „Ich werde hier fast verrückt", sagt er. „Die ganze Zeit auf dem Weg hatte ich nur eines im Kopf: Nach Europa zu kommen, um meiner Familie zu helfen. Jetzt bin ich hier – und kann nichts tun. Ich kann nicht arbeiten, ich kann mich nicht bewegen, ich bin wie in einem Freiluftgefängnis gefangen." Faly sieht unendlich verzweifelt aus, die Augen versinken in den Höhlen, er zieht die Jacke aus der Flüchtlings-Erstausstattung enger um die Schultern und blickt zur Seite. „Wenigstens hast du einen Freund hier, den du von früher kennst", versuche ich zu trösten. Diesmal sieht er mir direkt ins Gesicht. Es war der falsche Trost. Der

Sechs Jahre zu Fuß

Freund, mit dem Faly so lange unterwegs gewesen war, wurde beim Überklettern des Zaunes am 29. September 2005 von marokkanischen oder spanischen Grenzschutz-Truppen erschossen.

Der Mauerbau an den Grenzen

Ceuta und Melilla sind die Orte, an denen die Festungsmauern, die Europa hochzieht, um sich gegen die Armen zu schützen, am sichtbarsten sind. Aber sie sind keine Ausnahme. Die Grenzsicherung und die Bekämpfung der illegalen Einwanderung genießen Priorität in der europäischen Politik. Seit den Umwälzungen der 1990er-Jahre hat Europa seine Tore für Menschen, die hier arbeiten wollen, fast ganz geschlossen. Nur vier Prozent der Bevölkerung der EU sind Angehörige von Drittstaaten. Von der Neu-Einwanderung entfallen nur 15 Prozent auf Arbeitsmigration, davon die meisten befristet.[6] Der Rest geht auf Familienzusammenführung oder politisch bedingte Flucht zurück – doch auch die Zahl der Asylwerber sinkt stetig: Sie hat sich zwischen 2001 und 2005 halbiert siehe Kapitel 4).

Einwanderungspolitik ist in der EU nach wie vor Sache der Mitgliedsländer, die sehr unterschiedliche Systeme zur Regelung von Migration eingeführt haben. Gemeinsam ist ihnen, dass die Einwanderung zu Arbeitszwecken fast nur mehr für Saisonniers oder Hochqualifizierte möglich ist, die etwa Hochschulabschlüsse oder Arbeitsverträge mit einem hohen Einkommen aufweisen. Die Harmonisierung der verschiedenen Einwanderungsbestimmungen steht zwar auf der Agenda der Kommission, doch trotz einiger zaghafter Anläufe auf den Gipfeln von Tampere 1999 und Thessaloniki 2003 konnten sich die Mitgliedsländer nur auf gemeinsame Mindeststandards beim Asylrecht einigen.

Die Bekämpfung der illegalen Migration, die diese restriktive Einwanderungspolitik auslöst, ist hingegen zu einer gemeinsamen Angelegenheit geworden, seit sich 13 EU-Länder (alle außer Großbritannien, Irland und den neuen Mitgliedsländern) unter dem Schengen-Abkommen zusammengeschlossen haben, um innereuropäische Grenzen abzubauen. Eine Reihe von EU-Instrumenten dient dazu:

Die *Agentur für Grenzschutz*, eingerichtet 2005 mit Sitz in Warschau, Polen, koordiniert die „Schutzmaßnahmen" gegen illegale Migration an den Außengrenzen.

Das Programm ARGO finanziert solche Maßnahmen. Bis zu 60 Prozent, in Ausnahmefällen 80 Prozent der Kosten werden aus EU-Budget getragen. Besonderes Anliegen ist der Kommission dabei „moderne Ausstattung" mit Hubschraubern, Schnellbooten und Instrumenten der Hochtechnologie aus dem Forschungsprogramm GALILEO.[7]

Das Schengener Informations-System SIS, das derzeit zum SIS II weiterentwickelt wird (Einsatzdatum ab 2006), sammelt alle möglichen Daten inklusive biometrischer Merkmale von Menschen, die die EU-Grenzen passieren oder ohne gültige Papiere im Inneren der EU aufgegriffen werden. Sie werden mit den Daten aus dem Visa-Informationssystem VIS und der zentralen Datenbank EURODAC vernetzt. Die europaweit gesammelten Daten sollen nicht nur den einzelnen Grenzschutzbehörden, sondern auch *Europol, Eurojust* und „Sicherheitsdiensten" zur Verfügung gestellt werden.[8]

Im Programm CIREFI werden Informationen über illegale Einwanderung und Schlepper-/Schleuser-Kriminalität gesammelt und in einem Frühwarnsystem unter den Mitgliedsstaaten ausgetauscht.

Das Programm SIVE, entwickelt von den Spaniern, dient zur Überwachung der Meerengen am Mittelmeer. Ursprünglich für die Meerenge von Gibraltar entwickelt, soll es nun auch bei den Kanarischen Inseln, zwischen Italien und Libyen und in der Ägäis eingesetzt werden.

Das alles hat die Grenzen nicht unpassierbar gemacht. „Gegen das Tröpfeln können wir nichts machen, ein paar kommen eben jeden Tag durch", gibt auch Coronado an der Grenze in Ceuta zu. Aber es hat zu einem Stau an den Grenzen geführt: Allein in Marokko warten wie gesagt 50.000

Flüchtlinge in spontan entstandenen Flüchtlingslagern und in den Slums der großen Städte darauf, über die Meerenge oder die Grenzen nach Ceuta und Melilla zu gelangen. In Libyen schätzt das Innenministerium, dass zwei Millionen Afrikaner aus den Ländern südlich der Sahara auf die Überfahrt warten. Und in Mauretanien harren nach Auskunft des dortigen Innenministeriums 500.000 Flüchtlinge auf eine Gelegenheit, auf die Kanarischen Inseln überzusetzen. Das sind die offiziellen Zahlen.

Der Ausbau der Mauern rund um Europa hat das Leben dieser Flüchtlinge an der Grenze wesentlich schwieriger gemacht. Wie etwa das der Afrikaner von Ben Younech.

Der Stau vor den Mauern: Im Wald von Ben Younech

Ben Younech: Die Flüchtlinge von Ceuta sprechen diese beiden Worte mit Scheu aus, sie klingen dann fast mythisch, nach Hölle und doch Heimat. Ben Younech heißen die Wälder direkt hinter dem Grenzzaun von Ceuta, sie sind das Wartezimmer vor der Grenze. Man erreicht sie über eine kurvige Bergstraße von Castellejo aus, dem ersten marokkanischen Dorf hinter der Grenze. Das Gelände ist steil und bewaldet, immer wieder durchbrechen Felswände mit Höhlen die Landschaft. Als wir durchfahren, ist es unangenehm kalt, Nebelschwaden hängen zwischen den Hügeln. In der Ferne sieht man den Grenzzaun, der sich in einer baumfreien Schneise über die Hügelkuppen zieht. „Hier oben, in der Höhle, haben wir auch einmal gewohnt", erklärt unser Begleiter, der selbst als Illegaler nach Europa eingereist ist. „Dort hinten war ebenfalls ein Camp", deutet er in Richtung Grenze. „Man muss ganz nah rangehen, um sie zu sehen, wir waren gut versteckt." Ich sehe nur grün – Büsche, Bäume, Felsen. Dazwischen aber kleine, gut ausgetretene Wege. Auf einem davon, weit oben, sprintet ein einzelner Mann aufwärts.

Bis Oktober 2005 lebten bis zu 3.000 afrikanische Flüchtlinge und Migranten in den Wäldern von Ben Younech, etwa ein Viertel davon Frauen. Kinder sind in Ben Younech auf die Welt gekommen, allein 2004 mehr als 40[9], Ehen wurden hier geschlossen. Am Sonntag wurden Messen gefeiert, am Freitag zu den fernen Rufen der Muezzins in den Dörfern gebetet – immer in Erwartung, am nächsten Tag über den Zaun zu kommen. Ben Younech war nicht das einzige irreguläre Camp: In Monte Gourougou hinter dem Grenzzaun von Melilla lebten ebenfalls ein paar hundert Flüchtlinge, bis das Lager 2005 geräumt wurde. In den Wäldern von Mesnana hinten der Stadt Tanger leben sogar mehrere Tausend, ebenso an der Grenze zu Algerien, nahe der Städte Oujda und Maghnia.[10] Es sind die, die an ihrer schwarzen Hautfarbe zu leicht als Flüchtlinge erkennbar sind, um mit einem falschen marokkanischen Pass über die Grenze zu kommen, und die zu arm sind, um sich einen Schlepper leisten zu können. Flüchtlinge aus Mali, dem Senegal, Ghana, Guinea-Bissau, Burkina Faso, dem Kongo, Elfenbeinküste, Liberia – den ärmsten Ländern Afrikas. Viele sind vor Kriegen geflohen, andere vor Hungersnöten, die meisten aber schlicht vor der Armut: Sie haben die Verantwortung übernommen, ihre Familien zu versorgen, mit einer Arbeit in Europa.
Hier, vor Ceuta, mussten sie sich häuslich einrichten, bis sie eine Gelegenheit zum Überwinden des Zauns bekamen. „Wir haben in *Chabolas* gewohnt – selbst gebauten, niederen Hütten, gerade hoch genug um hineinzukriechen", erzählt Abdullah, der hier zwei Jahre verbracht hat. „Wasser gab es Gott sei Dank genug, aber die Kälte und der Regen waren immer ein Problem, im Sommer die Hitze. Und natürlich das Essen – wir hatten ständig Hunger. Wir sind alle paar Tage ins Dorf gegangen, um nach den Markttagen weggeworfenes Gemüse zu suchen. Manchmal haben uns die Einwohner auch etwas geschenkt." Gekocht wurde auf kleinen Feuern, bei Tag durfte man keinen Rauch sehen, in der Nacht keinen Feuerschein. Alle paar Tage versuchte man über Mittelsmänner, die Mobiltelefone – eines pro Gruppe – aufzuladen. Das Mobiltelefon

ist das Um und Auf in dieser Lage, diesem Leben im Wald. Ohne Mobiltelefon hat man keine Chance zu erfahren, wann man wo über den Zaun kommen kann, keine Chance, sich nach einer Razzia wieder zu finden.

Da das Überklettern des Zauns immer schwieriger wird, verlegten sich einige auf die Route über das Meer. „Einige der Afrikaner haben in Ben Younech in einem kleinen Bassin, an einem Fluss, schwimmen gelernt", erzählt Mourad, ein Algerier, der sieben Monate hier verbracht hat. „Es war zugleich tragisch und wahnsinnig komisch, wie diese dünnen langen Malier, die noch nie im Leben so viel Wasser auf einmal gesehen hatten, in dem Wasserloch geplanscht haben." Eines Tages habe ihm ein Flüchtling aus Mali hundert Euro gegeben, das letzte Geld in der Reisekasse, um zwei Neopren-Anzüge und einen schwarzen Lastwagenschlauch als Schwimmreifen zu kaufen. In der Nacht wanderten sie zur felsigen Küste hinunter, es war April und das Wasser sehr kalt. Mourad schwamm vor, den Flüchtling aus Mali zog er im Schwimmreifen an einem Seil hinter sich her. Der Malier war noch nie im Meer geschwommen und hatte panische Angst vor den Wellen. „Wir mussten den Zaun umschwimmen, der 200 Meter in das Meer hineinreicht, und weit genug von der Küste bleiben, um von der *Guardia Civil* nicht entdeckt zu werden", erzählt Mourad. Er selbst hatte diesen Fehler schon einmal gemacht – die *Guardia Civil* hatte ihn einige Monate zuvor in der Nacht aus dem Wasser gefischt, ihm den Neopren-Anzug weggenommen und ihn in Unterhosen ins Wasser zurückgestoßen. „Sie haben auch noch gelacht und sind an der Grenzlinie geblieben, um mit dem Scheinwerfer zu kontrollieren, ob ich zurückschwimme. Es war Winter und das Wasser war saukalt. Damals war ich sicher, dass ich sterben müsste", erzählt Mourad, und immer noch fröstelt ihn bei dem Gedanken.

Mit dem Afrikaner im Schlepptau ging er ein noch größeres Risiko ein: Denn als „menschlicher Motor" zu arbeiten gilt als Menschenhandel, Haftstrafen von sechs bis acht Jahren werden dafür verhängt. Der Anlass für die harten Strafen war eine marokkanische Mafia, die für ihre Dienste als „menschlicher Motor" erst viel Geld verlangt hatte, dann die afrikanischen Flüchtlinge draußen am Meer allein gelassen hatte, wo viele ertrunken waren. „Eine Zeit lang sind sechs, sieben pro Tag so gestorben", erinnert sich Abdullah aus dem Senegal, der zwei Jahre in den Wäldern von Ben Younech gelebt hat. „Da haben wir uns wieder auf den Zaun verlegt. Da bricht man sich zwar mit ziemlicher Sicherheit die Knochen und schlitzt sich die Haut auf – aber das heilt aus. Was ist schon ein gebrochener Knochen, wenn du in Europa bist!"

Im Laufe des Jahres 2005 wurde das Leben in den irregulären Camps immer schwieriger. 2004 hatte Marokko auf Druck der Europäischen Union – und im Austausch mit Entgegenkommen bei Fischereiabkommen und Entwicklungshilfe – ein neues Gesetz zur Bekämpfung der illegalen Migration eingeführt. Wer nun einem Durchwanderer weiterhalf – und sei es nur mit einem Stück Brot –, machte sich strafbar. Die Gänge ins Dorf wurden für die Flüchtlinge schwarzer Hautfarbe zum Spießrutenlauf – an jeder Ecke konnte ein Spitzel stehen, der sie an die Polizei oder das Militär verriet.

Auch die Razzien wurden im Laufe des Jahres zahlreicher, schließlich fiel das marokkanische Militär fast täglich in Ben Younech ein. „Wir sind jeden Tag um vier Uhr früh aufgestanden und zwei Stunden auf den Berg hinaufgegangen, wo Polizei und Militär nicht hinkommen", erzählt Mourad. „Erst am späten Nachmittag konnten wir wieder hinunter in die Camps. Es war ein tägliches Hasard-Spiel: Oft war alles zerstört, die Töpfe zerschlagen."

Zugleich beginnt Spanien im Sommer 2005 mit dem Ausbau des Zaunes. Von einer Höhe von drei bis vier Metern wächst der Zaun nun lückenlos und doppelt auf sechs Meter Höhe an. Ende September verdichten sich auch die politischen Gewitterwolken. Marokko und Spanien standen in Sevilla gerade in Verhandlungen über eine weiter reichende Kooperation Marokkos bei der Grenzkontrolle, als Gerüchte aufkamen, dass die letzte Gelegenheit zum Überqueren des Zauns gekommen sei.

Der Stau vor den Mauern: Im Wald von Ben Younech

Heute fragen sich einige Flüchtlinge, ob es nicht das marokkanische Militär selbst war, das den Auslöser zum Massenansturm auf den Zaun gegeben hatte. Marokko hatte die illegale Migration immer schon als Pfand in den Verhandlungen mit Spanien benützt, und eine eindrucksvolle Demonstration der Tragweite des Problems kam dem Land gerade recht. „Es war jedenfalls klar, dass es noch schwieriger werden würde. Einige von uns haben schon zwei, drei Jahre im Wald von Ben Younech gelebt, und wir alle waren am Limit, wir konnten nicht mehr. Wir haben uns auf den Massenansturm geeinigt. Wir wussten zwar genau, dass dabei einige sterben und viele nicht durchkommen würden, aber zumindest ein paar konnten es so schaffen", erzählt der 19-jährige Faly aus Guinea-Bissau. In den Tagen nach dem Sturm auf den Zaun zog die marokkanische Regierung – angefeuert von Europa und durch ein 40-Millionen-Euro-Hilfspaket – Militär an der Grenze zusammen. Die Camps wurden zerstört, alle Flüchtlinge, die noch da waren, in die Wüste an der Südgrenze zu Algerien deportiert. Die anderen, die fliehen konnten, haben sich weiter zurückgezogen, in noch unzugänglichere Bergregionen weit hinter der Grenze, oder sind in die Slums von Tanger ausgewichen. Ihre schwarze Hautfarbe verrät sie überall. Seit Marokko in Sevilla ein Abkommen über die Grenzkontrolle abgeschlossen hat, werden sie gejagt.

Wir bleiben mit unseren beiden marokkanischen Begleitern am höchsten Punkt der Bergstraße stehen und steigen aus. Sie wollen uns die alten Camps zeigen, die zerbrochenen Töpfe und zerstörten Unterschlüpfe, bevor wir die Flüchtlinge in den Bergen besuchen. Eine Stunde Fußmarsch durch unwegsames Gelände liegt vor uns. Es ist still, weit und breit niemand zu sehen außer einem Kind, das Schafe hütet. Aber kaum haben wir zehn Schritte gemacht, hält mit quietschenden Reifen auf der Straße ein klappriger silberner Mercedes, zwei Männer steigen aus und schreien uns an. Ich denke an einen Überfall, doch es ist die Geheimpolizei. Die Polizei trägt Ray-Ban-Brillen, die Hosen sind alt, die Ärmel der speckigen Sakkos aufgekrempelt. Sie sehen aus wie zwei Miami-Vice-Polizisten, die die Zeit seit den 80ern in einem Slum verbracht haben. Die Polizei weist sich nicht aus, schreit aber so überzeugend herum, dass wir unsere Pässe zeigen. Sperrgebiet, sagt die Polizei. Am besten, Sie verlassen Ben Younech sofort, hier wird nicht spazieren gegangen. Unsere marokkanischen Begleiter bekommen eine lautstarke Drohrede serviert, garniert mit einem Blick auf die Pistolen im Halfter und den Hinweis: Die Europäer da fahren weg. Aber euch finden wir.

Offenbar war uns die Geheimpolizei schon seit der Grenze gefolgt, das war vor zwei Tagen. Dort habe ich den Fehler gemacht, als Berufsbezeichnung „Journalistin" in das Formular einzutragen. Wir verzichten auf einen Besuch bei den Flüchtlingen in den Bergen. Wir wollen sie nicht in Schwierigkeiten bringen: Davon haben sie ohnehin schon genug.

Im Warteraum Europas: Bei den „Illegalen" von Ceuta

Wer die Grenze überwunden hat, landet in Ceuta. Ceuta liegt auf einer Halbinsel gegenüber von Gibraltar, eine Militärstadt, seit über 350 Jahren in spanischer Hand. Im Zentrum stört nur außergewöhnlich viel Polizei und Militär den Eindruck einer beliebigen spanischen Provinzstadt mit Einkaufsviertel und Hafenpromenade. In den Außenvierteln ist Ceuta rein marokkanisch – Arabisch ist die Mehrheitssprache. Es ist eine angenehme Stadt zum Leben: Die Gehälter sind hier höher als auf der spanischen Halbinsel, die Waren zollfrei, und der Schmuggel nach Marokko sorgt für anhaltenden Wohlstand. Für die Flüchtlinge hingegen ist Ceuta ein großer Freiluft-Transit-Raum im Niemandsland. Das Festland, Europa, ist zwar nur 14 Kilometer entfernt – an schönen Tagen kann man den Felsen von Gibraltar auf der anderen Seite der Meerenge sehen –, aber für Flüchtlinge ist er unerreichbar. Denn für die stündliche Fähre aufs spanische Fest-

land braucht man sehr wohl einen Pass mit gültigem Visum, die Schlange am Hafen ist lang, die Kontrollen sind streng.
Wer aus einem Land südlich der Sahara kommt und schwarz ist, geht direkt zur Polizei. Die bringt ihn ins Flüchtlings-Aufnahmezentrum CETI, wo zwischen 500 und 800 Flüchtlinge darauf warten, was mit ihnen geschehen soll – manche von ihnen jahrelang. Die meisten im Zentrum kommen aus Afrika, derzeit schaffen aber vor allem Bangladeschis den illegalen Grenzübertritt. Täglich kommen zehn bis zwanzig an, die den weiten Weg quer durch Asien und Afrika auf sich genommen haben, um so nach Europa zu kommen – jetzt, wo auch die Ostgrenze militärisch aufgerüstet wird. Manche bekommen Asyl, die anderen können meist nicht abgeschoben werden, weil es mit ihren Ländern keine Rücknahme-Abkommen gibt.
Algerier oder Marokkaner hingegen meiden die offiziellen Wege. Zwar leben einige Dutzend Algerier im Aufnahmezentrum, aber alle paar Tage wird eine ganze Gruppe abgeschoben. Wer nach Europa weiter will, hält sich deshalb lieber am Hafen auf, immer auf der Suche nach einem Lastwagen, unter dem man sich verstecken, einem Schiff, auf das man klettern könnte. Es genügt, durch den hässlichen, großen Hafen zu schlendern, zwischen den Lagerhallen und Tankstellen, um sie zu sehen: Die Illegalen von Ceuta. Die, die noch nicht lange da sind, haben einen flackernden Blick, sie starren jedes Auto an, das die Hafenstraße entlangfährt: Ist es die Polizei, das Ende? Oder die Rettung, ein Auto, in dem man sich verstecken kann? Die, die schon länger hier sind, Wochen, Monate, werden immer stumpfer, sie sitzen im Schatten auf dem Boden und starren ins Leere. Wenn Autos kommen, winken sie müde zu einer Parklücke und hoffen, damit einen Euro zu verdienen. Meistens haben sie kein Glück – die Parklücke war auch ohne sie da.
Ein paar hundert Meter weiter zieht sich eine Promenade die Bucht entlang: Palmen, eine Mauer, Bänke. Es könnten Touristen darauf sitzen und hinüberschauen, Richtung Gibraltar. Doch die fünf, die hier sitzen, sind nicht zur Erholung gekom-

men. Sie sind aus Bangladesch. Den ganzen weiten Weg aus Asien, quer durch ganz Afrika, haben sie in Lastwägen zurückgelegt. Nun sitzen sie hier, wie bestellt und nicht abgeholt, fünf kleine Männer mit glänzend schwarzen Haaren und Schnurrbärten, und schauen fassungslos Richtung Spanien. Einer hat eine graue Reisetasche, die anderen vier nur verstärkte Plastiksäcke. Sie sind immer noch ordentlich gekleidet, nach der langen Reise, die Windjacken haben sie zugezippt, gegen den kalten Wind. Sie wollen nicht über ihre Fahrt sprechen. *We don't know where we go. We know nothing*, sagt einer langsam. Er sieht aus, als könnte er es immer noch nicht fassen, dass er hier gelandet ist, auf dieser Bank mit Blick auf die Meerenge. Dabei sind sie seit einer Woche hier, sagen sie. In Europa, und doch so weit weg davon.

Spricht man hier jemanden an, erhält man freimütig zur Antwort: Ich bin *Clandestino* – „Illegaler". Ich will hier nur weg. Es braucht trotzdem ein paar Tage, ein paar Kaffee-Einladungen und Gespräche, bis uns die Illegalen von Ceuta in ihre Welt mitnehmen. Eine Gruppe von Algeriern nimmt uns schließlich in ihre „Burg" mit: *Le chateau des clandestins* – „die Burg der Illegalen" –: der Hangar.

Der Hangar liegt im Viertel Sardinero hinter dem Hafen, zwischen Lagerhallen durch, einen kleinen Weg hinauf, es ist schlammig und man braucht Hände und Füße, um nicht abzurutschen. Eine alte Lagerhalle, der Verputz bröckelt ab, dahinter ein Stück freies Gelände zwischen den Hinterseiten von heruntergekommenen Wohnblöcken. Geht da ja nicht hinein, hat man uns gewarnt, das sind Kriminelle, Diebe, die Drogenmafia. Tatsächlich sieht es wenig Vertrauen erweckend aus. Algerier und Marokkaner stehen herum, nur Männer, alle mit finsterem Blick. Graffiti an den Wänden, Schlamm zwischen den Betonwänden. Wir gehen die Rampe hinauf, in den ersten Stock der Lagerhallen, es riecht scharf nach Urin und Rattenkot. Oben drei große Räume, nackter Beton, hohe Decken, Wellblechdach. An den Wänden entlang sind *Chabolas* gebaut – niedrige Unterschlüpfe aus Holz, Karton und Plastik, die hüfthohen Eingänge mit alten Säcken verhängt. „Da draußen ist vielleicht Europa. Aber hier ist Afrika", lacht Said. Es ist ein afrikanischer Slum in einer europäischen Stadt, ein Slum in einer Halle: Hier schlafen die *Clandestinos*, die Illegalen. 150 etwa sind derzeit im Hangar untergebracht, manchmal sind es bis zu 300, die hier wohnen. Die meisten sind Marokkaner und Algerier, aber auch ein nigerianisches Paar wohnt unten, in einem Loch, die Frau ist schwanger.

Mohammed führt uns zu seinem Unterschlupf: „Willkommen in unserem Luxushotel, Sheraton Hangar, Zimmer Nummer zwei", lacht er und zeigt eine alte Matratze mit einer Wolldecke. Das ist sein Zuhause, seit vier Monaten, der zweite Schlafplatz von links. Er ist gerade 18 geworden, trägt ein knallgrünes Sweatshirt und weite Hosen und sieht aus, wie man sich einen Surfer oder Snowboarder vorstellt. „Das bin ich auch. Zuhause bin ich Surfer", erklärt er. Daneben schlafen zwei Jungen unter einem niedrigen Kartondach. „Sie sind gestern über die Grenze geschwommen. Deshalb sind sie jetzt so fertig", erklärt man uns. Ich setze mich auf eine Matratze, die Algerier werden immer mehr, erst fünf, dann zehn, schließlich stehen dreißig, vierzig um mich herum und wollen wissen, was wir hier tun, und dann vor allem erzählen: Vom Elend, in dem sie leben, dass das nicht menschenwürdig ist. Von der Polizei, die regelmäßig kommt und schlägt, wen sie erwischt. Einer zeigt mir eine Platzwunde am Kopf, der nächste seinen geschwollenen Knöchel, die Algerier reden wütend durcheinander, jeder hat seine Geschichte mit der Polizei zu erzählen. Ich bekomme schwarzblau schillernde Blutergüsse zu sehen, einer holt Abdullah, der den Fuß verbunden hat und an einem Stock hinkt: Die Polizei hat ihn am Hafen erwischt und in eine Garage verschleppt, sie haben die Türe zugemacht und ihn zusammengeschlagen, zu viert. Seit Tagen kann er nicht gehen, ins Krankenhaus kann er auch nicht, weil wenn einer keine Papiere hat, rufen sie die Polizei bevor sie beginnen, die Wunden zu verbinden. „Die Polizei behandelt uns wie die Tiere, nein schlimmer, so behandelt man Tiere nicht", sagen sie. „Wir haben keine Papiere, wie sol-

len wir uns denn beschweren." Jeden Tag verhaften sie einen, zwei oder drei, schlagen mit Schlagstöcken und treten, oder bringen ihn auf das Kommissariat, eine Nacht im Gefängnis, und dann an die Grenze, wo die Marokkaner ihn meist nicht haben wollen. Dann landen sie wieder hier, am Hafen.
Wir reden und fragen, hören Geschichten, die Stimmung löst sich, wir dürfen fotografieren. Sie heißen uns willkommen im Hangar, ihrem Kurzzeit-Zuhause, in dem manche schon seit Monaten leben. Um uns zu revanchieren, bieten wir an, Essen einzukaufen, und ernten schüchterne Freude. Mit fünf Illegalen, einer hat seit vorgestern nichts gegessen, spazieren wir durch einen riesigen Supermarkt am Hafen, in dem alleine die Schokolade zehn Meter Regal einnimmt. Huhn, Oliven, Knoblauch und Brot landen im Korb, jede Tomate wird sorgsam geprüft. Zum Kochen lädt Azedine in seine „Suite", ein mit Leintüchern abgetrennter Bereich im Hangar. Obwohl er jeden Tag am Hafen nach Möglichkeiten sucht, nach Spanien zu fahren, ist er seit zwei Jahren hier. „Kein Glück!", zuckt er mit den Schultern, vier Mal haben sie ihn bei der Hafenausfahrt in Ceuta schon erwischt und zurückgeschickt. An den Wänden hängen Poster, aus einer alten Stereoanlage kommen algerische Musik und französischer Rap, ein zur Spirale gebogener Draht dient als Kochplatte. Draußen ist die Dusche – aus zwei Blechlöffeln und der angezapften Stromleitung der Straßenlaterne haben die *Clandestinos* einen Tauchsieder gebaut, der das Wasser in der Regentonne etwas erwärmt. Der Abend wird zum Fest. Zum Abschluss bekomme ich eine *Dschelaba* geschenkt, ein traditionelles algerisches Gewand. Die vermeintlichen Bösewichte haben sich als die besten Gastgeber entpuppt.
Am nächsten Tag müssen wir erleben, dass der Hangar, dieses Loch, noch Luxus ist für einen Migranten ohne Papiere in Ceuta. Weit draußen hinter dem Hafen wohnen weitere hundert bis 200 Migranten. Um zu ihnen zu kommen, muss man an den Ölspeichern beim Hafen vorbeigehen, einen großen Müllplatz überqueren, an einem See voller Abfälle entlang einen schmalen Betonsteig überwinden, dann an einer künst-

lichen Landzunge entlang klettern, Stacheldrahtrollen ausweichen. Die Landzunge ist aus großen Betonkadern gebaut, Wellenbrecher mit einer Kantenlänge von drei Metern. Niemand ist zu sehen. Erst auf den Vertrauen erweckenden Ruf eines unserer Begleiter hin erscheinen plötzlich Menschen zwischen den Steinen. Wie in einem Zombie-Film steigen sie aus Löchern heraus, klettern zwischen Betonblöcken ans Licht. Sieht man genau hin, erkennt man in den Löchern zwischen den Steinen überall Decken, kleine Verschläge aus Obstkisten und Plastikfolien: das Lager von Playa Benitez. Bis zu 300 Flüchtlinge leben hier ohne Wasser und Sanitäranlagen, ohne jegliche Betreuung – in einer europäischen Stadt. Sie leben in einem Slum, doch alle sind höflich, sauber gekleidet und hilfsbereit. Sie wollen nichts als hinüber, um zu arbeiten. Zohire etwa, ein großer Marokkaner mit leuchtenden Augen und athletischer Figur – er war ein aufstrebender DJ in großen Clubs in Berlin und Lissabon und hat mit den ganz Großen des Techno und des Trance aufgelegt, bis vor einem Jahr sein Visum ablief. Es wurde nicht verlängert, er hat keine Chance mehr, legal zu seinem Arbeitsplatz zu kommen. Nun probiert er es illegal. „Ich weiß, dass ich Arbeit habe, sobald ich europäischen Boden betrete", sagt er, „ich muss nur diese verdammten 14 Kilometer überwinden." Seit vier Monaten hängt er hier zwischen den Wellenbrechern fest, ganz dicht am Meer, mit Blick auf das spanische Festland. Auch alle anderen haben Familienangehörige, die ihnen weiterhelfen werden, oder gar Arbeitsplätze, die sie verlassen mussten, weil sie abgeschoben wurden. Keiner fährt ins Blaue.
Ein, zwei Mal die Woche kommt die *Guardia Civil* und macht eine Razzia – dann ziehen sich die Illegalen zwischen die Steine zurück, so weit kommt kein Polizist. In der Nacht fliegen oft Hubschrauber über das Gelände und leuchten es mit Scheinwerfern aus. „Wenn die Polizei jemanden findet, hat der Pech gehabt – die können sie hier einfach ins Meer werfen, das merkt niemand", sagt uns der Wächter des Müllplatzes. Er trägt die Uniform der Stadt Ceuta.

Versteckt im Lastwagen

Am letzten Abend nehmen uns die *Clandestinos* mit „zur Arbeit". Arbeit, das heißt: die Suche nach einer Mitfahrgelegenheit aufs Festland. Jede Stunde geht eine Fähre von Ceuta weg, vor jeder Fähre steht eine Schlange von Lastwagen, Wohnwagen und Autos. Die sind die Hoffnung. Davor sind drei Zäune.

Vor den Zäunen stehen die *Clandestinos* – in Gruppen von zwanzig oder dreißig, die Hände in den Hosentaschen, der Blick träge. Sie halten Ausschau nach der Polizei. Immer wieder klettert einer blitzschnell über die Zäune, Mülltonnen und Seile dienen als Hilfe, und rennt auf die Lastwagenkolonne zu. „Ein Renault, da kann man sich über den Achsen verkeilen", erklärt Azedine flüsternd. „Bei dem Lastwagen dort klettert man am besten auf die Ladefläche. Der dort hat ein Plastikverdeck, da kann man sich verstecken. Oh, ein Wohnwagen, das ist das Beste. Die kontrollieren sie nicht." Kaum sichtbar huschen schwarz gekleidete Menschen unter den Fahrzeugen herum, manchmal wird leise geflucht: Ein Platz ist schon besetzt, eine vorsichtig aufgeschlossene Tür geht nicht mehr zu. Alle haben zwei Hosen und zwei Pullover an, einen davon werden sie ausziehen, sobald sie auf der anderen Seite angekommen sind – der Schmutz würde sie sonst verraten. In der Tasche haben sie eine Liste mit Telefonnummern, Superkleber zum Verkleben von aufgebrochenen Türen von innen und einen Kompass für den Fall, dass sie auf ein großes Handelsschiff kommen. Bei den Schiffen weiß man nie, in welche Richtung sie fahren werden. Moussa erzählt, er sei neulich in Gibraltar gelandet und entdeckt worden und musste zehn Tage in einer Kabine ausharren, bis man ihn zurückbrachte. Abdullah hat ein Schiff nach Rotterdam erwischt, aber nach fünf Tagen ohne Nahrung und Wasser in einem Rettungsboot musste er um Hilfe rufen, er wäre verdurstet – er wurde abgeschoben. Da sind die Lastwagen schon sicherer, wenn man genau weiß, wo man sich verstecken muss und bei der Grenzkontrolle mit den Hunden Glück

Versteckt im Lastwagen

hat. Auch wenn schon viele gestorben sind – erstickt im Laderaum oder zermahlen von den Achsen, wenn sie sich um Zentimeter geirrt haben in ihrem Versteck. Plötzlich setzt sich die Gruppe vor dem Zaun langsam in Bewegung, die Hände immer noch in den Hosentaschen. „Gehen, einfach gehen!", flüstert uns Aziz zu und lächelt entspannt. Die Polizei ist im Anmarsch, das Wegschlendern der Gruppe ein Schutz für die, die es nach drinnen geschafft haben. Wahllos picken sich zwei Polizisten einen aus der Gruppe heraus, als er versucht wegzulaufen, schlagen sie mit Schlagstöcken auf ihn ein. Die Hände werden mit Handschellen auf den Rücken gefesselt, mit Schlägen auf den Hinterkopf treiben sie ihn zum Polizeiauto. „Er muss eine Nacht ins Gefängnis, dann wird er nach Marokko ausgewiesen und kommt sofort wieder zurück – die Marokkaner nehmen keine Algerier", erklärt Azedine. „Hoffentlich schlagen sie nicht zu hart."
Am späten Abend sammelt sich die ganze Truppe wieder. Zwei haben es geschafft heute, drei wurden verhaftet, ein Durchschnittstag. Der kleine Ali, gerade 19 geworden, rennt herein, er ist auf hundert, fast hätte er es geschafft – *Moins cinq!* Es war „fünf vor", sagt er immer wieder und tritt vor Wut gegen die Wand. Ein Marokkaner habe ihn verraten, weil er den gleichen Lastwagen nehmen wollte, da mussten sie beide fliehen. Ali war schon einmal drei Jahre als minderjähriger Flüchtling in Frankreich, doch als er volljährig war, wurde er ausgewiesen – nun versucht er es so. Wir laden unsere Gastgeber zum Essen ein, Ali isst zum ersten Mal in einem Restaurant. Schon gestern war ein guter Tag, er hatte ein Huhn geschenkt bekommen, von einem Händler – „ein riesiges Huhn, wir haben zu zehnt davon gegessen", sagt er und lacht. Als wir ihm das Wechselgeld schenken, geht er damit sofort zur Telefonzelle und ruft seine Mutter an. Er gibt mir den Hörer weiter, sie soll hören, dass er in Europa ist. „Benimmt er sich gut, mein Junge? Passen Sie auf ihn auf!", sagt die Mutter am anderen Ende der Leitung, in Algerien. „Er wird es schaffen!", sage ich ihr. Ich weiß nicht, ob ich sie angelogen habe.

Mohammed, der junge Surfer aus Oran, der nie schlafen kann, sitzt noch um Mitternacht am Brunnen im Zentrum. Es ist ein Brunnen mit farbigen Lichtern und Musik, „mein Kino", sagt er. Er ist 18, mit 13 hat er in Algerien als Nachtwächter auf einem Parkplatz zu arbeiten begonnen, mit 15 ist er zum ersten Mal geflohen. Nach Europa ist er noch nie gekommen: Immer nur hierher, in diesen Freiluft-Transitraum. „Hinter uns die Grenze, vor uns das Meer, über uns die Polizeihubschrauber – wir leben hier wie in einem Käfig mit dem Löwen darin", seufzt er. Drei Mal wurde er schon aus Ceuta ausgewiesen, drei Mal ist er zu Fuß wieder hierher zurückgegangen, die ganzen 600 Kilometer von Oujda. Jetzt steckt er wieder hier fest, und heute kann er wieder einmal nicht schlafen vor Verzweiflung. Sollte er nicht besser zurückgehen, nach Algerien? „In Algerien gibt es nichts, nichts, nichts. Bevor ich zurückgehe, sterbe ich!", sagt er entschieden. „Ich will arbeiten, eine Familie gründen, eine kleine Wohnung haben und genug zu essen. Sonst nichts. Wenn sie mich nach Algerien zurückschicken, bringe ich mich noch im Transporter um." Mohammed hebt die Hand und sieht mir ernst in die Augen. „Das schwöre ich – für mich heißt es: Europa – oder der Tod!"

Versteckt im Lastwagen

Kapitel 2
Todesfalle Mittelmeer

Das Mittelmeer, ein Massengrab

Verfolgt man den Alltag an den Grenzen zu Europa, verwundert es, dass die Toten vom Sturm auf den Zaun in Ceuta und Melilla so viel Aufmerksamkeit hervorgerufen haben. Dort wurde auf Flüchtlinge und Migranten scharf geschossen. Aber das Massengrab vor der Grenze liegt nicht am Land, sondern im Wasser: Das Mittelmeer, jahrtausendelang verbindend, ist zur trennenden Grenze geworden. Etwa 500.000 Menschen versuchen jährlich, unter Lebensgefahr diese Grenze zu überwinden – Tendenz steigend. Etwa 50.000 werden pro Jahr aufgegriffen.[11] Zu viele von ihnen als Leichen.

Die Organisation *Unite* führt seit 1993 eine Liste mit amtlich dokumentierten Todesfällen von Flüchtlingen und Migranten, die beim Versuch gestorben sind, nach Europa einzuwandern. Bis April 2005 umfasste diese Liste 6.366 Todesfälle, davon über 90 Prozent auf See.[12] Geht man – wie etwa das *Rote Kreuz* – davon aus, dass jede dritte Leiche gefunden wird,[13] hieße das: In den letzten 10 Jahren sind etwa 20.000 Menschen beim Versuch gestorben, Europa zu erreichen. Die Zahl wird nicht nur steigen – sie wird exponentiell steigen: Denn Millionen warten darauf, über das Meer nach Europa zu kommen: In Marokko etwa 50.000, in Libyen (nach Schätzung des dortigen Innenministeriums) etwa zwei Millionen, in Mauretanien – ebenfalls nach Regierungsschätzungen – etwa 500.000.

Einen Eindruck vom täglichen Drama auf den Meerengen gibt eine Auflistung der Todesfälle von April 2005 bis April 2006 (nach Medienberichten)[14]:

2. April 2005: 13 Menschen werden verdurstet in einem Boot aufgefunden, das seit einer Woche vor den Kanarischen Inseln trieb. Zehn haben überlebt.

13. April 2005: Die Leiche eines asiatischen Mannes wird vor Malta aus dem Meer gefischt. Man vermutet, er gehörte zu einer Gruppe von 23 Chinesen, die zwei Wochen davor gezwungen worden waren, vor Sizilien von einem Schiff zu springen.

27. April 2005: Zwei Flüchtlings-Leichen werden in der Ägäis gefunden, fünf weitere, die am selben Transport verunglückten, bleiben vermisst.

16. Mai 2005: Ein Boot mit 14 Afrikanern und Afrikanerinnen sinkt auf dem Weg nach Italien 30 Kilometer nach dem Ablegen aus An Noukat al Khmas bei Tripolis. Alle ertrinken.

25. Mai 2005: Die Leichen zweier ertrunkener Migranten werden vor Sizilien geborgen. 14 weitere, die mit demselben Boot gesunken sind, bleiben vermisst.

14. Juni 2005: 14 Einwanderer, darunter sechs Kinder, ertrinken vor der marokkanischen Küste, als das Schlauchboot kentert, mit dem sie nach Spanien übersetzen wollten. Es war mit 100 Afrikanern aus den Ländern südlich der Sahara beladen; die anderen werden gerettet.

27. Juni 2005: Zwei Tunesier ertrinken, als ein Boot mit 23 Migranten vor der griechischen Küste kentert.

14. Juli 2005: Drei Afrikaner ertrinken vor der Küste von Izmir (Türkei). Das Boot, mit dem sie nach Griechenland wollten, war gekentert.

5. August 2005: 19 afrikanische Migrantinnen und Migranten ertrinken nach dem Kentern des Bootes am Weg zu den Kanarischen Inseln. Zwei überleben.

7. August 2005: Eine Person ertrinkt beim Versuch, ein Schiff zu verlassen, das vor Kreta mit 126 Flüchtlingen an Bord auf Grund läuft und sinkt.

14. August 2005: Die Leichen von vier blinden Passagieren werden in einem Container im Hafen von Rotterdam gefunden. Die Marokkaner waren in Casablanca in den Container gestiegen, vermutlich um nach Spanien zu kommen.

17. August 2005: Zwei afrikanische Flüchtlinge sterben beim Versuch, die Kanarischen Inseln zu erreichen, nach zwei Monaten auf See an Dehydrierung. Das Boot ist mit insgesamt hundert Personen beladen.

23. August 2005: 26 Migranten sterben vor Malta beim Kentern eines Bootes, das fünf Tage zuvor Libyen verlassen hatte.

26. August 2005: Zwei Migranten ertrinken, sieben bleiben vermisst, als ihr Boot vor der Insel Lesbos kentert. Der Unfall geschah, nachdem alle Flüchtlinge im überfüllten Boot zu einer Seite strebten, weil ein Küstenwache-Boot sie entdeckt hatte. 40 werden gerettet.
11. September 2005: Die Leichen von elf afrikanischen Flüchtlingen werden vor der Küste Siziliens gefunden. Sie waren beim Versuch ertrunken, schwimmend an Land zu gelangen, nachdem ihr Schiff einige hundert Meter vor der Küste auf Grund gelaufen war.
19. September 2005: Die türkische Küstenwache birgt die Leichen von vier Migranten nach dem Kentern eines Flüchtlingsbootes in der Ägäis. Acht weitere bleiben vermisst.
23. September 2005: Mindestens zwei Afrikaner ertrinken, als ihr Boot zwischen Marokko und den Kanarischen Inseln kentert und zersplittert. 18 weitere bleiben vermisst.
27. September 2005: Ein Fischerboot mit 39 Flüchtlingen sinkt vor Zypern, einer davon ertrinkt, 33 bleiben vermisst. Das Boot war im türkischen Mersin ausgelaufen um Europa zu erreichen.
28. September 2005: Ein vollbesetztes Flüchtlingsboot mit Nordafrikanern und Palästinensern läuft vor Agrigento, Sizilien, auf Grund. 12 der Flüchtlinge können sich schwimmend retten, die Zahl der Ertrunkenen ist unbekannt.
2. Oktober 2005: 19 afrikanische Flüchtlinge sterben beim Kentern eines Bootes vor der Küste von Fuerteventura.
13. Oktober 2005: Ein Migrant stirbt, als zwei Boote mit 100 nordafrikanischen Passagieren in Almería landen.
24. Oktober 2005: Vor Malta werden die Leichen von sechs afrikanischen Flüchtlingen geborgen. Boot wird keines entdeckt.
25. Oktober 2005: Auf einem Flüchtlingsschiff, das 150 Flüchtlinge nach Italien bringen sollte und in Seenot geriet, entdeckt die griechische Küstenwache eine Leiche. Todesursache: verdurstet.
2. November 2005: Zwölf Migranten sterben nach dem Kentern ihres Bootes vor Kreta. 18 weitere werden vermisst.
18. November: 2005 Vor Ragusa, Sizilien, läuft ein Flüchtlingsschiff mit etwa 200 Passagieren in stürmischer See auf

Grund. Hundert werden gerettet, neun Leichen werden geborgen, die restlichen Passagiere bleiben vermisst.

24. November 2005: Die italienische Küstenwache findet die Leichen von fünf weiteren Migranten, die beim Kentern des Flüchtlingsschiffes mit 200 Passagieren eine Woche zuvor vermisst gemeldet worden waren.

25. November 2005: Weitere sechs Leichen des Schiffsunglücks vor Sizilien werden gefunden.

28. November 2005: 22 Migranten sterben beim Kentern eines Schlauchbootes vor der spanischen Küste.

29. November 2005: Sechs afrikanische Flüchtlinge ertrinken vor den Kanarischen Inseln, als ein Sturm das Boot mit 50 Passagieren zum Kentern bringt.

20. Dezember 2005: 30 westafrikanische Flüchtlinge ertrinken vor der Küste Mauretaniens am Weg zu den Kanarischen Inseln nach dem Kentern ihres Bootes. 14 Menschen, darunter zwei Frauen, werden gerettet.

22. Dezember 2005: Im Hafen von Antwerpen werden zwei Leichen im Wasser geborgen. Die Polizei vermutet, dass die Toten zu einer Gruppe von zehn Flüchtlingen gehörten, die die Reise von Lagos bis Antwerpen in einem ungeheizten Maschinenraum ohne Verpflegung verbracht hatten.

27. Dezember 2005: Die Leichen zweier afrikanischer Migranten werden an der spanischen Küste angeschwemmt – eine bei Tarifa, eine bei Guadalquiton.

4. Jänner 2006: Ein Migrant ertrinkt vor Lesbos, als ein Flüchtlingsboot mit 19 Passagieren 80 Meter vor der Küste sinkt.

24. Jänner 2006: Drei Leichen von Flüchtlingen werden in zwei Schlauchbooten gefunden, die vor Samos treiben. Die Flüchtlinge waren verdurstet.

21. Februar 2006: Zwei Flüchtlinge sterben beim Kentern eines Flüchtlingsbootes in schwerer See vor der Insel Alborán vor der südspanischen Küste, 22 Menschen werden gerettet.

5. März 2006: Zehn Menschen sterben vermutlich beim Kentern eines Bootes vor Malta, eine Leiche wird geborgen, neun bleiben vermisst. Die Migranten waren aus einem maltesischen Lager geflohen und wollten nach Sizilien.

5. März 2006: Ein Schiff mit 300 Migranten an Bord, darunter zehn Frauen, kentert vor der italienischen Insel Lampedusa. Die meisten können sich schwimmend an Land retten, die Zahl der Toten ist nicht bekannt.

6. März 2006: Die Polizei entdeckt im Hafen von Bari in einem Container die Leichen von zwei vermutlich mazedonischen Flüchtlingen.

7. März 2006: 23 afrikanische Migranten sterben auf dem Weg zu den Kanarischen Inseln beim Zusammenstoß ihres Bootes mit einem marokkanischen Schiff, das sie aus Seenot retten wollte.

7. März 2006: 22 afrikanische Migranten sterben vor den Kanarischen Inseln beim Kentern ihres Bootes.

15. März 2006: Ein spanisches Schiff findet 400 Meilen südlich der Kanarischen Inseln die Leichen von 17 Afrikanern. Sie waren trotz Schutzkleidung und Schwimmwesten nach dem Kentern ihres Bootes ertrunken.

Im Laufe der letzten Jahre wurden die Kontrollen im Mittelmeer drastisch verschärft. Allein zur Kontrolle der Südküste Spaniens wurden bis Ende 2005 243 Millionen Euro investiert, für die Kanarischen Inseln betrug das Budget 2005 zwölf Millionen Euro. Das spanische Überwachungssystem SIVE gilt nach Beurteilungen der Schengen-Staaten als so erfolgreich, dass es auf andere Mittelmeerländer ausgeweitet wird. Der *Think Tank* des französischen Innenministeriums, *Civipol*, berechnete daraufhin die Chance für ein Flüchtlingsboot, von Marokko nach Spanien durchzukommen, auf nur mehr zehn Prozent.[15] Auch die EU selbst engagiert sich in der Sicherung der Meeresgrenzen: 2003 beschloss der Europäische Rat ein Programm zur Bekämpfung der illegalen Einwanderung an den Seegrenzen[16]. Das Programm geht von einer „virtuellen Seegrenze" aus, die auch die Überwachung der nordafrikanischen Küsten erlaubt. (Würden umgekehrt Marokko, Algerien und Libyen die europäischen Küsten überwachen, wäre die Empörung wohl größer.) Und schließlich ist auch die Marine immer wieder gegen Flüchtlingsboote im Einsatz: 2003 organisierten mehrere EU-Staaten dazu zwei Marine-Manöver, vor Gibraltar wurden elf Flüchtlingsschiffe, vor den Kanarischen Inseln weitere sieben aufgespürt.[17] Seither patrouilliert die Marine dort regelmäßig.

Trotzdem bleibt die Meerenge von Gibraltar eine der bevorzugten Flucht- und Migrations-Routen für alle, die Europa erreichen wollen, um dort zu arbeiten. Die Zahl der Todesfälle geht mit der Überwachung nicht zurück – sie steigt: Im Jahr 2005 wurden 368 Leichenfunde amtlich dokumentiert, mehr als je zuvor.

Gespräch mit einem Schlepper

An den Stränden und in den Häfen der kleinen Küstendörfer an der marokkanischen Mittelmeerküste kann man bei jedem Spaziergang die Boote sehen, mit denen die Flüchtlinge übers Meer fahren. Es gibt zwei Arten: Die moderneren sind *Zodiaks*, aufblasbare Boote mit einem starken Außenbordmotor. Die gebräuchlicheren sind die so genannten *Pateras*: kleine, offene Fischerboote aus Holz, blau oder rot gestrichen, mit einem weißen Streifen in der Mitte. Wenn sie am Strand liegen, sind sie kaum einen halben Meter hoch. Wenn sie mit Auswanderern voll besetzt sind, sinkt der Rand fast ins Wasser. Auf den drei schmalen Holzbänken drängen sich dann 40 Personen: So viele werden üblicherweise in ein Boot gepfercht, das sich nächtens über das Meer aufmacht.

Der Marokkaner, der mir von diesem Geschäft erzählt, heißt Mohammed, ist sehr groß und schlank, und lebt in einem Dorf in der Nähe der nordmarokkanischen Stadt Tetouan. Als er nach langwierigem Kontaktaufbau zum Treffen in ein Café kommt, dreht er gleich wieder um, noch auf der Straße, bevor ich auch nur sein Gesicht sehen kann. Irgendetwas hat ihn verunsichert, er ruft mich über einen Kontaktmann an und bietet ein Gespräch über Telefon oder einen Mittelsmann an – ein Treffen sei ihm doch zu heiß. Er schmuggelt nicht nur Menschen, sondern auch Haschisch nach Europa, und seit die marokkanische Regierung den Hanf-Anbau 2004 offiziell verboten hat, steht er unter Druck. Die Angst, ich könnte ein Spitzel der Polizei sein, ist groß. Aber wie das Geschäft funktioniert, erklärt er mir.

Überfahrtswillige Flüchtlinge und Migranten kontaktieren „Unternehmer" wie ihn über Mittelsmänner. Die Adressen nehmen sie schon aus ihren Ländern mit, oder sie suchen sie auf den Straßen und Plätzen der Hafenstädte: Auf dem *Petit Souk* in Tanger, in der *Medina* von Tetouan. Es gibt keine große Mafia, die den Exodus über das Mittelmeer organisiert, sondern viele Kleinunternehmer, die untereinander nicht vernetzt sind – viele davon sind Fischer, wie Mohammed, die ihre Lebensgrundlage verloren haben, seit die Meere vor Marokko von den großen europäischen Fangflotten leer gefischt wurden. Allein 600 *Trawler* aus Spanien fischten in den 1990er-Jahren mit Schleppnetzen vor den Küsten Marokkos, wofür die EU noch 1999 125 Millionen Euro an Marokko zahlte. Den Fischern, die damals arbeitslos wurden, blieben nur die Boote. Nun fangen sie damit keine Fische mehr, sondern transportieren Migranten. Sind sie erfolgreich, investieren sie oft in leistungsstärkere Zodiaks – damit kann man den Küstenwachen besser ausweichen, und die Überfahrt ist kürzer.

Bei der Kontaktaufnahme müssen die Flüchtlinge meist schon die erste Hälfte des Fahrpreises von 2.000 bis 3.000 Euro pro Platz im Boot bezahlen. Viele sehen den Kontaktmann nie wieder und warten in den irregulären Camps in Marokko monatelang darauf, dass sie endlich zum Boot geführt werden. Sind sie aber an einen echten Schlepper geraten, bekommen sie einen Ort und ein Datum genannt: Meist ein verlassenes Haus an einem unzugänglichen Küstenabschnitt. Es gibt Tausende von geeigneten Stellen; zu überwachen ist die zerklüftete Küste kaum. Besonders beliebt sind Stellen in der Nähe von Palästen des Königs – dort ist es immer ruhig, die Anzahl der zu bestechenden Personen ist gering.

Ohne Licht und möglichst leise warten die Überfahrtswilligen, bis das Wetter gut und die Kontrollen lückenhaft genug sind. Oft arbeiten die Schlepper mit der marokkanischen Küstenwache und der spanischen *Guardia Civil* gleichermaßen zusammen – damit erklärt Mohammed auch den hohen Fahrpreis: „Bestechung ist nicht billig. Bei vierzig Personen in einem Boot komme ich auf 80.000 Euro pro Überfahrt, bis zu 40.000 davon muss ich an die Küstenwachen abliefern. Dazu kommt noch das Risiko, das Boot zu verlieren." In die großen *Zodiaks* werden daher bis zu 80 Passagiere gestopft. Das Boot muss sich schon mit einer Überfahrt rentieren. Das Risiko, nicht auf zwei Fahrten zu kommen, ist zu groß.

Bei der Überfahrt selbst ist Mohammed nie dabei – wie keiner der Unternehmer. „Ich bin ja nicht lebensmüde", meint er und lacht. Es gebe zwar immer einen Bootsführer, aber der dürfe sich nicht zu erkennen geben, und den Flüchtlingen werde eingeschärft, nicht zu verraten, wer es ist. So kann niemand wegen Schlepperei verurteilt werden, wenn das Boot aufgehalten wird.

Ich spreche Mohammed auf die hohen Preise und die vielen Toten an. Er reagiert wütend: Er habe das Grenzsystem ja nicht erfunden, das man nur unter Lebensgefahr überwinden könne. Er sei auch nicht schuld daran, dass dieselben Leute, die diese Grenze erfunden hätten, in Afrika für so viel Elend sorgten, dass die Leute dort wie die Fliegen sterben würden. Und auch nicht daran, dass Illegale in Europa sofort Arbeit fänden und damit quasi gezwungen seien, diesen Weg zu nehmen. Er sei da nur ein Rädchen, und zwar eines, das viel Risiko auf sich nehme. „Ohne Leute wie mich würde euer ganzes System nicht funktionieren, und ich setze auch mein Leben aufs Spiel dabei", sagt er ins Telefon. „Die, die daran verdienen, sitzen in Europa. Dann ausgerechnet mir vorzuwerfen, dass ich auch was dabei verdienen will, ist nicht gerecht!" Das ist das Ende des Gesprächs.

Flüchtlinge berichten allerdings von Boots-Unternehmern mit weit weniger humanistischen Ansprüchen. Oft wird die ganze Gruppe nach der Ankunft in Spanien in ein Haus gesperrt, ein Handy wird hineingereicht, und alle müssen ihre Familien anrufen: Noch einmal 2.000 Euro müssen geschickt werden, sonst rufen die Schlepper anonym die Polizei und die Fahrt geht postwendend zurück. Andere erzählen, dass sie sich im Boot an die Bänke fesseln lassen mussten, damit sich im Fall von Kontrollen und hohem Seegang nicht alle in Panik auf eine Seite lehnen – und das überladene Boot damit zum Kentern bringen. Besonders bei Afrikanern aus den Ländern südlich der Sahara sei das manchmal notwendig. „Die kennen das Meer nicht und werden leicht panisch", bestätigt Mohammed. „Nebeneffekt" für den Schlepper, wie viele Flüchtlinge erzählen: Kentert das Boot doch, geht es mitsamt den Menschen und Beweisen unter.

Die dichteren Kontrollen an der Meerenge von Gibraltar haben nicht verhindert, dass immer mehr Migranten den Weg übers Meer nach Europa auf sich nehmen – im Gegenteil. Aber sie haben zu einer Verlagerung der Fluchtrouten geführt: Die Überfahrten werden länger, und sie werden gefährlicher. Um ihnen auszuweichen, nehmen Schlepper wie Mohammed mittlerweile die wesentlich längere Route vom Kap von Al Hoceima direkt nach Almería. Al Hoceima liegt auch günstig im Einzugsbereich des Rif-Gebirges, dem viertgrößten Haschisch-Produktionsgebiet der Welt. Die Fähren, welche die Meerenge von Gibraltar in weniger als einer Stunde überwinden, brauchen hier acht Stunden – dementsprechend höher ist das Risiko für die kleinen Flüchtlingsboote. Trotzdem kommen gerade in der Erntezeit in Almería täglich Boote durch.

Die neue Massenflucht auf die Kanarischen Inseln

Viele Flüchtlinge und Migranten aus den Ländern südlich der Sahara, die noch nicht bis Nord-Marokko durchgedrungen sind oder abgeschoben wurden, weichen hingegen großräumig aus – die meisten auf die Kanarischen Inseln: Die Überfahrten zwischen Mauretanien oder Süd-Marokko zu den Kanaren haben seit der Tragödie in Ceuta und Melilla im

Herbst 2005 sprunghaft zugenommen – und damit auch die Todesfälle. Allein in den vier Monaten zwischen Oktober 2005 und Februar 2006 sind 1.300 Flüchtlinge auf dieser Route umgekommen, schätzt der *Rote Halbmond*. Nach Angaben des spanischen Innenministeriums wurden in den ersten zwei Monaten 2006 2.400 *Boat People* aufgegriffen. Der spanische Geheimdienst schätzte im März 2006, dass 500.000 Flüchtlinge an mehreren Orten der Küste Westafrikas auf die Überfahrt warteten, 45 Schlepperorganisationen seien damit beschäftigt, sie für 1.000 bis 2.000 Euro pro Kopf über das Meer zu bringen.[18] „Täglich erreichen zwei bis drei Flüchtlingsschiffe die Kanaren", sagt José Segura, Statthalter Madrids, und fordert Hilfe von der EU beim „Einbremsen" des Flüchtlingsstroms.[19] Und der könnte im Laufe der nächsten Jahre noch anschwellen: Nicht nur, weil die Fluchtgründe in den Ländern südlich der Sahara immer zwingender werden (siehe Kapitel 9), sondern auch wegen der gespannten Lage in der ehemaligen spanischen Kolonie Westsahara, die bei der Entkolonialisierung vor 30 Jahren von Marokko besetzt wurde. Seither lebt fast die gesamte Bevölkerung dieses Landes, das gegenüber der Kanarischen Inseln liegt, in Flüchtlingslagern, 165.000 davon in algerischen Wüstencamps. Eine Lösung des Konflikts ist nicht in Sicht. Im Winter 2006 verschlimmerten sich die Bedingungen dramatisch: Unwetter zerstörten Ende Februar die Unterkünfte von 60.000 Menschen in drei algerischen Flüchtlingslagern, selbst eine Luftbrücke der UNO konnte zunächst nur wenigen davon helfen. Der Druck auf die Migrationsroute zu den Kanarischen Inseln steigt dadurch noch weiter an. Spanien reagiert, unterstützt von der EU, mit verschärften Kontrollen: Mit einem Budget von zwei Millionen Euro soll ab Mitte 2006 die *Operation Sea Horse* starten. Ziel: Polizeipatrouillen sollen die Flüchtlingsboote zurückdrängen.[20]

Auch an diesem Tor der Festung Europa werden die Flüchtlinge nicht freundlich aufgenommen. Falls sie sich noch in internationalen Gewässern befinden, werden sie postwendend zurückeskortiert: „Wir mussten oft mit der *Guardia*

Civil darum streiten, den unterkühlten Flüchtlingen, die sie aus dem Meer gerettet hatte, zumindest eine Tasse Tee und eine Decke geben zu dürfen, bevor sie zurückgeschoben werden", erzählt Gema Prieto, die 2005 eine Mission von *Ärzte ohne Grenzen* auf den Kanarischen Inseln betreute. Viele der Flüchtlinge hätten monate- und jahrelange Irrfahrten durch Afrika hinter sich gehabt und wussten nicht einmal, wo sie sich befanden – nur „Europa" hatte man ihnen versprochen, als sie ins Boot stiegen.

Wer es in europäische Gewässer oder gar an die Küste schafft, landet hingegen in Auffanglagern. Vier solche Lager mit offiziell 1.950 Plätzen sind in den letzten Jahren auf den Kanaren in alten Flughäfen und Kasernen entstanden. Nach spanischem Recht können illegal Eingewanderte 40 Tage lang dort festgehalten werden, bevor sie abgeschoben oder freigelassen werden müssen. Zwei der Lager, die in ehemaligen Flughafengebäuden auf Fuerteventura und Lanzarote untergebracht sind, hat *Human Rights Watch* gründlich untersucht und einen vernichtenden Bericht erstellt[21]: „Migranten, die illegal auf den Kanarischen Inseln ankommen, werden auf schreckliche Weise behandelt – sowohl vor, als auch während der Haft in dem alten Flughafengelände in Fuerteventura und Lanzarote. Die Häftlinge, darunter auch die Asylwerber, leben in überfüllten Räumen von der Außenwelt abgeschnitten und haben keinen Zugang zu Telefonen und keine Möglichkeit, Post zu schicken oder zu empfangen. Sie haben keinen Zugang zu Information, Anwälten, Übersetzern oder Ärzten, haben bis zu 40 Tage lang keine Möglichkeit, an die frische Luft und ans Sonnenlicht zu kommen und sich zu bewegen. Familienangehörigen, Freunden und allen Nicht-Regierungsorganisationen außer dem *Roten Kreuz* wird routinemäßig der Zugang zum Gelände und selbst das Treffen mit einzelnen Häftlingen verwehrt. Nur Pflichtanwälte, die von der Polizei auf Wunsch gerufen werden, haben Zugang, sind in der Praxis aber selten im Flüchtlingslager. Entscheidungen über Verhaftung und Abschiebung von Migranten werden oft willkürlich und im Widerspruch zu spanischem

Recht getroffen. Vor allem aber sind die Möglichkeiten gefährdet, um Asyl anzusuchen und ein Verfahren zu bekommen."

In der ehemaligen Gepäckausgabe des Flughafens Fuerteventura, einem Raum von 20 mal 20 Metern, werden bis zu 500 Häftlinge festgehalten, die den Raum nie verlassen dürfen. Es gibt nur kleine Fenster an der Decke, vier Toiletten und drei Duschen, nur kaltes Wasser. Die Versorgung wird zur Gänze vom *Roten Kreuz* übernommen – und die schließt keinen Putzdienst mit ein. Die Hygienebedingungen sind dementsprechend schlecht. Selbst kleine Kinder wurden in diesen Anhaltelagern schon festgehalten.

Keiner dieser Häftlinge ist wegen einer Straftat verhaftet worden: Der irreguläre Übertritt einer Grenze ist nicht mehr als eine Verwaltungsübertretung, etwa wie Falschparken. Viele der Häftlinge kommen aus Kriegsgebieten und Diktaturen und hätten wohl Anspruch auf Asyl – oder zumindest auf ein Asylverfahren. Aber wer in einem Boot kommt, hat in der Praxis kaum eine Möglichkeit, einen Asylantrag zu stellen, bevor er oder sie abgeschoben wird. Das widerspricht zwar der Genfer Flüchtlingskonvention und spanischem Recht, aber selbst die staatliche Kommission für Flüchtlinge und Migration CEAR, die für die Flüchtlingsbetreuung zuständig ist, vermerkt auf ihrer Homepage ganz offen: „In keinem Fall arbeitet die CEAR mit illegaler Bevölkerung, sondern mit Personen mit Aufenthaltsgenehmigung nach dem neuen Fremdengesetz. Daher bleiben jene Migranten ausgeschlossen, die in Booten oder auf anderen illegalen Wegen im Staatsgebiet ankommen."[22] Auf welchem Wege Flüchtlinge denn legal ins Land kommen sollen, wird nicht vermerkt.

Massenabschiebungen aus Lampedusa

„Das Zentrum Europas ist nicht Brüssel, Paris oder London", sagt der schwedische Autor Henning Mankell. „Es ist die kleine Insel Lampedusa, auf der jeden Tag die Leichen schiffbrüchiger afrikanischer Flüchtlinge angeschwemmt werden. In diesem Horror-Bild konkretisiert sich Europa als grausame, abweisende Festung, die noch nicht begriffen hat, dass sie diese Menschen dringend braucht."[23]

Wie Ceuta und Melilla errang auch Lampedusa seine fünf Minuten Weltöffentlichkeit mit einem Flüchtlingsdrama, das nur eines von vielen war: Im Oktober 2003 war ein Boot voll mit Flüchtlingen an die Küste getrieben. 13 davon waren tot, andere lagen im Sterben: Der Motor hatte ausgesetzt, die Afrikaner waren verdurstet. Das Fernsehen übertrug die Bergung des Geisterschiffes live.

Lampedusa, nur 140 Kilometer von der afrikanischen Küste entfernt, ist das Ziel all jener Flüchtlinge und Migranten, die sich von Libyen aus in Booten auf den Weg machen. Auf der kleinen Insel leben nur 6.000 Menschen, aber die sind Besuch gewöhnt: 150.000 Touristen machen hier jährlich Urlaub. Seit 1992, als unter dem Jubel der Menschen am Strand die ersten 71 *Boat People* gerettet und an Land gebracht werden konnten, kommen auch immer mehr Einwanderer. 2003 waren es 6.000, 2004 schon 10.000. Bis vor kurzem reisten sie immer unverzüglich aufs italienische Festland weiter. Nun sind sowohl der freundliche Empfang als auch die Weiterreise unmöglich geworden.

Schon die Landung auf Lampedusa ist schwierig: Laut einem Dekret der italienischen Regierung aus dem Jahr 2003 kann das italienische Militär schon in internationalen Gewässern Flüchtlingsschiffe abfangen, damit sie nicht in italienische Hoheitsgewässer vordringen. Eine Kette von Unglücksfällen war die Folge, als Flüchtlingsboote in der Nacht landen wollten und auf Grund liefen (siehe die Liste am Anfang des Kapitels). Dabei kann man fast noch von Glück reden, dass sich nicht der italienische Minister für Reformen, Roberto Calderoli, durchgesetzt hat, der gefordert hatte, das Militär solle auf die Flüchtlingsboote schießen.[24]

Wer die Fahrt überlebt, wird auch hier – wie auf den Kanarischen Inseln – sofort in ein Lager gebracht. Die Flüchtlinge und Einwanderer werden oft weder nach ihrem Namen noch nach Fluchtgründen und Begehr gefragt. Einzig ein Plakat in mehreren Sprachen erklärt: „Sehr geehrte Gäste, Sie befinden sich in dem Ersten Aufnahmezentrum von Lampedusa (Italien). Sie werden hier bleiben, bis Sie in eine andere Aufnahmestelle verlegt werden. Dort werden dann Ihre Personalien ordnungsgemäß festgestellt, und Sie bekommen die Gelegenheit, die Gründe für Ihre Flucht nach Italien zu erklären." Den Flüchtlingen wird außerdem nahe gelegt, sich regelmäßig zu waschen und ihre Kleidung sauber zu halten – im „Interesse der anderen Gäste".[25] Nachfragen können die Flüchtlinge nicht: Weder Nicht-Regierungsorganisationen noch Anwälte, ja nicht einmal Parlamentarier und das UN-Hochkommissariat für Flüchtlinge haben derzeit Zugang zum Lager von Lampedusa. Geführt wird es von den Carabinieri und der Hilfsorganisation *Misericordia*. Die *Ärzte ohne Grenzen*, die anfangs für die medizinische Versorgung zuständig waren, haben seit April 2004 keinen Zutritt mehr. Im Sommer danach kam es zum Ausnahmezustand, als 1.300 Flüchtlinge in das Aufnahmezentrum gesteckt wurden: Es ist für maximal 200 Personen gebaut.

Was nicht so schlimm wäre, wenn das Plakat Recht hätte – und jeder in wenigen Tagen eine „Aufnahmestelle" zu Gesicht bekäme. Doch das Plakat lügt. Kaum jemand hat seit Oktober 2004 das Lager von Lampedusa in Richtung Italien verlassen: In diesem Monat fand die erste Massenabschiebung nach Libyen statt. Über 1.200 Flüchtlinge wurden ohne Ansehen der Person, ohne Prüfung der Fluchtgründe in Militärmaschinen gesetzt und nach Libyen abtransportiert. In Lampedusa genügt es nämlich nicht mehr, mit beiden Beinen auf europäischem Boden zu stehen, um einen Asylantrag stellen zu können – und dazu verwendet die italienische Regierung einen Trick: Da die Boote oft schon in internationalen Gewässern abgefangen werden, handle es sich um keine Abschiebung, sondern um eine Abweisung an der Grenze, und dazu brauche es kein Verfahren. Die Abschiebungen werden grundsätzlich nach Libyen durchgeführt, weil die Boote von dort kommen. Dass man auch an der Grenze um Asyl ansuchen kann

– und dass zahlreiche Abgeschobene sehr wohl die Grenze überschritten hatten – wird dabei verschwiegen.

„Das stand im eklatanten Widerspruch zur Genfer Flüchtlingskonvention, dagegen haben wir protestiert – umso mehr, als wir nicht einmal Zugang zu den Flüchtlingen bekamen", sagt Roland Schönbauer, Sprecher des UN-Flüchtlingshochkommissariats in Wien. Trotzdem finden seither, unter größter Geheimhaltung, regelmäßig solche Massenabschiebungen statt. Mit Kritik an dieser Politik kann die italienische Regierung nicht gut umgehen: Als *amnesty international* im Juni 2005 einen Bericht über die katastrophalen Zustände im Lager und die illegalen Massenabschiebungen veröffentlichte, bezichtigte die Regierung die Menschenrechtsorganisation der Verleumdung und fuhr mit den Abschiebungen fort. Daraufhin beschloss eine Gruppe von Europa-Parlamentariern im September 2005 das ominöse Lager zu besuchen. Als sie eintrafen, waren sie erstaunt: Es war fast leer. Nur elf Personen hielten sich darin auf, und die, versicherten die Carabinieri, seien alle Ägypter und hätten keinen Anspruch auf Asyl. Wie überhaupt die meisten hier im Lager Ägypter seien; das habe man wie üblich bei einem kurzen Aufnahmegespräch festgestellt. Wenige Tage später lieferte ein Fernsehbericht die Erklärung. Von einer Wohnung, aus der man ins Lager sehen konnte, hatte ein Team des italienischen Fernsehens gefilmt, wie das Lager für den Besuch der Europa-Parlamentarier geleert und auf Hochglanz gebracht wurde. Alle Insassen bis auf die elf – die ein enges Verhältnis zur Lagerverwaltung hatten – wurden in Militärmaschinen und auf Fähren abgeschoben.

Die anwesenden Insassen waren keine Ägypter, sondern tunesische Migranten. Einer von ihnen erklärte, seit vier Monaten im Lager zu sein – obwohl die maximale Verweildauer gesetzlich mit 30, maximal aber 60 Tagen (bei einem Untersuchungsverfahren wegen Menschenhandel) festgesetzt ist. Auch sonst stellten die Europa-Parlamentarier Missstände fest: In den vier Containern mit je 40 Betten waren nach Auskunft der Lagerverwaltung im Sommer über 1.000

Massenabschiebungen aus Lampedusa

Menschen untergebracht. Die Hilfsorganisation *Misericordia* versorgt diese Menschen mit den lebensnotwendigsten Dingen, hat dazu aber nur insgesamt neun Personen angestellt, die in drei Schichten arbeiten. In der Krankenstation gibt es nur eine einzige Liege. Für das ganze Lager stehen nur zehn Toiletten ohne Türen zur Verfügung, aus den Wasserhähnen und Duschen kommt salziges Meerwasser.[26]

Die Protestnote der Europa-Parlamentarier an die italienische Regierung blieb ohne Wirkung. Daraufhin ließ sich im Oktober 2005 der italienische Journalist Fabrizio Gatti ins Meer fallen, wurde aufgegriffen und kam als „irakischer Kurde" ins Lager. Er berichtete im *L'Espresso*, dass die Flüchtlinge im Lager geschlagen würden und nackt zum Appell antreten müssten. Nach ein paar Tagen wurde Gatti nach Sizilien gebracht. Einen Richter hatte er nie zu Gesicht bekommen, einen Asylantrag konnte er nicht stellen.[27]

Ausgelagert: Auffanglager vor den Toren Europas

Italien hat mit den Massenabschiebungen nach Libyen eine Vorreiterrolle in Europa übernommen, die nun Schule macht. Denn das neue Zauberwort in der Bekämpfung der Migration heißt „heimatnahe Unterbringung" und meint das Auslagern des Problems in die Anrainerstaaten der EU. Auslagerung im wahrsten Sinne des Wortes: Die EU baut Lager.

Die italienische Regierung schloss 2003 ein Geheimabkommen mit Libyen über Abschiebung und die Errichtung von Lagern. Ein geringes Maß an historischer Sensibilität hätte sie von diesem Schritt abhalten können: Die Kolonialgeschichte Italiens in Libyen ist auch eine der Lager. 1930 ließ der damalige italienische Gouverneur Libyens, *Maresciallo* Pietro Badoglio, gleich den Großteil der Bevölkerung internieren: 700.000 landeten in den *campi di concentramento*, 100.000 starben in den Wüstenlagern. „Wie können Sie die Konzentrationslager vergessen, welche die italienischen Koloniali-

sten in Libyen gebaut und in die sie Ihre große Familie verschleppt hatten?" fragte der libysche Intellektuelle Abi Elkafi in einem offenen Brief den libyschen Botschafter in Rom, der das Abkommen über die neuen Lager ausverhandelt hatte.[28] Details des Geheimabkommens wurden erst zwei Jahre später bekannt, als eine EU-Mission im April 2005 Libyen besuchte. Demnach hatte Italien 100 Schlauchboote, sechs Geländewagen, drei Reisebusse, Nachtsichtgeräte und Unterwasserkameras für die Grenzsicherung geliefert. Aber auch 12.000 Wolldecken, 6.000 Matratzen – und 1.000 Leichensäcke. Außerdem bezahlte Italien 60 Abschiebeflüge aus Libyen in afrikanische und asiatische Staaten und finanziert seit 2003 ein Lager im Norden und zwei weitere im Süden des Landes, bei den Städten Kufra und Sebha. Die EU-Vertreter berichteten von Gemeinschaftsräumen mit 200 Insassen, in denen Männer, Frauen und unbegleitete Kinder zusammengepfercht leben müssen. Die Hygiene entspräche nicht einmal niedrigsten Standards. Die libyschen Behörden würden die Flüchtlinge willkürlich behandeln und keinerlei Informationen über Prozeduren und Kriterien der Festhaltung liefern. Einzelfallprüfungen fänden keine statt. Auch *amnesty international* lieferte zwei vernichtende Berichte über die Behandlung von Flüchtlingen in Libyen ab[29], und der UNHCR protestiert regelmäßig gegen die Zustände. Er wird von der Regierung allerdings nicht anerkannt. Das alles hielt die Mission der EU-Kommission nicht davon ab, Empfehlungen für einen Ausbau der Zusammenarbeit mit Libyen auszusprechen.[30]
Das Beispiel macht nun Schule. Seit 2005 verhandelt die EU mit Marokko, Libyen, Algerien, Mauretanien und Tunesien über Rücknahme-Abkommen, die diese Transitstaaten zur Rücknahme aller Flüchtlinge verpflichten würden, die durch ihr Territorium gekommen sind.[31] Und damit diese nicht gleich nach Europa zurückkommen – wie das derzeit meist der Fall ist –, wird seit 2003 über Auffanglager in Marokko, Tunesien, Algerien und eben Libyen verhandelt.[32] Auch an der Ostgrenze sollen Lager den Flüchtlingsstrom abfangen: Auf dem informellen EU-Innenministerrat vom 14. Jänner 2006

in Wien saßen Staaten wie Weißrussland, das noch ein Jahr zuvor als Diktatur gebrandmarkt wurde, wie selbstverständlich mit am Tisch. Es ging um Pilotprojekte zum „Schutz in der Region", die bereits im ersten Halbjahr 2006 für Flüchtlinge in der Ukraine, Moldawien und Weißrussland umgesetzt werden sollen.

Die Bekämpfung der illegalen Migration steht bei allen Verhandlungen mit EU-Anrainerstaaten ganz oben auf der Tagesordnung: Sie sollen die Grenzpolizei für Europa spielen und bekommen dafür wirtschaftliche Hilfe. 15 Milliarden Dollar für die nächsten fünf Jahre wurden in Barcelona allein den Mittelmeer-Anrainerstaaten zugesichert.[33] Doch keines dieser Länder garantiert ein faires Asylverfahren, alle sind sie für Folter und Menschenrechtsverletzungen bekannt.

Algerische Todeslager?

Einen Eindruck von den Zuständen in algerischen Lagern vermittelte mir ein Zeuge im Jänner 2006 in Burkina Faso. Der junge Mann heißt Moussa und verkauft auf den Straßen von Ouahigouya, einer staubigen Stadt in der Sahelzone, Kunsthandwerk an die spärlichen Ausländer, die hier in Entwicklungsprojekten arbeiten oder stolz und staubig nach Sahara-Durchquerungen ankommen. Wie so viele hier hat Moussa schon versucht, dieselbe Reise zu machen – allerdings in umgekehrter Richtung, mit dem Ziel, Europa zu erreichen. „Die Halsketten kauft hier kaum jemand, es kommen ja kaum Touristen hierher. Und wenn, dann feilschen sie bis zum Umfallen um den Preis, weil sie immer denken, wir wollen sie hinters Licht führen." Trotzdem muss Moussa das Schulgeld für seine vier kleineren Geschwister aufbringen.

Im Herbst 2005 sammelt er von der ganzen Familie Geld für die Reise und kauft sich einen Platz in einem überfüllten Lastwagen, der Flüchtlinge durch die algerische Sahara zur Grenze nach Marokko bringen will. Dort wird er weitersehen. Die Fahrt dauert einige Tage, schon denkt er, er hätte es geschafft.

Doch Moussa hat Pech: Eine algerische Militärpatrouille greift den Lastwagen auf. Die Passagiere werden in Kleinbusse verfrachtet und in ein Auffanglager gebracht. Pässe werden nicht kontrolliert – die schwarze Hautfarbe genügt, um sie als illegale Durchwanderer zu erkennen. Was dann geschieht, beschreibt Moussa so: „Wir wurden in ein Lager gebracht, das außen einen Zaun aus Stacheldraht hatte. Innen waren ein paar Baracken. Wir wurden aber zu einem großen Loch im Boden geführt. Es war tiefer als zwei Männer hoch sind. Ich wurde mit einigen anderen hineingestoßen. Am Boden des Loches stand Wasser und Schlamm, weil es so tief war, dass das Grundwasser aus dem Boden kam." Tief, sagt Moussa noch einmal, fuchtelt mit den Armen und versucht einen Vergleich zu finden, sucht nach einem Gebäude, das so hoch ist wie das Loch tief war – doch in Ouahigouya gibt es nur ebenerdige Häuser.

„Es waren etwa 40 Männer in dem Loch, alle waren Schwarze. Die meisten aus Mali, aber auch ein paar aus dem Senegal und welche aus Guinea und Guinea-Bissau, und ein paar *Burkinabé*, die aus Elfenbeinküste geflohen waren. Wir konnten uns nicht hinlegen, weil der Boden zu nass war; wenn man sich hinsetzte, saß man im Wasser. Es war eine Qual. Für die Notdurft gab es einen Kübel in einer Ecke.

Am nächsten Morgen haben die Wachen Essen und Wasser in das Loch geworfen, für alle zugleich und für eine ganze Woche. Eine furchtbare Schlägerei fing an. Ich hatte Glück, weil mich ein *Burkinabé* mitversorgte. Andere bekamen gar nichts ab. Ein paar waren schon sehr schwach. In der Woche, die ich im Lager war, sind in diesem Loch fünf Leute gestorben. Sie haben die Leichen rausgeholt und einfach weggebracht. Ich glaube nicht, dass sie auch nur die Namen der Toten kannten."

Moussa wird nach einer Woche aus dem Loch geholt. Noch immer wird er weder nach seinem Namen noch nach seiner Reiseroute gefragt. „Niemand weiß, wer dort ist. Sie lassen die Leute anonym sterben. Das ist einfacher als ein Erschießungskommando, aber genauso wirkungsvoll." Moussa allerdings

Algerische Todeslager

hat Glück: Eine der Wachen lässt sich überreden, ihn einen Anruf bei der Familie machen zu lassen. Diese schickt Geld über *Western Union* in den nächsten Ort, Moussa besticht den Wachmann und kann fliehen.

Ich kann die Geschichte von Moussa nicht überprüfen. Nach Angaben der algerischen Regierung wurden im ersten Halbjahr 2005 3.234 illegale Einwanderer festgenommen, vor allem aus dem Niger und Mali, aber auch aus Asien. 815 seien „länger in Haft" geblieben, der Rest wurde abgeschoben. Mehr ist offiziell nicht zu erfahren. Doch die Geschichte von den algerischen Todeslagern hat sich in der Sahelzone weit verbreitet, viele kennen sie aus zweiter Hand. Abdul, ebenfalls in Ouahigouya, erzählt: „Ein Cousin von mir ist im Sommer mit einer großen Gruppe weggefahren. Sie wurden in Algerien aufgegriffen, einige konnten gehen, aber etwa 20 – darunter mein Cousin – wurden in zwei Minibussen abtransportiert. Ich habe seither nie wieder etwas von ihm gehört, wir sind schon verrückt vor Sorge." Tino hat von einer Gruppe *Burkinabé* gehört, die aus Elfenbeinküste über Algerien nach Kanada fliehen wollten, weil sie dort von einer Organisation eine Aufenthaltsgenehmigung versprochen bekommen hatten: „Sie sind in Algerien stecken geblieben und man hat nichts mehr von ihnen gehört."

Was auch immer stimmt an den Gerüchten und Geschichten über die Todeslager in den Transitländern – sie erfüllen ihre Aufgabe: Sie schrecken potentielle Auswanderer ab, auf eigene Faust nach Europa zu fahren. Sie spielen allerdings auch der Schlepper-Mafia in die Hände, die für viel Geld eine sichere Reise verspricht.

Verdursten in der Wüste

Auch Marokko ist als Flüchtlings-Aufnahme-Land nicht gerade Vertrauen erweckend. Das zeigte die Abschiebung von 1.200 Afrikanerinnen und Afrikanern aus den grenznahen Flüchtlingslagern in die Wüste vom Oktober 2005 (siehe

Kapitel 1): Nach dem Sturm auf den Zaun von Ceuta – und einer erfolgreichen Verhandlung mit Spanien über Grenzschutz – räumte das marokkanische Militär das Lager von Ben Younech. Die Flüchtlinge wurden ohne Prüfung von Fluchtgründen und ohne Ansehen der Person in Bussen an die Südgrenze Marokkos mit Algerien gebracht. Die Grenze ist von algerischer Seite her geschlossen – das hinderte Marokko nicht daran, die Flüchtlinge in der Wüste auszusetzen. *Ärzte ohne Grenzen*, welche die geräumten informellen Lager an den Grenzen betreut hatten, fuhren dem Konvoi spontan nach und retteten einige hundert Flüchtlinge. Das brachte das Drama an die Öffentlichkeit. Trotzdem verdurstete eine unbekannte Zahl von Flüchtlingen in der Sahara, noch wochenlang wurden Leichen gefunden.

Die EU protestierte kaum gegen diese Vorgangsweise – im Gegenteil: Sie stellte Marokko noch im Oktober 40 Millionen Euro als „Soforthilfe" für den Grenzschutz zur Verfügung. „Wir wollen für Marokko ein Zeichen setzen, dass wir zur Seite stehen", sagte dazu EU-Justizkommissar Franco Frattini. Nur zwei Monate später vereinbarte Spanien mit Marokko die Errichtung von zwei „Aufnahmezentren" für Minderjährige, die allein nach Spanien geflohen waren: Sie konnten bisher nicht abgeschoben werden, wenn ihre Familien nicht bekannt waren. Nun sollen sie in Marokko „eine Ausbildung erhalten". Das Papier erklärt nicht, warum das dort leichter gehen sollte als im reichen Spanien.

Europa nimmt für die Bekämpfung der Flüchtlinge den Bruch der eigenen Werte, der Menschenrechte und der Genfer Flüchtlingskonvention in Kauf. Wird das gegen den Ansturm auf die Festung nützen? Wohl kaum. „Wenn ich höre, dass sie die Grenzen höher bauen und die arabischen Länder zu ihren Schergen machen, werde ich so wütend", meinte Moussa, der gescheiterte Flüchtling aus Burkina Faso. „Wir gehen ja nicht weg, weil wir abenteuerlustig sind, sondern weil wir keine Wahl haben. Wir werden auf jeden Fall gehen und wir sind auch bereit dabei zu sterben."

Kapitel 3
Illegal

Warum tun sich Millionen Menschen pro Jahr eine Reise nach Europa an, die sie das Leben kosten oder ins Gefängnis bringen kann? Aus einem einfachen Grund: Weil sie, sobald sie es über die Grenze geschafft haben, innerhalb weniger Wochen Arbeit finden können. Im Schatten der europäischen Wirtschaft mit ihren Rechten und Standards für Arbeitnehmer hat sich eine zweite Schicht von Arbeitern gebildet: ein Millionenheer von Illegalen, das ohne jegliche Rechte für Billiglöhne arbeitet. Ein Heer von 10 Millionen Schattenmenschen, die nicht zu übersehen sind und doch ignoriert werden, solange sie keine Probleme machen, und die immer unter dem Damoklesschwert der Abschiebung leben. Sie sind die Kehrseite der Abschottung Europas an den Grenzen, und ganze Branchen in Europas Wirtschaft profitieren von ihnen oder hängen sogar von ihnen ab.

Illegale in der Landwirtschaft: Im Plastikmeer von Almería

Von weitem sieht es aus wie das Meer an einem wolkigen Tag. Links und rechts der Straße, die ein paar Kilometer von der spanischen Südküste entfernt nach Almería führt, wellt es sich silbergrau im Wind und die Sonne spiegelt sich darin. Es reicht bis zum Horizont: Das Plastikmeer von Almería. Ab und zu ragt ein Dorf wie eine Insel aus den Planen, auf den Straßen treiben zerrissene Plastikfetzen im Wind. Unter den Planen wächst das Gemüse, das im Winter in Europas Supermärkten liegt: Kolonnen von LKWs voller Tomaten, Gurken, Paprika und Zucchini verlassen Tag für Tag die südspanische Provinz in Richtung Mitteleuropa. Vor 20 Jahren war die Gegend noch staubtrocken und bitterarm. Heute wird hier so viel Geld gemacht, dass das kleine Dorf El Ejido der Ort mit den meisten Banken in ganz Spanien ist.[34] So viel, dass immer mehr Plastik dazukommt. Mittlerweile kann man das Anbaugebiet sogar vom Mond aus sehen: 320 Quadratkilometer unter Plastikplanen, im Winter tausend LKW-Ladungen

Gemüse pro Tag, und immer im harten Konkurrenzkampf mit den großen Unternehmen in Holland.

Betritt man ein solches Glashaus, verschlägt es einem den Atem. Feuchte 44 Grad hat es heute hier – aber nur, weil Winter ist und keine Sonne scheint, sonst sind es bis zu 50 Grad, erklärt der Wächter, der mich hineingelassen hat. Dunkelgrüne Tomatenpflanzen wachsen drei Meter hoch bis zur Decke des Glashauses. Ihre Wurzeln stecken in braunem Gewebe, das mit Nährlösung getränkt wird – Erde hat hier nichts verloren. Die Luft riecht scharf nach Dünger und Pestiziden, schon nach ein paar Minuten schmerzt mein Hals, meine Augen brennen, mir wird leicht übel und schwindlig. Ich muss hinaus, Luft schnappen. Jetzt fällt mir nicht mehr so auf, dass die ganze Gegend so riecht.

80.000 bis 90.000 Menschen arbeiten hier unter den Plastikplanen und in den Verpackungshallen. Und keiner von ihnen ist Spanier, versichert man mir überall. „Für die ist die Arbeit viel zu hart", lacht Laroussi. Der Marokkaner hat selbst vier Jahre im Plastik gearbeitet. Davor hat er in Fes ein Soziologiestudium abgeschlossen, nun schreibt er ein Buch über Migration und arbeitet bei der Landarbeiter-Gewerkschaft SOC. Als einzige Gewerkschaft setzt diese sich für die Rechte jener Arbeiter ein, die illegal einreisen und keine Papiere haben. Und das sind viele: Die Hälfte der Arbeiter hier hat weder eine Aufenthaltsgenehmigung noch eine Arbeitserlaubnis, schätzen die Gewerkschaften und Behörden einhellig. 40.000 Illegale arbeiten also hier auf einem Fleck. Auf Spanisch nennt man sie *clandestinos*, da schwingt noch ein Hauch von Abenteuer und Untergrund mit. Auf Französisch heißen sie schlicht *sans-papiers* – die ohne Ausweis. Aber am besten trifft die deutsche Bezeichnung die Situation: „Illegale".

Das illegale Übertreten einer Grenze oder das Arbeiten ohne Genehmigung ist nichts weiter als ein Verwaltungsdelikt. Trotzdem werden sie gesehen, als wären sie selbst – aufgrund ihrer Existenz auf fremdem Boden – schon ein Verbrechen. Sie sind die Kehrseite der Abschottung Europas: Diese hält die Einwanderung nicht auf, aber sie macht sie gefährlich –

und die Ankommenden zu Schattenmenschen: Sie haben es in die Festung Europa geschafft und sind doch draußen geblieben.

Im Plastikmeer von Almería fragt man sich, ob diese Kehrseite tatsächlich unerwünscht ist. Hier landen die, die es von Marokko aus über das Mittelmeer geschafft haben, die den Zaun in Ceuta überwunden oder die Fahrt mit einem der Holzboote überstanden haben, die derzeit – während der Haupterntezeit in den Wintermonaten – fast jede Nacht aus dem marokkanischen Al Hoceima an den Stränden des Nationalparks Cabo de Gata gleich nördlich der Provinzhauptstadt Almería ankommen. Sie wissen, dass sie hier schnell Arbeit finden. Früher waren es fast nur Marokkaner, heute sind es immer mehr Afrikaner aus den Ländern südlich der Sahara, die hier das erste Geld in Europa verdienen, um so schnell wie möglich wieder wegzukommen.

Wir treffen die ersten Illegalen am Rand von San Isidro. Es ist ein Dorf im Bezirk Nijar, nördlich von Almería, das vom Plastikmeer erst langsam eingeholt wird. Vor einigen Jahren war hier nur Wüste, die einzige in Europa, und immer noch säumen roter Sand und Agavenstämme die Straße. Die Kulisse sieht so sehr nach Wildem Westen aus, dass die meisten Italo-Western hier gedreht wurden. Jetzt geht das nicht mehr – es wäre ja auch schwer zu erklären, warum hinter Bud Spencer und Terence Hill Plastikplanen am Horizont glänzen. Am Rand von San Isidro wurden vor kurzem neue, adrette Wohnhäuser für junge Familien gebaut. Auf den noch kahlen Terrassen stehen Sonnenschirme und Gartenmöbel. Vom letzten Haus aus hat man allerdings keine schöne Aussicht: Man sieht genau auf eine Siedlung von Illegalen.

Es sind etwa 60 mannshohe Unterschlüpfe – von weitem ähneln sie Iglus –, gebaut aus alten Bewässerungsschläuchen, Karton und Plastik, auf dem Gelände eines aufgelassenen Glashauses. Dazwischen brennen offene Feuer, über denen in großen Kesseln Wasser abgekocht wird, ein paar alte Sessel und Sofas stehen herum. Wäsche hängt an den alten Drähten. Etwa 150 Männer aus Mali und dem Senegal wohnen hier –

manche schon seit Jahren. Es dauert einige Tage, bis ich mit ihnen reden kann: Am Anfang ist das Misstrauen zu groß. Erst als ich Fotos mache und sie am nächsten Tag bringe, bricht das Eis. Jeder will sich nun fotografieren lassen: Am liebsten mit dem Auto, einem Handy in der Hand und mir und Reiner, meinem Fotografen, daneben. Wir hängen wohl bald in einem Dutzend Dörfern in Mali an den Wänden, als die europäischen Freunde vom Sohn, der es geschafft hat. Andere Europäer kennen sie nicht.

Schließlich sitzen wir um ein Feuer herum zwischen den Hütten, ich bekomme einen wackeligen Plastikstuhl angeboten, und jeder will erzählen. Hier hat kaum einer Papiere – und es hat auch noch nie jemand nach welchen gefragt. Jeden Morgen stellen sich die Männer auf der Landstraße auf, in einer langen Reihe, und warten auf die Unternehmer. Die kommen mit Lastwagen und nehmen so viele Arbeiter mit, wie sie brauchen. Für acht bis zehn Stunden Arbeit im Plastik verdienen die Afrikaner zwischen 28 und 30 Euro – deutlich unter dem Kollektivvertrag von 38 Euro, aber immer noch genug, um immer weitere Arbeiter anzulocken. Nur: Ob man das Geld auch wirklich bekommt, ist fraglich: „Ich habe schon so oft ohne Lohn gearbeitet, dass ich es gar nicht zählen kann", seufzt Samba aus Mali, der seit einem Jahr hier lebt. Er ist – wie alle hier – gut angezogen, sehr gepflegt und sehr höflich. „Wir können ja nichts tun. Sollen wir etwa zur Polizei gehen? Das brächte uns nur Probleme – es gibt uns offiziell ja gar nicht." Er hat heute den Tag damit verbracht, Wassermelonen-Pflanzen mit Pestiziden einzunebeln. „Das ist die schwerste Arbeit, weil man davon ganz dumm im Kopf wird. Schon nach einer halben Stunde siehst du kaum noch und kannst kaum noch atmen, aber du hast noch acht Stunden vor dir", erzählt er. Atemschutz hat er keinen bekommen, er hatte aber vorsorglich ein altes T-Shirt mitgenommen, das er sich vor das Gesicht band. „Manche geben dir Masken, manche nicht – wir müssen nehmen, was kommt, wir haben keine Möglichkeit, etwas zu verlangen", sagt Titi aus Senegal. Der lasche Umgang mit den Schutzbestimmungen forderte schon

Opfer: Im Jahr 2003 fiel ein afrikanischer Arbeiter nach tagelangem intensiven Kontakt mit Pestiziden für zwei Wochen ins Koma und sitzt seither im Rollstuhl.[35]
Das macht die Illegalen von Almería zu begehrten Arbeitskräften: Sie sind billig, können keine Arbeitsrechte und keinen Schutz verlangen, und selbst wenn man sie nicht bezahlt, bekommt man keine Probleme. Die Gemüsebauern von Almería brauchen solche Arbeiter, um beim harten Preiskampf um die Regale der mitteleuropäischen Supermärkte mithalten zu können. Und deshalb werden die Illegalen auch toleriert: Obwohl jeder weiß, dass sie hier sind, und die meisten sogar eine Sozialversicherungskarte besitzen, gibt es hier keine Kontrollen. Ohne die Illegalen würde das Plastikmeer kein Geld mehr bringen. Die Hüttensiedlung bei San Isidro ist nicht zu übersehen, aber die Polizei war noch nie hier, seit sie besteht. „Die Leute tun einfach so, als wären wir nicht da", sagt Samba. „Manchmal frage ich mich schon, ob ich durchsichtig geworden bin. Ich fahre auf dem Rad durch das Dorf, und die Leute sehen einfach an mir vorbei. Ich grüße jemanden, und er starrt durch mich durch. Nicht einmal die, die uns Arbeit geben, reden mit uns: Sie deuten nur."
Das Ignorieren geht so weit, dass vor einigen Wochen die Wasserleitung abgedreht wurde, die hierher führte. „Wir sind zum Rathaus gegangen und haben gesagt, dass wir das Wasser zahlen wollen", erzählt Ismael, ein langer, schlaksiger Senegalese. „Aber sie haben uns nicht einmal zugehört. Jetzt müssen wir zur Kirche ins Dorfzentrum gehen, dort lassen sie uns unsere Kanister füllen. Die transportieren wir dann auf Fahrrädern hierher." In der Tasche habe ich die Lokalzeitung des Tages. Darin steht, dass im heurigen Sommer vier neue Staudämme für die Bewässerung der Tomatenplantagen gebaut werden. 51 Millionen Euro will die Regierung in das Wasser für die Tomaten investieren[36], während hier die, die sie pflücken, sich gegenseitig den von weit her geschleppten Kanister halten, wenn sie sich waschen wollen.
In den nächsten Tagen sehe ich eine ganze Reihe von ähnlichen Unterkünften: Eine alte Garage in Roquetas, in der elf

Arbeiter wohnen, die dafür 460 Euro Miete zahlen. Eine normale Wohnung will ihnen niemand vermieten. Dann in einem Außenviertel: Eine Wohnung mit drei Zimmern und 16 Bewohnern, die sich die Miete teilen. Für mehr Platz reicht der Verdienst nicht. Weiter draußen ein alter Stall, in dem 30 Arbeiter schlafen – jeder zahlt dafür 30 Euro pro Monat an den Besitzer.

Almería ist vielleicht jener Ort, an dem man das Zusammenspiel von Abschottung an der Grenze und Ausbeutung von Illegalen am besten beobachten kann. Aber die Provinz ist kein Einzelfall: In ganz Europa ist in den letzten Jahren in der Landwirtschaft ein neues rechtloses Sub-Proletariat entstanden. In Spanien hat das zu Streiks und Besetzungen geführt: So besetzten Landarbeiter im Sommer 2002 für zwei Monate die Universität von Sevilla, um Papiere und Rechte einzufordern.[37]

Aber auch dort, wo in der europäischen Landwirtschaft Saisonverträge die Illegalität ablösen, wird die Situation kaum besser: Das sieht man in einem weiteren großen Gemüseanbau-Gebiet, den Bouches du Rhône in Frankreich. Dort arbeiten – neben ungezählten Illegalen – über 7.000 nordafrikanische Erntehelfer, die mit „OMI-Verträgen" nach Frankreich gekommen sind. Für diese Verträge hat die Migrationsbehörde *Office des Migrations Internationales* (OMI) mit Marokko, Tunesien und Polen Abkommen geschlossen, und die sind besonders perfide: Wer mit einem solchen Vertrag arbeitet, befindet sich zwar physisch in Frankreich und damit in der EU, juristisch bleibt er oder sie aber in Marokko oder Tunesien. Für die Arbeiter gelten keine Sicherheitsbestimmungen, keine Arbeitszeiten-Regelungen und keine sozialen Dienstleistungen. Selbst wenn sie seit 20 Jahren jährlich sechs Monate (verlängerbar auf acht Monate) in Frankreich arbeiten, wird ihnen im Fall eines Antrags auf Aufenthaltsgenehmigung diese Zeit nicht angerechnet: Juristisch befanden sie sich ja gar nicht in Europa.

Erst die Streiks in den Pfirsichplantagen des Unternehmers Laurent Comte, Eigentümer der Firma SEDAC, im Sommer

2005 haben den Blick der Öffentlichkeit auf die verheerenden Lebensbedingungen der Arbeiter gelenkt: Sie leben in ehemaligen Ställen ohne fließendes Wasser und ohne Toiletten. Sie bekommen keine Schutzkleidung und keine Arbeitsgeräte. Sie müssen ohne Leitern auf die Bäume klettern und während der Pestizideinsätze auf dem Feld arbeiten. Die Arbeitszeiten betragen elf Stunden pro Tag, wofür 40 Euro gezahlt werden. Ein Teil davon wird noch für die Unterkunft einbehalten, und Überstunden wurden bisher nie ausgezahlt, was zu den Streiks führte. Da die Unternehmen die Arbeiter, die sie mit OMI-Verträgen nach Frankreich holen, namentlich benennen – wofür sie sich einer Mafia von „Vermittlern" bedienen, welche die Arbeiter in Marokko und Tunesien rekrutieren –, sind solche Streiks für die Arbeiter ein hohes Risiko: Nicht nur, dass sie selbst wohl keinen Vertrag mehr bekommen werden, diese Maßnahme wird auch auf ihre Familien und oft auf die ganze Dorfgemeinschaft im Heimatland ausgedehnt, wie der Fall einer Arbeiterin namens Naima zeigte, die als Erste ihren OMI-Arbeitgeber klagte. Angesichts der Beträge von etwa 4.000 Euro, die Marokkaner und Tunesier an die Vermittler für den ersten OMI-Vertrag zahlen, ist dieses Risiko für die meisten zu hoch.[38] Auch in der spanischen Provinz Huelva – die ab Anfang März jeden Jahres die Erdbeeren für ganz Europa liefert – und in Mitteleuropa macht das Modell der OMI-Verträge inzwischen Schule. Meist sind es nun bulgarische, rumänische und weißrussische Arbeiterinnen und Arbeiter, die so ins Land geholt werden.

Wer sich in Almería für die Rechte der Illegalen einsetzt, hat kein leichtes Leben. Nur mehr die traditionell kämpferische SOC – eine Gewerkschaft von Landarbeitern – setzt sich für ihre Rechte ein und wird dafür regelmäßig bedroht. Es ist weniger direkte politische Intervention als ein feindliches, rassistisches Klima, das die Arbeit so schwer macht. Seit der Rassismus in den Pogromen von El Ejido im Zentrum des Plastikmeeres im Jahr 2000 offen ausbrach, ist es nur schlimmer geworden. Damals jagte ein aufgebrachter Mob nach einer angeblichen Vergewaltigung mehrere Tage lang marokkani-

sche Arbeiter durch den Ort, 60 Einwanderer wurden dabei verletzt, die selbst gebauten Unterkünfte und die alten Ställe, in denen die Arbeiter wohnten, angezündet – Hunderte waren danach obdachlos. Seither werden nicht selten vor allem marokkanische Arbeiter auf der Straße angepöbelt und angegriffen, immer wieder kommt es zu schweren Verletzungen. Doch die Ärzte zeigen die Übergriffe nicht an, und wo es die Opfer selbst tun, werden die Gerichtsverfahren verschleppt, die Fälle wegen Formalfehlern, die vom Gericht selbst begangen werden, ad acta gelegt. Im Februar 2005 kam es zum ersten Mord: Der 40-jährige SOC-Gewerkschafter Azzouz Hosni wurde beim Verlassen eines Lokals von einer Gruppe vermummter Jugendlicher angegriffen und erstochen. Bis April 2006 ist der Hauptprozess nicht aufgenommen worden, die Familie hat keine Entschädigung erhalten.[39] Auch Spanier – Studenten, Journalisten oder einfach engagierte Menschen –, welche die unwürdigen Lebensbedingungen der Illegalen ansprechen, werden öffentlich als Verräter abgestempelt: Sie seien Agenten der „ausländischen Wirtschaftsmächte", die immer gerade zur Erntezeit das Gemüse von Almería schlecht machen wollen, schimpfen die Produzenten. Diese stehen unter dem ständigen Preisdruck der großen europäischen Handelsketten – und vermuten hinter allem, was gegen sie vorgebracht wird, diese Konzerne oder die Konkurrenz. „Wir wissen, dass wirtschaftliche Interessen hinter den Reportagen stehen. Es gibt große Handelsketten, die ein Interesse an billigem Gemüse aus Almería haben", sagt etwa Eduardo Lopez, Sprecher des Gemüsebauernverbandes COAG.[40] Einstimmig rufen die Kommentatoren bei jeder neuen öffentlichen Kritik der Zeitungen zu Einigkeit und zu konzentrierten PR-Aktionen auf. Mit dem, was da kritisiert wird, setzt man sich einfach nicht auseinander.[41]
So werden die Illegalen im Plastikmeer und auf den sonstigen Feldern Europas totgeschwiegen. Jeder weiß, dass sie da sind – ohne sie könnte die industrialisierte europäische Landwirtschaft nicht zu solchen Preisen produzieren –, aber keiner will sie sehen.

Millionen Illegale – und die Gründe

Auch wenn sie selten so gehäuft leben wie in Almería: Illegale Arbeitskräfte gibt es in ganz Europa. Sie arbeiten in der Schattenwirtschaft, die von Ökonomen für das Jahr 2005 in Deutschland auf 15,6 Prozent des BIP, in Österreich auf 10,3 Prozent des BIP, für die EU-Mittelmeerstaaten sogar auf ein Viertel der Volkswirtschaft geschätzt wird.[42] Neben der Landwirtschaft hängt ein großer Teil der Baubranche, der Gastronomie, der Hausarbeit und der privaten Krankenpflege von der Arbeit der Illegalen ab.

Ihre Zahl zu berechnen ist schwierig. Pro Jahr, schätzt die EU-Kommission, strömen 500.000 Illegale in die EU um zu arbeiten. In Italien leben nach Schätzungen der Regierung zwei Millionen, in Österreich geht man von bis zu 500.000 aus[43], in Deutschland schätzte der Ökonom Friedrich Schneider, dass im Jahr 2003 1,2 Millionen Illegale beschäftigt waren. Die Hartz-Kommission kam gar auf die Schätzung von etwa fünf Millionen „Vollzeit-Schwarzarbeitern" – wie viele davon ohne Aufenthaltserlaubnis, ist nicht bekannt. Der Autor des Buches „Illegal in Deutschland", Jörg Alt, hat für mehrere Städte Schätzungen erarbeitet: Er kommt auf 250.000 Illegale in Berlin, 40.000 in München, 15.000 in Leipzig, 30.000 in Frankfurt am Main und 20.000 in Köln.[44] „Generell scheint aber der Fall zu sein, dass man, je intensiver man sich mit der Thematik beschäftigt, umso mehr geneigt ist, seine Schätzungen nach oben zu korrigieren", merkt Jörg Alt an.

Dass immer mehr Illegale die Billig-Jobs der Bau- und Gastronomiebranche erledigen oder in Haushalten arbeiten, hat einen einfachen Grund: Es gibt seit einigen Jahren kaum eine legale Möglichkeit, in Europa zu arbeiten. Auch im Inneren der EU werden Festungsmauern hochgezogen.

Der Arbeitsmarkt ist – trotz des offensichtlichen Bedarfs an Migranten – fast hermetisch geschlossen worden. In Österreich etwa kann man derzeit nur dann legal zu Arbeitszwecken einreisen, wenn man eine so genannte „Schlüsselkraft" ist: Dazu muss man nicht nur 2.250 Euro im Monat verdienen und über eine „besonders anerkannte Fachausbildung" verfügen, sondern auch „zur Schaffung neuer oder zum Erhalt bestehender Arbeitsplätze beitragen" sowie „maßgeblichen Einfluss auf die Führung des Betriebs" haben oder „den Transfer von Investitionskapital nach Österreich" verursachen. Die Folge: Nur Topmanager können derzeit nach Österreich kommen, um zu arbeiten – und selbst deren Zahl ist mit einer Quote von 1.125 beschränkt (im Jahr 2006). Schon die zweite Führungsebene bleibt ausgeschlossen, Fachkräfte und einfache Arbeiter sowieso. Auch ein EU-Pass nützt nicht immer: Kommt man aus einem der Länder, die der EU 2004 beigetreten sind, bleibt der deutsche und der österreichische Arbeitsmarkt bis 2011 geschlossen. Die Folge ist ein eklatanter Mangel an Arbeitskräften, den die österreichische Wirtschaftskammer immer wieder betont.

Auch wenn man über die „Familienzusammenführung" nach Europa kommt, kann man lange nicht arbeiten – so er oder sie überhaupt einreisen kann: In Frankreich soll die Einwanderung für Familienangehörige nun ganz abgeschafft werden[45], in anderen Ländern ist sie durch strenge Quoten beschränkt. In Österreich durften so im Jahr 2006 4.425 Personen einreisen. In Deutschland dürfen Menschen, die über die Familienzusammenführung eingereist sind, fünf Jahre lang nicht arbeiten – wodurch sie entweder in die Illegalität gedrängt oder völlig von ihrer Familie abhängig gemacht werden (siehe Kapitel 5).

Die dritte Möglichkeit, eine Arbeitsgenehmigung zu bekommen, ist es, einen EU-Bürger oder eine EU-Bürgerin zu heiraten. Und auch dieser Weg wird immer schwieriger. Mit dem Ziel, kommerziell arrangierte Scheinehen zu bekämpfen, werden die Kontrollen von gemischten Ehepaaren immer rigider. Die Partnerin eines Kolumbianers erzählt, wie eine Routinekontrolle abläuft: „Um fünf Uhr früh tauchen Polizeibeamte in der Wohnung auf. Wenn mein Mann nicht da ist, gehen sie als erstes ins Badezimmer und werfen die Schmutzwäsche auf den Boden. Sie kontrollieren, ob gemischte Kleidungsstücke drin sind. Dann durchwühlen sie den Kleiderschrank, lassen sich Fotos und Briefe zeigen. Sie verlangen nach Beweisen dass wir uns schon lange kannten, bevor wir geheiratet haben, dass ich in Kolumbien bei seinen Eltern war und so weiter. Das alles um fünf Uhr früh, im Bademantel. Das alles sind Fragen, die ich der Polizei einfach nicht beantworten würde, wenn ich mit einem Europäer verheiratet wäre. Aber so weiß ich, es ist besser mitzumachen, sonst bekommen wir Probleme."[46] Während europäische Paare sich weder lieben noch miteinander wohnen müssen und aus welchem Grund auch immer heiraten dürfen, werden gemischte Paare nur akzeptiert, wenn sie einen lückenlosen gemeinsamen Lebenslauf vorweisen können: Verliebt, verlobt, verheiratet. Und schließlich wird auch laufend der Weg für die Menschen versperrt, die ein Recht auf Aufnahme haben: diejenigen, die vor politischer Verfolgung fliehen und die nach der Genfer Flüchtlingskonvention aufgenommen werden müssen. Diesen Schwierigkeiten ist das nächste Kapitel gewidmet.

„Ohne uns geht nichts!"

All diese Mauern verhindern nicht, dass die Festung unterwandert wird. Einwanderer werden auf den verschiedensten Wegen zu Illegalen: Sie wandern über die grüne Grenze oder über den Seeweg ein. Sie reisen mit einem Touristenvisum oder Saisonnier-Vertrag ein und bleiben. Sie fallen aus dem Asylverfahren. Sie verlieren die Aufenthaltsgenehmigung (etwa weil sie den Job verlieren), können aber nicht abgeschoben werden, weil sie aus einem Kriegsgebiet kommen.
Dementsprechend unterschiedlich sind die Lebenssituationen der Illegalen: Von Künstlern, die sich in hippen Großstadtkneipen aufhalten, bis hin zu den Landarbeitern von Almería. Dazwischen führen Millionen Illegale ein ganz normales europäisches Leben – nur, dass es sie offiziell nicht gibt.
Gemeinsam sind ihnen drei Dinge.
Sie leben *erstens* ständig mit der Angst, entdeckt zu werden: Jeder Kontakt mit Einheimischen – von der Fahrscheinkon-

trolle bis zum Gespräch mit der Nachbarin – kann für sie im Gefängnis enden. Nach den neuen Zuwanderungsgesetzen in Deutschland und Österreich sind sogar jene strafbar, die ihnen helfen, sei es mit einer Unterkunft, sei es mit Ratschlägen – bis hin zu den Anwälten, die abgewiesene Asylwerber beraten.[47]

Sie haben *zweitens* keinen Zugang zur gesellschaftlichen Infrastruktur: Sie können nicht ins Krankenhaus oder zum Arzt gehen[48], ihre Kinder können nicht in die Schule oder in den Kindergarten; ja, sie trauen sich meist nicht einmal ein Bankkonto zu eröffnen oder eine Versicherung abzuschließen.

Drittens sind sie rechtlos. Zwar müssten zumindest ihre Menschenrechte respektiert werden, und die UN-Konvention über die Rechte von Wanderarbeitern sieht auch Rechte vor, wie etwa das Recht, Lohn einzuklagen. Die Konvention ist zwar in Kraft getreten, weil sie von 20 Staaten ratifiziert wurde – allerdings ausschließlich von Auswanderungsstaaten. In Europa hat sie noch kein Staat ratifiziert, trotz einer Resolution des Europäischen Parlaments von 2005. In der Praxis sind Illegale also ausgeliefert. Wenn man ihnen ihren Lohn vorenthält, wenn sie auf der Straße überfallen oder Opfer von Menschenhandel werden: Zur Polizei können sie nicht gehen, weil diese sie als erstes der Fremdenpolizei übergeben würde. Carmela aus Ecuador steht genau vor diesem Dilemma. Es ist eines der kleineren Probleme, aber es nervt: Ihr Handy ist gestohlen worden, sie weiß auch von wem – ein Arbeitskollege hat es genommen. Doch sie ist machtlos. Zur Polizei kann sie nicht gehen, ihrem Chef will sie es nicht sagen – aus Angst, als „Problemfall" gesehen zu werden und den Job zu verlieren. Carmela ist seit über einem Jahr illegal in Österreich und arbeitet als Putzfrau und als Küchenhilfe in einem Innenstadt-Restaurant in Wien. Ich habe sie einen Tag lang begleitet, um mehr über den Alltag der Illegalen zu erfahren, die neben uns in den Großstädten leben und arbeiten.

Carmela ist gerade 18 geworden, sie ist klein und schlank und hat ein riesiges Lächeln. Wenn sie am Samstag Tanzen geht, erinnert sie ein bisschen an die Latino-Popsängerin Shakira, als die noch dunkle Haare hatte. Im Alltag versucht Carmela möglichst unauffällig zu sein: „Selbst ein Minirock ist schon gefährlich, wenn man ausländisch aussieht. Ich möchte nicht Gefahr laufen, von der Polizei kontrolliert zu werden", sagt sie und zieht Jeans und einen weiten Pullover an. Es ist neun Uhr früh, Carmela macht sich fertig zum Arbeiten. Sie wohnt in einer kleinen Wohnung im äußeren zweiten Wiener Gemeindebezirk und teilt sich das einzige Zimmer mit drei Mädchen aus Kolumbien: Zwei in einem Bett, zwei im anderen. Tagsüber werden Sofas aus den Betten. Doch „tagsüber" beginnt erst zu Mittag – eines der Mädchen arbeitet als Gläserwäscherin in einer Disko und kommt meist erst gegen fünf Uhr morgens nach Hause. Sie schläft noch tief.

Die Wohnung hat etwa 30 Quadratmeter und kostet 450 Euro. Das ist zwar zu teuer – aber da der normale Wohnungsmarkt für die Mädchen verschlossen ist, sind sie froh, sie gefunden zu haben. Zu viert ist die Miete leistbar. Bei den Verwandten, bei denen Carmela wohnte, als sie nach Wien kam, konnte sie nicht bleiben: Ihr Onkel hatte sie sexuell belästigt und geschlagen, als sie sich wehrte. Als sie es ihrer Tante erzählte, warf diese sie raus.

Carmelas erste Arbeitsstation heute ist eine Wohnung im dritten Gemeindezirk. Sie hat einen Schlüssel dafür – sieben Wohnungen putzt sie pro Woche, jeweils drei Stunden zu sechs Euro, das macht schon einmal fast 500 Euro im Monat auf die Hand. Genau so viel, wie sie im Monat an ihre Familie zu Hause schickt. „Ich muss das Schulgeld für meine jüngeren Geschwister zahlen, und meine Eltern haben auch zu wenig Geld. Sie sind froh, dass ich hier bin", erzählt sie. Dann fällt sie ins Flüstern: „Ich wünschte, ich hätte mehr Wohnungen, dann könnte ich richtig gut leben." Wir sprechen zwar spanisch, aber sie hat trotzdem Angst, in der Straßenbahn gehört zu werden: Eine Freundin von ihr ist bei einer Fahrscheinkontrolle erwischt worden – und obwohl sie einen Fahrschein hatte, kam die Polizei dazu. Sie kam sofort in Schubhaft. Carmela putzt vier Stunden lang, bezahlt bekommt sie nur drei – „aber es war sehr schmutzig, und ich möchte, dass die Señora zufrieden ist mit mir." Fehler kann sie sich keinen leisten: Ohne das Netzwerk von Bekannten und deren Freunden, die ihr Arbeit geben, wäre sie verloren.

Zwei Wohnungen sind heute noch dran, dann geht es in die Arbeit. Um 17 Uhr beginnt sie in einem Innenstadt-Lokal die Küche zu putzen und Besteck zu polieren. Um sechs geht der Betrieb los – da wäscht sie dann die Teller und hilft in der Küche. Wenn die Küche um Mitternacht schließt, muss sie noch putzen. Das dauert eine weitere Stunde. Insgesamt ist sie meist acht bis neun Stunden hier, sechs Mal in der Woche. Dafür bekommt sie 700 Euro im Monat. „Klar ist es wenig, aber mit den Wohnungen dazu geht es schon", meint sie. „Ich bin froh, dass ich den Job habe." In den neun Monaten, die sie hier schon arbeitet, hat sie ein einziges Mal drei Tage gefehlt. „Damals hatte ich so starke Bauchschmerzen, dass ich dachte, es wäre eine Blinddarmentzündung. Ich war ganz verrückt vor Sorge. Ich wusste: Wenn ich ins Krankenhaus muss, bedeutet das das Ende. Die Rechnung hätte mich ruiniert, ich bin ja nicht versichert. Und sie hätten mich abgeschoben, weil sie die Daten an die Polizei weitergeben."

Bisher hat sie dreimal eine Kontrolle im Lokal erlebt: Dann gibt ihr der Koch ein Zeichen, und sie verschwindet durch die Hintertür in den Hof und wartet auf der Straße, bis sie wieder ins Lokal kann. „Ich träume nachts von solchen Kontrollen", sagt Carmela. „Wenn sie mich erwischen, ist es das Ende für mich. Für den Chef wäre es ja nur eine Strafe, aber mich würden sie ins Gefängnis bringen und abschieben."

Fast alle von Carmelas Freunden arbeiten in der Gastronomie. Klingende Namen von Wiener In-Lokalen sind genauso darunter wie Gasthäuser in den Außenbezirken. „Ich schätze, dass zumindest die Hälfte der Lokale in Wien Illegale beschäftigt", meint sie. „Vielleicht auch alle. Wir sind ja auch sehr praktisch." Auch in der Hausarbeit sind Illegale wohl häufiger als legale Arbeitskräfte: In Deutschland etwa gibt es nur 40.000 Arbeitsverträge für Hausarbeit – zugleich aber fünf Millionen Haushalte, in denen eine Hilfe beschäftigt wird.[49]

Illegal am Bau

Auch die Baubranche hängt in großem Maß von illegalen Arbeitskräften ab, die meistens über Sub-Sub-Unternehmen rekrutiert werden. Es wird auch in Europa immer üblicher, dass ganze Arbeitskolonnen Illegaler im Pulk geholt werden, um am Bau oder in Fabriken zu arbeiten. In Österreich konnte erst vor kurzem ein Fall aufgedeckt werden: Auf mehreren Baustellen des Stahlunternehmens VOEST arbeiteten im Jahr 2005 Arbeitskolonnen von den Philippinen, aus Indonesien und Südkorea, die von der Firma „SSU Montage und Demontage" und von dem indonesischen Unternehmen „Srijaya Segara Utama" – die beide im Auftrag der VOEST arbeiteten – extra dafür eingeflogen worden waren. Die Arbeiter lebten unter unwürdigen Verhältnissen – als Dusche diente etwa eine Sprinkleranlage –, arbeiteten 60 Stunden pro Woche und verdienten, wie die Metallergewerkschaft herausfand, 1,30 Euro pro Stunde. Der Mindestlohn nach Kollektivvertrag liegt in Österreich für solche Tätigkeiten bei 10,50 Euro. Genau dieser Lohn war auch beim Arbeitsmarktservice angegeben worden, das eine Entsendebewilligung erteilt hatte. Der auf einen Tipp hin aufgedeckte Fall ist nur die Spitze des Eisberges, fürchtet die Metallergewerkschaft. Während die Unternehmen angezeigt wurden, haben die asiatischen Arbeiter keine Chance auf eine Entschädigung: Sie sind alle schon wieder in ihren Ländern. Doch ihre Kollegen arbeiten auf Baustellen in ganz Europa: Über 40 Prozent der Aufgriffe Illegaler finden auf Baustellen statt.
Einer dieser Bauarbeiter ist Tony – ein 25-jähriger Senegalese, den ich in Paris treffe. Er ist mit einem Studentenvisum und einem Traum nach Frankreich gekommen: Anwalt zu werden. Dafür hat er sich durch einen ganzen Dschungel von Bürokratie gekämpft, erzählt er. Seine ganze Familie hatte zusammengelegt, um ihm die Reise, die Kosten für die Inskription und einen Start in sein neues Leben in Frankreich zu ermöglichen. Doch heute, fünf Jahre später, sitzt Tony in einem winzigen Zimmer in einem Abbruchhaus in Mon-

Illegal am Bau

treuil, an der Wand ein riesiges Poster von Bob Marley, und wäscht in einer Plastikschüssel seine blaue Arbeitshose aus. Es ist früher Abend, Tony schlüpft von seiner Tages-Identität in die Freizeit: Tagsüber arbeitet er als Bauarbeiter, am Abend verkauft er in den U-Bahnstationen Sonnenbrillen, Uhren, Halsketten. Er steckt einen großen, glitzernden Glasstein in sein rechtes Ohr und zieht eine Kapuzenjacke an. Auf der Uni war er seit Jahren nicht mehr. „Meine Familie unterstützt mich zwar, aber sie verdienen bei weitem zu wenig für ein Leben in Paris", sagt er.

Tony zog als erstes aus dem Studentenheim aus, in dem er sich ein Zimmer organisiert hatte – 220 Euro pro Monat waren undenkbar. Dann begann er, einen Job zu suchen. Doch mit einem Studentenvisum darf man in Frankreich nicht arbeiten, und ohne Arbeitsgenehmigung blieb nur der Schwarzmarkt, auf dem Illegale ihre Arbeitskraft verscherbeln. Über einen Landsmann kam Tony an einen Arbeitsvermittler, der ihm als erstes einen Job auf einer Baustelle anbot. Tony nahm an, und arbeitete vier Jahre für dieselbe Firma. „Am Anfang war es sehr hart. Ich musste täglich von sieben Uhr früh bis fünf Uhr Nachmittag am Bau arbeiten. An die Uni war nicht mehr zu denken – ich hatte nicht einmal Zeit, hinzufahren", erzählt er. Im Monat verdient Tony 720 Euro – das ist weit weniger als der gesetzliche Mindestlohn. Einen Teil davon schickt er nach Hause, um sein schlechtes Gewissen zu beruhigen, wie er sagt, weil er nicht studieren kann, versagt hat. Hundert Euro im Monat zahlt er Miete für das Zimmer, das er mit einem Kollegen teilt. Lange werden sie hier nicht mehr wohnen können. Im April 2005 brannte ein großes Abbruchhaus in Paris nieder, in dem Illegale wohnten. 24 Menschen starben dabei. Jetzt wird eines dieser Häuser nach dem anderen geräumt – Tony weiß nicht, wann seines dran sein wird. Aber nebenan, in der Gasometerpassage, wurden vor kurzem einige Wohnungen geräumt, die Bewohner stehen jetzt auf der Straße. „Es ist eine Schande!", meint Tony. „Jeder weiß doch, dass wir hier sind." Man müsste nur einmal alle Baustellen durchkontrollieren und würde merken, dass jeder einzelne Bau-Unter-

nehmer Illegale beschäftigt, zumindest über Subunternehmer. Dann stutzt er und meint: „Nicht dass ich mir eine Kontrolle wünsche. Aber fair ist das nicht."
Aber würde man sie alle zugleich finden und ausweisen, stünde Europa wohl für einige Tage still. Das prophezeien etwa die Aktivisten einer Schweizer Kampagne für Legalisierung. Ihr Slogan lautet: „Ohne uns geht nichts."[50]

Auswirkungen auf Europa

Man könnte annehmen, dass die Anwesenheit von Millionen Illegalen in Europa dazu führt, dass einheimische Arbeitskräfte vom Arbeitsmarkt verdrängt werden, die Kriminalität steigt und die europäischen Sozialsysteme belastet werden. Sieht man sich die sporadischen Medienberichte zu Illegalen an, wird auch genau dieses Bild gezeichnet: Es konzentriert sich meist auf die Phänomene der Zwangsprostitution und des Drogenhandels – Randerscheinungen, die Beachtung verdienen, aber ebenso wenig repräsentativ sind für die illegale Bevölkerung wie für die europäische. Einer wissenschaftlichen Überprüfung hält das negative Bild illegaler Migranten nicht stand.

Das *Wissenschaftszentrum Berlin für Sozialforschung* hat in einer Forschungsbilanz Studien zu illegaler Migration[51] ausgewertet und kommt zu folgenden Schlüssen: *Erstens* seien Löhne und Arbeitsbedingungen nicht gefährdet. Das liegt vor allem daran, dass die Illegalen Arbeiten ausführen, die Europäer nicht machen wollen – und schon gar nicht zu diesen Löhnen. Nur in bestimmten Branchen – etwa der Bauwirtschaft – käme es zu Verdrängungen, allerdings seien die Verdrängten meist auch Migranten.

Zweitens gibt es keinen Zusammenhang zwischen illegaler Migration und steigender Kriminalität – was auch recht logisch ist, können sich Illegale doch nicht die kleinste Abweichung leisten, da sie immer von Ausweisung bedroht sind. Dass sie trotzdem gehäuft in Statistiken auftauchen, liegt nicht an den Straftaten, sondern daran, dass ihre reine Anwesenheit zu Anzeigen führt: „Der Sicherheitsbericht der Bundesregierung ebenso wie die polizeiliche Kriminalstatistik unterstreichen, dass statuslose Migranten als Tatverdächtige fast ausschließlich aufgrund der illegalen Einreise und des illegalen Aufenthalts auftauchen, ihre Straftat also vor allem die illegale Migration selbst ist", schreiben die Autoren.[52]

Drittens gebe es keine Belastungen der öffentlichen Haushalte und der Sozialkassen. Auch das ist einfach zu erklären: Illegale haben keinen Zugang zu Sozialleistungen, verursachen daher auch keine Kosten. Einnahmen allerdings auch nicht: Was die Unternehmen freut – keine Ausgaben für Steuern und Sozialversicherung –, führt auch dazu, dass Millionen Arbeitnehmer in Europa nichts in die Staatskassen einzahlen. Rein wirtschaftlich betrachtet nützt das Millionenheer von Illegalen aber nicht nur den Unternehmen, die davon direkt profitieren, sondern auch den Volkswirtschaften Europas: „Die Schattenwirtschaft ist der dynamischste Wirtschaftszweig", sagt der Ökonom Friedrich Schneider. Eine ganze Reihe ökonomischer Studien belegt, dass das Anwachsen der Schattenwirtschaft mit dem Wachstum der offiziellen Wirtschaft einhergeht, und dass durch Schattenwirtschaft die Ausgaben für langfristige Konsumgüter stimuliert werden.[53] (Das hat zwar genauso viel mit „Pfusch" von Einheimischen zu tun, wie mit illegalisierten Migranten – doch für letztere gibt es keine andere Arbeitsmöglichkeit.) Experte Schneider folgert daraus: „Staatliche Maßnahmen zur Verringerung der Schattenwirtschaft in Österreich sollten nicht nur in strengeren Gesetzen bestehen, sondern auch in vermehrten wirtschafts- und finanzpolitischen Anstrengungen, das Volumen an schwarzen Aktivitäten zu legalisieren."

Doch angesichts der Masse an illegalen Arbeitskräften muss man sich fragen, ob die Staatsapparate diese wirklich nicht kontrollieren können oder ob sie Illegale nicht doch stillschweigend akzeptieren. Sieht man sich den Umbau der europäischen Arbeitswelt genauer an, fällt auf: Niedrig qualifizierte Jobs, die woanders billiger erledigt werden können – etwa in der Produktion –, werden zu Millionen in Billiglohnländer verlagert. Niedrig qualifizierte Jobs hingegen, die vor Ort erledigt werden müssen, werden von Illegalen aus Billiglohnländern gemacht. Der französische Anthropologe Emmanuel Terray von der Hochschule für Soziologische Studien in Paris sieht darin eine klare wirtschaftliche Logik: „Was fordern die Neoliberalen? Sie verlangen möglichst fügsame und flexible Arbeitskräfte, die keinerlei sozialen Schutz genießen und nicht fest gebunden sind. Sie erklären uns, dass die Arbeitslosigkeit in Frankreich zwei Gründe hat: erstens den starren Arbeitsmarkt, das heißt, das Existieren eines garantierten Mindestlohns, zweitens die Sozialabgaben für eine Arbeitskraft. Ausländer ohne gültige Papiere erhalten keinen Mindestlohn und verursachen keinerlei Sozialkosten, da sie von jeder Sozialversicherung ausgeschlossen sind. Sie stellen die Masse perfekt flexibler Arbeitskräfte, denn sie können je nach Auftragslage angeworben und entlassen werden. Sie sind schutzlos und ohne Rechte, und man kann sie hinauswerfen, wann man will. Ihr Lohn entspricht etwa der Hälfte des Mindestlohns, und das bei wesentlich längeren Arbeitstagen. Es sind Arbeitskräfte, die nach Strich und Faden ausgebeutet werden können und genau den Vorstellungen der liberalen Wirtschaftsfachleute entsprechen." Terray schließt daraus: „Einer der Gründe, die Migranten nach Frankreich und Europa ziehen, ist ein ständiges Angebot an illegaler Arbeit. Betritt ein Migrant europäischen Boden und akzeptiert die Bedingungen einer illegalen Arbeit, kann er sicher sein, sofort oder spätestens einen Monat nach Ankunft Arbeit zu finden. Alle wissen, dass dieses Angebot besteht, jeder ist auf dem Laufenden. In Wirklichkeit toleriert der Staatsapparat die illegalen Arbeitsmärkte."[54]

Legalisierungen

Auf Dauer kann es sich keine Gesellschaft leisten, dass Millionen Menschen rechtlos im Untergrund leben. Noch weni-

ger könnten es sich die europäischen Gesellschaften aber leisten, ihre Gesetze durchzusetzen und alle Illegalen auszuforschen und abzuschieben: Da es sich um Millionen arbeitender Menschen handelt, würden ganze Branchen vor massiven Problemen stehen. In fast allen EU-Staaten gibt es deshalb Kampagnen und Gruppen, die sich für Legalisierung einsetzen: Besonders aktiv sind diese Bewegungen in Frankreich, den Benelux-Staaten und Spanien,[55] in Österreich und Deutschland dagegen gibt es sehr wenige Initiativen. Immerhin unterzeichneten 400 teils recht prominente Personen 2004 das deutsche *Manifest Illegale Zuwanderung*.[56]
Mehrere Staaten haben immer wieder Legalisierungs-Aktionen durchgeführt – darunter Belgien, die Niederlande, Frankreich, Portugal und Spanien, und im März 2006 standen Hunderttausende Illegale in Italien die Nächte hindurch Schlange, um an eine der 127.000 Aufenthaltsgenehmigungen zu kommen, die von der italienischen Regierung ausgegeben wurden. Die jüngste abgeschlossene Legalisierungsaktion fand in Spanien statt. Das nationale Statistik-Institut war dort von drei Millionen Illegalen ausgegangen, die Regierung rechnete mit 800.000, die illegal im Land arbeiteten. Um keine Anreize für neue illegale Einwanderung zu schaffen, wurden die Hürden so hoch angesetzt, dass tatsächlich nur „im Aufenthalt verfestigte Illegale" eine Chance auf Papiere bekamen: Zwischen Februar und Mai 2005 konnten sich Illegale, die zumindest seit 1. Juli 2004 in Spanien gemeldet (!) waren und einen Arbeitsvertrag über die kommenden sechs Monate vorweisen konnten, um eine Aufenthaltsgenehmigung bewerben. Angesichts dieser Hürden übertraf der Andrang alle Erwartungen: über 700.000 Anträge gingen ein, 530.000 Arbeiter bekamen eine Aufenthalts- und Arbeitsbewilligung. Spaniens Staatshaushalt freut sich nun über ein Plus von 600 Millionen Euro allein an Sozialversicherungsbeiträgen.
Die Landarbeiter im Plastikmeer von Almería haben von dieser Legalisierung wenig profitiert. Zwar haben es über 27.000 der geschätzten 40.000 geschafft, einen Arbeitsvertrag aufzustellen und anhand ihrer Sozialversicherungskarten und Mel-

dedaten in den lokalen Rathäusern zu beweisen, dass sie seit 1. Juli 2004 in Spanien beschäftigt waren, und so Papiere bekommen. Aber Tausende, die auch die Bedingungen erfüllt hätten, hatten Schwierigkeiten, einen Arbeitsvertrag zu bekommen.

„Mein Arbeitgeber wollte mir keinen geben. Er hat gesagt, das nütze ihm nichts – er beschäftige uns lieber ohne Vertrag", schimpft Tiko aus Mali. Wir sitzen wieder am Feuer in der Plastikhütten-Siedlung in San Isidro, es ist später Nachmittag und die Runde ist größer. Die, die heute Arbeit hatten, kommen nach und nach auf ihren Fahrrädern oder zu Fuß zurück. In der Plastiksiedlung wird Wasser geholt und Wäsche gewaschen, aus einem Kassettenrekorder trommelt afrikanische Musik. Moustafa aus Mali erzählt: „Ich habe einen Vertrag bekommen, habe aber 3.000 Euro dafür bezahlt." Ismael aus dem Senegal: „Ich habe auch zahlen müssen. Auch 3.000 Euro." 3.000 Euro sind der Lohn von hundert Tagen – so viel kann man hier vielleicht in einem Jahr verdienen, vielleicht in acht Monaten, wenn man Glück hat. „Mein ganzes Dorf hat gesammelt", sagt Ismael. „Es ging schließlich um Papiere, die Zukunft. Für mich und für sie, denn irgendwann muss ich mehr Geld verdienen und mehr nach Hause schicken."

Eine Nachfrage bei der Gewerkschaft am nächsten Tag bestätigt: Die Unternehmer in Almería haben die Situation der Flüchtlinge ausgenützt und ihnen 2.000 bis 3.000 Euro pro Vertrag abgeknöpft. Sie wussten, dass sie ohne Vertrag keine Chance auf Papiere hatten. „Bei uns sind reihenweise Arbeiter und Arbeiterinnen gestanden, die gefragt haben: Sollen wir das zahlen?", erzählt Federico Pacheco von der Gewerkschaft SOC. „Wir konnten keinen einzigen Fall vor Gericht bringen, weil der Betroffene dann keine Papiere bekommen hätte. Im Endeffekt haben wir jedem Einzelnen gesagt: Wir wissen, dass es ungerecht ist. Aber wenn du kannst, dann zahl." Das Problem war damit aber nur für kurze Zeit gelöst. „Wir haben für ein Jahr Papiere bekommen, und dieses Jahr läuft bald aus. Dann müssen wir nachweisen, dass wir genug

Legalisierungen **81**

verdienen, um zu leben", erklärt Tiko. „Im Prinzip verdienen wir genug, und jeder von uns zahlt im Monat 60 Euro pauschal an die Sozialversicherung. Aber jetzt haben wir entdeckt, dass die Arbeitgeber nicht für alle gearbeiteten Tage, sondern nur für zwei oder drei pro Monat ihre Beiträge zahlen: Wenn du 20 Tage gearbeitet hast, melden sie nur fünf. Hast du 15 gearbeitet, melden sie drei. Und so weiter." Die Folge des Betrugs: Den Arbeitern droht nun, obwohl sie alle Kriterien erfüllen, die Abschiebung. „Es sind hier viele Tausende betroffen. Wir haben keine Ahnung, wie es weitergehen soll", sagt der Vorsitzende der AEMA, des Verbandes der Emigrierten aus Mauretanien in Almería.

Am Abend sitzen wir noch am Feuer, im Kessel brodelt eine Gemüsesuppe. Die, die heute Arbeit hatten, haben eingekauft, die anderen essen mit. Ich sorge für Zigaretten – ein begehrter Luxusartikel. Es riecht nach verbranntem Plastik, und im Schein des Feuers wehen Plastikfetzen über das Feld nebenan. Tiko zupft auf einem selbst gebauten Instrument, Ismael spielt leise auf einer kleinen Trommel dazu. Es könnte eine Szene in Mali sein. Doch in Mali sind die Häuser besser und die Gesichter nicht so angespannt.

„Wenn hier Journalisten oder Aktivisten herkommen, reden sie immer von der neuen Sklavenarbeit", sagt Ismael aus Mali. „Aber Sklaven wurden transportiert; sie mussten nicht wie wir ihr Leben aufs Spiel setzen, um zu ihrer Arbeit zu kommen – wir hätten alle bei der illegalen Überfahrt sterben können. Und Sklaven haben jeden Tag zu essen bekommen." Aber Tiko widerspricht ihm. „Wir sind hier, weil wir wollen, und hier lassen sie uns zumindest arbeiten. Im Dezember waren Leute aus der Schweiz da, die waren entsetzt und wollten nie wieder Gemüse kaufen. Ich habe ihnen gesagt: Leute, ich war in der Schweiz. Bei euch lagert das Geld unserer Regierungen, deshalb dachte ich, es muss ein reiches Land sein. Ich hatte Recht. Und ich hatte auch sofort Arbeit. Aber bei der ersten Gelegenheit haben sie mich ins Gefängnis gesteckt und abgeschoben." Tiko legt Holz nach und schaut zu den Lichtern von San Isidro hinüber. „Da bin ich noch lieber hier, im Dreck und Plastik, zumindest stecken sie mich nicht ins Gefängnis." Sobald seine Papiere geregelt sind, sagt Tiko, ist er weg von hier – so schnell er nur kann. „Aber dann kommen Neue nach. Afrika ist groß und verzweifelt."

… Kapitel 4
Asyl:
In Lagern und Gefängnissen

Selbst Flüchtlinge, die vor politischer Verfolgung aus ihren Ländern fliehen mussten und Recht auf Asyl haben, haben es schwer, nach Europa zu kommen und dort zu bleiben. Die meisten von ihnen beginnen ihren Aufenthalt in Lagern. Und viele beenden ihn in Schubgefängnissen. Beides schließt die Flüchtlinge von der Bevölkerung ab und suggeriert, sie seien gefährlich. Die Fallen des Asylsystems am Beispiel Österreich.

Im Lager Traiskirchen

Das Asylbetreuungszentrum Traiskirchen sieht aus, wie man sich eine verlassene Kaserne vorstellt. Doch es ist ein kleines Dorf: 15.000 Quadratmeter Gelände, 24 Gebäude, 89 Polizisten, lückenlose Kamera-Überwachung am Zaun, Hochsicherheits-Beleuchtung in der Nacht. Ein Kindergarten, ein Bewegungsraum, eine Wäscherei, eine Krankenstation, zwischen 800 und 1.800 Flüchtlinge aus derzeit 54 Nationen, die in Stockbetten in den großen Zimmern einer alten, grauen Kaserne wohnen, von deren Fassade der Verputz abbröckelt.
Das Flüchtlingslager Traiskirchen ist ein düsterer Komplex aus abgenutzten Kasernengebäuden und flachen Pavillons. Es liegt etwa 20 Kilometer südlich von Wien in einem kleinen Dorf mit 15.000 Einwohnern. 1956 wurde das Gelände nach dem Abzug der russischen Panzerkompanien, die hier untergebracht waren, als provisorisches Notquartier eingerichtet: Der Ungarnaufstand trieb 220.000 Ungarn in die Flucht, 6.000 wurden hier untergebracht, die Bauern aus der Umgebung brachten damals Stroh, weil es keine Betten gab. Das Lager blieb in Betrieb, und es sieht auch heute noch nach einem Provisorium aus: Seit vielen Jahren ist die Hälfte des Hauptgebäudes von einem Gerüst verdeckt, der Bürgermeister des Ortes ging bis zum Höchstgericht, um eine Sanierung zu verhindern. Er hoffte, damit weniger Asylwerber in seinem Ort zu haben.

Die Ungarn, die 1956 über die Grenze in die Freiheit flohen, wurden euphorisch und mit offenen Armen aufgenommen. Die Gastfreundschaft gegenüber Flüchtlingen blieb bis zum Fall des Eisernen Vorhangs bestehen: Als Teil der freien Welt freute man sich, wenn es jemandem gelang, vor den kommunistischen Regimes zu fliehen. Doch seit den 1990er-Jahren sind Flüchtlinge unbeliebt geworden. Da Traiskirchen immer wieder aus allen Nähten platzt, sind jetzt die Bundesländer nach einem Verteilungs-Schlüssel für die Unterbringung zuständig. In Traiskirchen sollten die Flüchtlinge nur mehr für maximal einen Monat bleiben. Allein: Die Bundesländer halten die Vereinbarungen nicht ein.
So kommt es, dass Ben aus Nigeria schon vier Monate hier ist. Er lehnt gegenüber dem Eingangstor an der Mauer und starrt auf das Lager: „Wir tun hier nichts, nichts, nichts", sagt er trübsinnig. Ins Dorf kann er nicht gehen, nach Wien noch weniger – auch wenn er dürfte: „Die Wiener sind alle drogensüchtig", sagt er und rollt die Augen. „Sogar ganz junge, alle fragen mich um Kokain. Das ist gefährlich, ich bin schon einmal von einem Junkie zusammengeschlagen worden, der nicht glauben wollte, dass ich nichts verkaufe!" Dazu kommen Polizeikontrollen wegen vermuteten Drogenhandels. Der Kriminalpsychologe Arno Pilgram von der Universität Wien erklärt den Hintergrund: „Medien und Polizei haben seit den 1990er-Jahren in einer regelrechten Kampagne das Bild des afrikanischen Drogendealers verbreitet. Zugleich wurde der Verkauf auf der Straße gefährlicher, Europäer zogen sich zurück." Während die Hintermänner Weiße blieben – meist Albaner – ging der Straßenverkauf in die Hände von Afrikanern über. „Für die Hintermänner war jede Schlagzeile über Afrikaner und Drogen ein Geschenk: Ein Schwarzer hat heute praktisch ein Werbeschild umhängen", erklärt Pilgram. Aber es führt auch dazu, dass sich kein Mann mit schwarzer Hautfarbe mehr sicher durch Wien beggnen kann. „Da bleib ich lieber hier", sagt Tony und hält mir einen kurzen Vortrag über Gott, Abstinenz und die Sündhaftigkeit der österreichischen Gesellschaft.

Lager sind Orte, an denen das normale Leben aussetzt. Wer Flüchtlinge in Lagern unterbringt, schneidet sie vom normalen Leben ab und hält sie in einem Schwebezustand. „Ich darf den Bezirk Baden nicht verlassen, ich darf nicht einmal nach Wien fahren", erzählt mir ein tschetschenischer Asylwerber vor dem Tor. „Im Ort Traiskirchen sollen wir uns auch nicht aufhalten – die Leute mögen es nicht, wenn wir herumstehen. Bleibt also das Lager, jeden Tag das Lager. Wenn ich hier nicht bald rauskomme", sagt er, „dann... dann nichts. Ich kann ja nicht raus." Es geht auch kein Kind, das hier lebt, in den Kindergarten oder in die Schule in Traiskirchen, erklärt mir der Leiter Franz Schabhüttel. Und das angebotene Sportprogramm diene vor allem dazu, die Asylwerber davon abzuhalten, spazieren zu gehen, damit sich die Bevölkerung nicht belästigt fühle.

Scharf, schärfer, Asylrecht

Ein Asylantrag ist derzeit die einzige Möglichkeit, nach Europa einzuwandern: Aufgrund der Genfer Flüchtlingskonvention sind alle europäischen Staaten verpflichtet, Menschen, die vor politischer Verfolgung fliehen, aufzunehmen. Jeder, der um Asyl bittet, hat das Recht, dass in einem Verfahren festgestellt wird, ob er tatsächlich verfolgt wird und Schutz braucht. Entgegen der öffentlichen Wahrnehmung nahmen die Asylwerberzahlen in Europa in den vergangenen vier Jahren ab: In der Gesamt-EU (25) stellten 2001 noch 438.990 Flüchtlinge einen Asylantrag, 2005 waren es nur mehr knapp die Hälfte, nämlich 237.840. In Deutschland sank die Zahl der Asylwerber in diesem Zeitraum um zwei Drittel (von 88.290 auf 28.910), in Österreich von 30.140 auf 22.470.[57] Der Grund liegt vor allem im Ende des Afghanistan-Krieges – doch Europa ist an sich kein großzügiger Flüchtlingsaufnahme-Kontinent. Unter den Top Ten der Aufnahmeländer von Flüchtlingen auf der Welt findet sich kein einziges europäisches Land: Die meisten Flüchtlinge, die vor Kriegen und

Verfolgung fliehen, bleiben in der Nähe ihrer Heimat. Die drei Staaten mit den meisten Flüchtlingen sind derzeit Kongo, Pakistan und Tansania.[58]

Trotzdem werden in Europa derzeit im Vorfeld von gemeinsamen Asylstandards in der EU, die ab 2009 eingeführt werden sollen, die Asylrechte verschärft. Die Schwierigkeiten, die Asylwerber am Weg zu einer Aufenthaltsgenehmigung als anerkannte Flüchtlinge bewältigen müssen, beginnen schon beim Grenzübertritt. Nicht nur an den EU-Außengrenzen ist es gängige Praxis, Flüchtlingen den Asylantrag zu verweigern (siehe Kapitel 1), auch auf den europäischen Flughäfen werden Flüchtlinge systematisch zurückgeschickt, ohne dass ihnen die Möglichkeit gegeben würde, um Asyl anzusuchen. Erstmals gründlich untersucht hat das die französische Journalistin Anne de Loisy, die sechs Monate lang als Rot-Kreuz-Mitarbeiterin getarnt in der Aufnahmestelle des Flughafens Charles de Gaulles in Paris recherchierte. Sie berichtet in ihrem Buch *Bienvenue en France* von Dutzenden selbst beobachteten Fällen, in denen Menschen die Einreise und somit der Asylantrag verwehrt wurde – mit so seltsamen Begründungen wie etwa dem Fehlen eines im Voraus bezahlten Hotelzimmers. Sie berichtet auch von Schlägen, sexuellen Übergriffen und Demütigungen, und von der Passivität des Roten Kreuzes.[59]

Hat ein Flüchtling den Grenzübertritt geschafft und einen Asylantrag gestellt, beginnt ein Spießrutenlauf durch einen Behördendschungel, der immer undurchschaubarer wird. Selbst Europäer, die in diesem Rechtssystem aufgewachsen sind, hätten Schwierigkeiten, sich darin zurechtzufinden – umso mehr die oft traumatisierten Flüchtlinge, die mit Sprachproblemen und Angst zu kämpfen haben. Dazu kommen laufend Verschärfungen der Asylgesetze, wobei die Zuständigkeiten darüber in Europa noch bei den einzelnen Staaten liegen und höchst unterschiedlich sind.

In Österreich wurde solch eine Verschärfung – zum zweiten Mal innerhalb von kurzer Zeit – mit dem *Asyl- und Fremdenrechtspaket 2005* vorgenommen. „Österreich hat bei den Asyl-

verfahren zwar eine europaweit vorbildliche Judikatur", sagt Michael Genner von *Asyl in Not*, „aber viele werden gar nie zum Verfahren zugelassen." Schon 2004 wurde ein „Zulassungsverfahren" eingeführt, das prüfen soll, ob ein Flüchtling überhaupt einen Antrag stellen darf. Dazu muss er oder sie in eine der beiden Aufnahmestellen nach Traiskirchen oder Thalham fahren. Zugelassen wird nur, wer direkt nach Österreich eingereist ist, oder wem man nicht nachweisen kann, dass er über ein anderes EU-Land gekommen ist – sonst ist das EU-Land zuständig, in dem der Flüchtling die EU als erstes betreten hat. Das System bevorzugt also Flüchtlinge, die sich entweder einen Direktflug leisten können, oder die einen guten (teuren) Schlepper haben. Manche Afrikaner kommen den langen Weg über Libyen und Lampedusa bis hierher.
„Ohne Schlepper kommt hier niemand rein", sagt auch Schabhüttl, der Leiter des Lagers Traiskirchen. Im Asylgesetz 2004 – das später vom Verfassungsgerichtshof aufgehoben wurde – war für diese Praxis der Rückschiebung eine Ausnahme vorgesehen: Traumatisierte und Folteropfer sollten die Möglichkeit haben zu bleiben. Doch der Tschetschenienkrieg spülte tausende Flüchtlinge nach Österreich, und fast alle waren – ärztlich bestätigt – traumatisiert. Die Ausnahme wurde kaum umgesetzt, auch Folteropfer routinemäßig abgeschoben. Mit dem neuen Gesetz, in Kraft getreten Anfang 2006, wurde diese humanitäre Ausnahme wieder abgeschafft. Nun kommt jeder in Schubhaft, bei dem der Verdacht besteht, er könnte über ein anderes Land eingereist sein. Da das bei fast allen der Fall ist, finden Asylverfahren heute in Österreich großteils in Schubhaft statt, kritisiert *Asyl in Not*.

16 Jahre Niemandsland

Wer einmal zugelassen ist, kann sich auf eine längere Wartezeit einstellen: Die Berufungsinstanz – der Unabhängige Asylsenat – ist derzeit mit 27.000 Anträgen im Rückstand. Jeder dieser Anträge bedeutet, dass ein Mensch in Heimen und von 45 Euro Taschengeld oder von der 2004 eingeführten Grundversorgung von 290 Euro im Monat leben muss – in einer Art Niemandsland, ohne Bürgerrechte und ohne Möglichkeit zu arbeiten. Der älteste Asylwerber ohne rechtskräftigen Bescheid ist ein Rumäne, der seit 1990 als Asylwerber in einem Heim in Wien lebt. Und aus den frühen 1990er-Jahren sind tausend Fälle noch unbearbeitet in Berufung.

Das führt zu Fällen wie dem von Mariam. Mariam ist heute 25, eine schmale Frau mit blasser, ebenmäßiger Haut und hoch geschwungenen Augenbrauen, die ihrem Gesicht einen erstaunten Ausdruck verleihen. Sie wohnt in einer Flüchtlingswohnung des Vereins Ute Bock in Wien. Ihre jüngste Tochter, gerade vier Monate alt geworden, sitzt auf ihrem Schoß, die beiden Söhne, zwei und vier Jahre alt, liegen auf dem Sofa und halten Mittagsschlaf. Als Mariam vor vier Jahren nach Österreich floh, kam sie allein mit ihrem Mann. Mittlerweile hat sie hier drei Kinder geboren. Einen Asylbescheid hat sie hingegen noch nicht.

Mariam kommt aus Armenien, ist Aserbaidschanerin und Tochter eines Moslems. Im christlichen Armenien, das immer noch an den Folgen des Genozids leidet, das im ersten Weltkrieg von Türken und Aserbaidschanern begangen wurde, ist das eine schlechte Kombination. Mariam wurde verfolgt, ihr Mann nach der Hochzeit ebenso. 2001 beschlossen sie zu fliehen, mit dem Auto kamen sie bis nach Österreich und stellten einen Asylantrag. Mariam kam nicht nach Traiskirchen ins Lager – aber sie traf es kaum besser: Fast drei Jahre lang wohnte sie mit ihrer wachsenden Familie in zwei verschiedenen Pensionen in der Steiermark, an die Mariam nur sehr ungern zurückdenkt. „Die Probleme begannen, als das erste Kind da war. Der Chef der Pension weigerte sich, für die Kinder eigenes Essen und Windeln zu kaufen", erzählt sie. „Er meinte, das müssten wir von unserem Taschengeld bezahlen. Das waren 45 Euro im Monat. Allein der Bus in den Ort, zum Kinderarzt, kostete hin und zurück 6 Euro 60."

Die mittlerweile vierköpfige Familie wohnt in einem Zimmer, im zweiten Zimmer wohnt ebenfalls eine Familie mit zwei

Kindern und im dritten sechs Männer. Für diese 14 Gäste gibt es nur zwei Stunden warmes Wasser pro Tag – ein Ding der Unmöglichkeit, sich täglich zu duschen. Eine Heizplatte, auf der die Frau Babynahrung wärmen will, wird wegen des Stromverbrauchs konfisziert, um neun Uhr abends wird das Licht abgedreht. „Es war unmöglich, mit zwei Babys so zu wohnen," sagt Mariam.

Mariam und ihre Familie werden in eine andere Pension in der Nähe, in den Ort Blauberg versetzt. Dort wird es nicht besser: Als ihr Mann – ein Christ – in der nahen Kapelle beten will, wird er von der Wirtin hinausgeworfen: Als Flüchtling habe er sich im Haus aufzuhalten, sonst vertreibe er die Touristen. Wieder weigern sich die Wirtsleute, für das Baby und das Kleinkind Nahrung und Windeln zu kaufen. Im Ort gibt es kein Geschäft, bis zur Bushaltestelle muss man fünf Kilometer gehen. Als Mariam bittet, im Auto mitfahren zu dürfen, will der Wirt 15 Euro dafür haben – „ein Taxi wäre teurer."

Die Geldprobleme werden so drängend, dass Mariams Mann auf das Angebot des Wirten eingeht, bei ihm schwarz zu arbeiten. Für zwei Euro pro Stunde verrichtet er Waldarbeiten, fällt und entästet Bäume. Beim Sägen ohne Schutz hat er einen Arbeitsunfall und schneidet sich ein Glied des kleinen Fingers ab. Bis heute ist dieser Finger krumm. Es kommt zu einem Streit mit dem Chef. Da beschließen Mariam und ihre Familie nach Wien zu gehen. Heute wäre das nicht mehr möglich: Wer das zugeteilte Bundesland verlässt, fliegt aus der Grundversorgung für Asylwerber. Nach erfolglosen Versuchen bei der Caritas und beim Roten Kreuz kommen sie bei Ute Bock unter. Die pensionierte Leiterin eines Lehrlingsheims hat schon tausende Flüchtlinge wie Mariam von der Straße geholt und in Notfallswohnungen untergebracht, die sie von der eigenen Pension bezahlte oder erbettelte. Heute wohnt Mariam in ihrer zweiten „Bock"-Wohnung in einem Haus im Zweiten Bezirk.

Mariams Mann ist Automechaniker und hat sofort nach seiner Ankunft Deutschkurse besucht und sich beim AMS (Arbeitsmarktservice) gemeldet. Auch Mariam selbst spricht

16 Jahre Niemandsland

gut deutsch. Aber als Asylwerber dürfen sie beide nicht arbeiten. Sie bekommen aus der Grundversorgung, die seit 15. Mai 2004 aufgrund einer EU-Richtlinie ausbezahlt wird: 80 Euro für jedes Kind und 180 für jeden Erwachsenen – 600 Euro im Monat für eine fünfköpfige Familie. Mariam rechnet mir die Kosten für Windeln, Babynahrung, Monatskarten und Essen vor. Dann seufzt sie: „Es geht eigentlich gar nicht."

Wie der Staat einen Illegalen produziert

Manche fallen auch ganz aus dem System heraus. Kushal Hutak aus Afghanistan ist so ein Fall. Ich treffe ihn in einem Café in Wiener Neustadt – er ist in einer Pension in der Nähe untergebracht. „Kushal bedeutet Glück", stellt er sich vor, und schiebt die Stirnkappe in den Nacken. Bei seinem breiten Lächeln zeigt er eine perfekte Reihe weißer Zähne. Kushal ist jetzt 20 Jahre alt, seit zehn Jahren war er nicht in seiner Heimat: Er musste mit seiner Familie aus Afghanistan fliehen, als er zehn Jahre alt war. Sein Vater war ein Offizier unter dem kommunistischen Präsidenten Najibullah. 1996 stürmten Taliban-nahe Terroristen das Haus und brachten Kushals Großeltern, seinen Onkel und seinen ältesten Bruder um. Die Familie floh und ließ sich im Niemandsland zwischen Afghanistan und Pakistan nieder. 2002 versuchten der Vater und Kushals älterer Bruder, nach Afghanistan zurückzukehren. Sie verschwanden spurlos – alle gehen davon aus, dass auch sie umgebracht wurden.

Nun war Kushal der älteste Sohn. „Ich muss für meine Mutter, drei Schwestern und vier Brüder sorgen", erklärt er, und man sieht förmlich die Last auf seinen Schultern. Die Mutter verkauft das Familienhaus in Afghanistan über einen Mittelsmann. Als Kushal 18 ist, gibt er den gesamten Erlös einem Schlepper, der ihn nach England bringen soll: „13.000 Dollar – für afghanische Verhältnisse ist das ein riesiges Vermögen. Damit hätte ich in Afghanistan ein Geschäft aufmachen können – aber dorthin kann ich nicht zurückgehen, und in Pakistan ist es für uns sehr schwierig." Doch die Reise geht schief, Kushal landet nach einigen Irrwegen am 14. Jänner 2004 in Österreich und stellt einen Asylantrag. Der wird abgewiesen, ebenso wie das Berufungsverfahren. Kushal versucht noch einmal, nach England zu kommen, ein anderes Mal nach Belgien – aber seine Fingerabdrücke sagen: Österreich ist zuständig. Zweimal wird er wieder zurückgeschoben und landet wieder in Traiskirchen. Im Oktober 2005 wird er wegen illegalen Aufenthalts verhaftet und kommt für vier Wochen in Schubhaft – doch nach Afghanistan kann nicht abgeschoben werden, das Land gilt als zu unsicher. Also kommt er wieder frei und bekommt wieder eine Grundversorgung als Asylwerber. Bis zu dem Tag, an dem wir uns treffen: Am nächsten Tag muss er die Pension verlassen. Kushak sitzt wie ein Häufchen Elend in seinem Sessel und kann die Tränen nur schwer zurückhalten: „Ich darf hier nicht bleiben, ich darf hier nicht arbeiten, wenn ich woanders hinfahre, schieben sie mich wieder hierher zurück, und nach Afghanistan kann ich erst recht nicht. Was soll ich machen?"

Ich frage bei der zuständigen Fremdenpolizei in Neunkirchen nach. Dort bestätigt man: Kushal hat Aufenthaltsverbot, kann aber nicht abgeschoben werden – und falls er in ein anderes EU-Land reist, wird er nach Österreich zurückgeschoben. Er kann also nicht weg, kann aber jederzeit in Schubhaft genommen werden, wiederholt. Ich frage im Innenministerium nach: Dort erklärt man mir, solche Fälle gebe es leider, aber man wisse die Zahl nicht.

Das Asylsystem hat hier soeben einen unfreiwilligen Illegalen produziert.

Harmonisch geschlossen

Ab 2009 sollen nun auf EU-Ebene einheitliche Asylregelungen eingeführt werden. Der Schwerpunkt der Harmonisierung scheint darauf zu liegen, es Flüchtlingen so schwer wie möglich zu machen, überhaupt einen Asylantrag zu stellen.

So soll im Laufe des Jahres 2006 eine Liste von „sicheren Herkunftsstaaten" erstellt werden – Flüchtlinge aus diesen Staaten sollen erst gar keinen Asylantrag stellen können. Der erste Entwurf sieht zehn Länder vor: Ghana, Mali, Benin, Botswana, Kap Verde, Chile, Costa Rica, Ghana, Mali, Mauritius, Senegal und Uruguay. Ein Detail springt sofort ins Auge: In Ghana, Mali und Benin ist weibliche Genitalverstümmelung weit verbreitet – die Flucht davor ist als Begründung für Asyl zugelassen. Zumindest für Mädchen sind diese Länder alles andere als sicher.

Dazu soll eine Liste mit sicheren Drittstaaten erstellt werden, wohin die Flüchtlinge abgeschoben werden können, wenn sie diese auf der Flucht durchqueren: Die Länder rund um das Mittelmeer sollen dazugehören. Die EU finanziert dort schon vorbeugend den Bau von Flüchtlingslagern (siehe Kapitel 2).

In Schubhaft

Scheitert ein Asylwerber – oder wird ein Illegaler entdeckt –, kommt er in Schubhaft. Der illegale Aufenthalt in einem Land ist, ebenso wie der illegale Grenzübertritt, nichts weiter als ein Verwaltungsdelikt, so etwas wie zu schnell fahren. Doch auf diese Verwaltungsübertretung steht Gefängnis.

Haft ist die schwerste Strafe, die ein Staat verhängen kann. Freiheitsentzug ist in Demokratien aus drei Gründen legitim: zur Bestrafung einer kriminellen Handlung, zum Schutz der Bevölkerung und zur Resozialisierung. Keine der drei Voraussetzungen trifft auf die zu, die in Abschiebehaft landen. Und doch sind es in vielen Ländern richtige Gefängnisse, in denen jene auf ihre Abschiebung warten müssen, die die Hürden des Asylrechts nicht genommen haben.

In Wien gibt es zwei dieser Gefängnisse. Das größere davon ist ein düsterer Bau an der Rossauer Lände. Bei der Aufnahme kommen die Häftlinge in eine winzige Zelle, einen Meter breit, eineinhalb lang, mit einer festgeschraubten Holzbank als einziger Möblierung. Die grauen Wände sind voll geschmiert mit Namen aus der ganzen Welt – afrikanische, arabische, indische Aufschriften, chinesische Schriftzeichen. An einer Stelle steht groß: *Why?* Als ich hinausgehe, kommt ein Polizist mit einem Afrikaner vorbei. Ich grüße, der Polizist feixt: „Den brauchen Sie nicht grüßen, das ist ein Häftling." Revierinspektor Alfred Schön, der für die Presse zuständig ist und mich durch das Gefängnis führt, lächelt gequält. Die Flüchtlings- und Deserteursberatung berichtet, dass Häftlinge hier häufig als „Fetzenschädel" und „Trottel" angesprochen werden[60] – bei diesem Umgangston wundert mich das nicht mehr.

Die Haftbedingungen in diesem Gefängnis wurden erst im Oktober 2005 vom Menschenrechtsbeirat kritisiert: Es gibt keine Möglichkeit, Ehepaare gemeinsam unterzubringen, Minderjährige werden unter gewissen Umständen gemeinsam mit Erwachsenen gefangen gehalten, die Hygienebedingungen entsprechen nicht internationalen Standards.[61] Wer hier landet, wurde meist aus dem Leben gerissen, auf der Straße kontrolliert, am Arbeitsplatz aufgegriffen. Asylwerber, die abgeschoben werden sollen, landen neuerdings ebenso überraschend hier: Anstatt den Bescheid per Post zu schicken, bringt ihn die Polizei, wie im Asyl- und Fremdenrecht ab 2006 vorgesehen, persönlich – vorzugsweise um fünf Uhr früh, wenn die Asylwerber anzutreffen sind – und schreitet unverzüglich zur Festnahme. Wer dagegen beruft, darf unter Umständen trotzdem abgeschoben werden.

Nach der Aufnahme müssen sich die Häftlinge ausziehen. Der Revierinspektor zeigt mir eine Kabine; in einem Regal davor liegen Sporttaschen, eine Gitarre. Ab diesem Punkt bleibt die Außenwelt unerreichbar. Nur einmal pro Woche, jeden Samstag, dürfen die Häftlinge für eine halbe Stunde Besuch von zwei Erwachsenen und ihren Kindern empfangen: Ein enges Besucherzimmer mit zehn Kojen, kaum einen halben Meter breit, steht dafür zur Verfügung, eine Plexiglasscheibe trennt die Häftlinge vom Besuch, sprechen kann man nur über Telefonhörer.

In Schubhaft

In den Zellen sind jeweils acht Häftlinge gemeinsam in Stockbetten untergebracht, in der Mitte ein Tisch, ein Fernseher an der Wand. Bis zu zehn Monate kann ein Häftling hier festgehalten werden, und ihre Zahl steigt: Um 34 Prozent allein in den ersten 75 Tagen nach In-Kraft-Treten des neuen Fremdenrechts Anfang 2006. Auch Minderjährige – in Ausnahmefällen sogar 14-jährige Kinder – können hier eingesperrt werden. An den Zellentüren klebt ein Zettel mit der Aufschrift „Duschen: Montag, Mittwoch, Freitag, acht bis zehn Uhr". „Warum nicht jeden Tag?" frage ich. Aber Schön weiß es auch nicht. Die Türen sind versperrt, nur die Frauen dürfen sich in ihrem Gang frei bewegen. Im Frauentrakt gibt es auch eine Mutter-Kind-Zelle mit einem Babybett und einer Kiste voll Spielzeug. Auf dem Kasten wartet ein Baby-Autositz auf seinen nächsten Einsatz, wenn eine Mutter mit einem Kind unter drei Jahren in Haft kommt, weil sie keine Aufenthaltsgenehmigung hat. „Sie haben eine eigene Dusche", sagt die Polizistin, die Wachdienst hat, fast entschuldigend und zeigt mir das winzige Bad der Zelle. Nach der Führung durch das Gefängnis meint Schön, nachdem er die Türe hinter sich versperrt hat: „Sie sehen, es geht hier zu wie in einem Mittelding zwischen Hotel und Krankenhaus."

Doch Schubhaft ist eine Ausnahmesituation – besonders für Einwanderer, die viel auf sich genommen haben, um nach Europa zu kommen. Das Deportations-System ist hart, und es kann tödliche Folgen haben. Selbstmorde und Hungerstreiks sind daher häufig. In Deutschland begangen im Jahr 2004 fünf Menschen angesichts ihrer Abschiebung Selbstmord, einer davon in Schubhaft; 56 Flüchtlinge, davon 36 in Schubhaft, verletzten sich angesichts der Abschiebung selbst oder versuchten sich umzubringen, 23 weitere wurden bei der Abschiebung durch Zwangsmaßnahmen verletzt.

Auch in Österreich enden Abschiebungen und Schubhaft immer wieder tödlich, zuletzt im Polizei-Anhaltezentrum in Linz: Am 4. Oktober 2005 verstarb dort der Flüchtling Yankuba Ceesay aus Gambia in einer Einzelzelle, laut Staatsanwaltschaft wegen einer „Verkettung unglücklicher Umstän-

de". Der 18-Jährige war am 12. September in Schubhaft genommen worden, weil seine Identität ungeklärt gewesen sci. Von diesem Tag bis zu seinem Tod verlor er durch einen Hungerstreik 17,5 Kilo. Schließlich wurde er ins Linzer Krankenhaus gebracht, wo er, wie die Beamten angaben, „randalierte". Ein Gutachten nach seinem Tod erklärt dies näher: Ceesay litt an einer Sichelzellenanämie und starkem Mangel an Flüssigkeit, was zu Deliriums-ähnlichen Zuständen führte. Er war im Krankenhaus mehrmals von einer Trage gefallen und am Boden liegen geblieben, was die Beamten als „absichtliches Herausfallen" interpretierten.[62] Daraufhin brachten sie ihn in eine „Sicherungszelle"[63]. Es gab darin keinen Wasserhahn und kein Bett. Wenige Stunden später wurde Yankuba Ceesay tot am Boden liegend gefunden.
Nach Ceesays Tod gelang der *Plattform Zivilcourage*, was den Behörden während der gesamten Haft offenbar nicht gelungen war: Sie klärte innerhalb von 24 Stunden die Identität des Toten und verständigte seinen Bruder, der in Deutschland lebte – die Polizei hatte das verabsäumt. Die Staatsanwaltschaft nahm Ermittlungen auf, stellte diese aber im Jänner 2006 ein.[64] Zwei Wochen später stellte der Unabhängige Verwaltungssenat fest: Die Schubhaft über den 18-jährigen Gambier war unrechtmäßig verhängt worden. Er hätte gar nie ins Gefängnis kommen dürfen.[65]

Auswüchse

Auch EU-Bürger können mit etwas Pech in Schubhaft landen. Im Juli 2004 wurde etwa ein spanischer Staatsbürger auf der Straße angehalten und direkt in Schubhaft gesteckt. Ignacio B., ein 33-jähriger Solo-Geiger aus Spanien, war in Wien, um sich die Musikhochschule anzusehen. Als ihm Geld und Pass gestohlen wurden, rief er seine Eltern an und bat sie, ihm über *Western Union* Geld zu schicken. Danach hörten sie vier Wochen lang nichts von ihrem Sohn. Selbst nach einer Interpol-Suchmeldung blieb er verschwunden, kein Krankenhaus in Wien wusste Bescheid, und die Eltern waren schon verrückt vor Sorge. Nach sechs Wochen erfuhren sie, dass ihr Sohn in Wien in Schubhaft saß. Haftgrund: Kein Geld und keine Sozialversicherung. Er war einfach im Schubgefängnis Hernalser Gürtel verschwunden. Obwohl Ignacio von Anfang an seinen richtigen Namen und seine Nationalität nannte, wurde die spanische Botschaft erst nach Wochen verständigt – und auch, als seine Sozialversicherungskarte wieder aufgetaucht war und klar war, dass 500 Euro für ihn bei *Western Union* lagen, wurde er nicht freigelassen. Trotz aus Spanien gesendeter Dokumente wurde Ignacio im September 2004, nach fast zwei Monaten in Schubhaft, mit dem Flugzeug in seine Heimatstadt abgeschoben. Lapidarer Kommentar eines Polizisten, den ich danach befragte: „Wenn wir jemanden aufgreifen der sagt, er ist Spanier, ist er meistens illegaler Chilene." Ignacio bekam dann noch eine Rechnung für die Tage in der Schubhaft. Er hat sie nie bezahlt. „Ich habe nicht vor, in meinem Leben jemals wieder einen Fuß auf österreichischen Boden zu setzen", sagt er mir noch eineinhalb Jahre später.

Zou Youeying will das schon: Die Chinesin ist seit dem Jahr 2005 mit einem Österreicher verheiratet, und wurde trotzdem abgeschoben. Möglich wurde dies durch eine Gesetzeslücke: Youeying war Asylwerberin, hatte aber – wie 2005 noch von den Behörden empfohlen – ihren Asylantrag nach der Hochzeit zurückgelegt und um eine Niederlassungsbewilligung angesucht. Die Bearbeitung dauerte so lange, dass währenddessen das neue Fremdenrecht in Kraft trat: Seit 1. Jänner 2006 darf man um so eine Bewilligung nur vom Heimatland aus ansuchen. Die Regelung, die Scheinehen erschweren soll, katapultierte Frau Youeying, wie weitere etwa 100 ehemalige Asylwerber in derselben Situation, mit Eintritt des neuen Jahres in die Illegalität. Ihr Antrag auf Niederlassungsbewilligung war mit 7.000 weiteren unbearbeiteten Anträgen an die mittlerweile zuständige Landesbehörde übergeben worden und hatte seine Gültigkeit verloren; den Asylantrag hatte sie auf Empfehlung der Behörden zurückgezogen. Youeying kam für einen Monat in Schubhaft und wurde am 16. März 2006 nach Peking abgeschoben. Obwohl dies dem Menschenrecht auf Familie widerspricht, bekam ihr Mann statt einer Entschuldigung eine Rechnung: Für den Aufenthalt im Gefängnis und den Flug seiner Frau nach Peking muss er 6.069 Euro an das Innenministerium zahlen.

Kapitel 5

Gespaltene Gesellschaft

Nicht nur Illegale und Asylwerber werden ausgeschlossen: Auch Menschen, die seit Jahrzehnten – und teils seit Generationen – in Europa leben, sind täglicher Diskriminierung ausgesetzt. Europa ist ein Einwanderungskontinent: 56 Millionen Menschen, die woanders geboren wurden, leben hier. Sie bilden eine Reserve-Armee für den Arbeitsmarkt, der bis heute nicht dieselben Rechte zugestanden werden wie ihren „eingeborenen" Nachbarn: Unsichtbare soziale Mauern und handfeste gesetzliche Regelungen halten sie von der Gesellschaft fern, in der sie leben. Europa driftet immer schneller in die Segregation. Ein Abriss an den Beispielen Frankreich, Deutschland und Österreich.

Alt werden in „Klein-Bamako"

Man muss recht lange mit der Pariser Metro fahren, um nach Montreuil-sous-Bois zu kommen: Bis zur Endstation der gelben Linie, weit über die Stadtgrenze hinaus, in eine der östlichen Banlieues der französischen Hauptstadt. Man verlässt dabei nicht nur Paris, sondern auch das Frankreich der Tourismus-Prospekte. Aber Montreuil-sous-Bois ist auch kein Ort, der Touristen viel zu bieten hätte, außer sie wollten ein Stück Afrika in Europa sehen.

Dann könnten sie von der U-Bahn Station Porte de Montreuil, die die Stadtgrenze von Paris markiert, zwei Mal ums Eck gehen; an Plakatwänden vorbei, auf denen afrikanische und algerische Konzerte angekündigt werden. Durch zwei der schmalen grauen Straßen, in denen sich kleine Altbauten mit Wohnhäusern aus den 1960ern abwechseln, auf deren winzigen Balkonen sich der Hausrat stapelt. An den Ecken stehen Männer und rauchen, Vorübergehende mustern sie skeptisch. Wäre man Tourist und fragte hier nach Afrika, würden sie um die Ecke zeigen.

Dort steht eines der *Foyers* – Wohnheime – für Männer aus Mali. *Petit Bamako*, „Klein-Bamako", wird es hier genannt. Für mich ist es das Sinnbild einer ganzen Schicht von Einwanderern, die nie ganz in Europa angekommen sind. Einige wenige, weil sie das gar nicht wollten, doch die meisten, weil sie keine Tür fanden in den Mauern, die die europäische Gesellschaft um sich aufbaut.

Petit Bamako ist ein schmuckloser dreistöckiger Bau mit einer großen Einfahrt, durch die das rege Leben aus dem Innenhof auf die Straße quillt: Ein Verkaufsstand mit Zigaretten steht neben der Einfahrt, davor dröhnt Musik aus den Boxen eines alten Peugeot, auf dem DVDs aus Afrika aufgereiht sind. Betritt man den Hof, ist man *au bled*, „im Dorf", wie die Männer hier sagen. Überall sind Menschen, nur Männer, massenweise. Musik, Wortfetzen auf Bambara – der häufigsten Sprache in Mali –, und das Klappern von Töpfen dröhnen durcheinander. Auf einem Stuhl im Hof sitzt ein junger Mann und lässt sich gerade vom Friseur des *Foyer* die Haare schneiden. Einen Euro kostet das hier. Die Wände entlang wird Alltagsbedarf verkauft: Von Zigaretten bis zu Turnschuhen. Hinten im Hof ist in einem niedrigen Bretterverschlag eine Goldschmiede aufgebaut, Feuerschein leuchtet heraus, es wird gelötet, gehämmert und Draht gezogen. Die Eisen-Wendeltreppe, die vom dritten Stock herunter in den Hof führt, ist voll mit Menschen, die rufen, rauf- und runtergehen, nicht aneinander vorbei können.

Das *Foyer* wurde, wie hunderte andere solcher Wohnheime, in den frühen 1960er-Jahren gebaut. Damals boomten Industrie und Bauwirtschaft, und man holte hunderttausende Arbeiter aus den ehemaligen Kolonien im Maghreb und in Afrika nach Frankreich. Die meisten landeten mangels Wohnraumes zunächst in so genannten *Bidon-Villes*, eilig gebauten Quartieren ohne sanitäre Einrichtungen. Schließlich wurden in aller Eile Arbeiter-Wohnheime hochgezogen: Schmucklose Zweckbauten mit einer großen Gemeinschaftsküche und winzigen Zimmern für jeweils zwei Personen. Es sollte eine Übergangslösung sein. Sie wurde zur Dauereinrichtung.

Emmanuel ist damals, 1962, hier eingezogen. Heute, 2006, wohnt er immer noch hier. Ich sitze mit ihm in der Kantine und esse Couscous – 1,70 Euro kostet das Essen hier, so viel wie ein halber Espresso im Zentrum. Hinter uns läuft Fernsehen aus Mali, 20 Männer sehen die Nachrichten aus der Heimat. Emmanuel ist 74 und trägt sein langes afrikanisches Gewand mit Stolz. „Früher wollte ich Franzose sein", sagt er und rückt die Kopfbedeckung zurecht. „Aber ich habe schmerzlich erfahren müssen, dass sie das hier nicht wollen. Also bin ich wieder Afrikaner." Emmanuel wollte immer Historiker werden, das sei seine Leidenschaft. Doch als er jung war, konnte er in Mali nicht studieren. „Ich bin eben allein Historiker geworden", lacht er und zeigt eine lückenlose Reihe gelber Zähne, „ich lese alles, was ich bekommen kann. Dazu ist Frankreich gut: Sie haben gute Bibliotheken." Die nächste dreiviertel Stunde erteilt er mir eine Lektion über Kolonialgeschichte. „Die Franzosen sind selber schuld an der Misere. Wenn man ein Land besetzt und den Leuten einbläut, die französische Lebensart wäre die einzig richtige, dann muss man sie auch aufnehmen, wenn man später wieder weggeht und Chaos hinterlässt. Uns haben sie ja noch gerufen, wir sind nicht ungebeten gekommen. Aber es kommen auch heute immer noch welche nach, und damit wird Frankreich leben müssen."

Emmanuel ist nicht als Student, sondern als Bauarbeiter gekommen und hat sein Leben auf französischen Baustellen verbracht. Als er in Pension gehen wollte, stellte er fest, dass er über viele Jahre nicht zu dem Lohn gemeldet war, zu dem er gearbeitet hat. Die zuständigen Unternehmen gibt es nicht mehr, das Sozialamt ist langsam, eigentlich hat er den Behördenkampf schon aufgegeben. Jetzt bezieht er eine Mindestpension von 450 Euro, und würde er mehr als ein paar Urlaubswochen außer Landes verbringen, bekäme er auch die nicht mehr. Also steckt er hier fest, in dem Wohnheim, in dem er vor 43 Jahren angekommen ist. Als er das sagt, schüttelt er langsam den Kopf und blickt in den Hof des *Foyer* – als könne er selbst nicht glauben, dass er immer noch hier ist. „Damals, als sie uns gerufen haben, waren wir willkommen, man hat uns gut behandelt. Ich dachte, das wäre meine

Zukunft hier. Aber heute ist Frankreich eine Hölle für die Zugewanderten. Ich bereue es jeden Tag meines Lebens, dass ich hergekommen bin."

Für 200 Menschen ist das Wohnheim gebaut worden. Heute wohnen hier mindestens 600, versichert man uns und bittet, den Namen des *Foyer* nicht zu nennen, weil es dann Probleme gäbe. Etwa ein Viertel der Bewohner habe nämlich keine Papiere. In den winzigen Zimmern, neun Quadratmeter groß, haben die Einwohner Stockbetten gebaut, damit hier vier statt zwei schlafen können. In den schmalen, grün gestrichenen Gängen stehen in langen Reihen Klappbetten, am Abend kann man kaum noch durchgehen: Jeder Quadratmeter ist besetzt. In der Kantine werden in der Nacht die Tische beiseite geräumt, um Platz für Betten zu schaffen. In der winzigen Bar geht die Tür nicht auf, weil sie so voll mit Menschen ist, die hier um 70 Cent Tee trinken. Das *Foyer* ist hoffnungslos überfüllt.

In einem der kleinen Zimmer im zweiten Stock wohnt Abdoulaye. Er ist einer von jenen Insassen hier, die Miete zahlen – es zahlen nämlich immer die, die gerade einen Job haben, und Abdoulaye hat seit seiner Ankunft 1973 immer einen gehabt. Auch er arbeitet im Baugewerbe, er ist Elektriker und verkabelt die Baustellen einer großen französischen Firma. „Ich bin seit sechs Jahren bei dieser Firma, sie schätzen mich sehr, weil ich gute Arbeit und keine Probleme mache", sagt er, und er ist stolz darauf. Abdoulaye kann kaum aufrecht sitzen auf seinem Bett, darüber ist ein Stockbett, und den einzigen Stuhl hat er mir angeboten. Er will mir etwas zeigen: Unter dem Bett hat er eine Kiste, aus der er einen großen Ordner holt.

Abdoulaye ist der Kassier eines Vereins von Männern, die alle aus demselben Dorf in Mali kommen. Einmal im Monat treffen sie sich und diskutieren die Anfragen, die sie aus dem Dorf erreichen: Irgendwer kann das Schulgeld nicht zahlen, eine Familie ist in Not geraten, weil der Vater verunglückt ist, ein neuer Brunnen muss gegraben werden, weil es immer trockener wird. Meist aber geht es einfach um Lebensmittel: Der

Hunger ist groß in Mali. Die Männer treffen sich in diesem winzigen Zimmer und legen für das Dorf zusammen. Seit den frühen 80er-Jahren ist jede Einzahlung in Abdoulayes Ordner vermerkt, jeder Einkauf eingetragen. Sie schicken selten Geld, sondern versuchen die benötigten Dinge direkt zu besorgen, damit nichts versickern kann. Abdoulaye selbst verdient 1.900 Euro im Monat, 1.200 bleiben ihm netto davon übrig. Davon schickt er pro Monat 400 nach Hause zu seiner Familie. Auf den Fotos hinter dem Bett kann man sie sehen: Abdoulayes Bruder mit zwei Frauen und zwölf Kindern, seine Schwester mit drei kleinen Kindern vor ihrem Haus, rundherum blanke rote Erde. Abdoulaye selbst ist nicht mehr verheiratet. „Ich habe meine Frau in den 80er-Jahren nachgeholt. Aber sie hat sich scheiden lassen." Abdoulaye ist 57, in ein paar Jahren wird er in Pension gehen. „Ich würde gerne zurückgehen", sagt er und seufzt. „Aber das Mali, das ich als Kind gekannt habe, gibt es nicht mehr. In manchen Dörfern leben nur mehr Alte, Frauen und Kinder, alle Männer sind weggegangen. Von der Landwirtschaft kann man nicht mehr leben, und sonst gibt es nichts." Außerdem würde er seine Pension verlieren – und wovon sollte er dann leben?

In der Kantine und im Café sitzen zwischen den vielen jungen Männern auch immer wieder die alten, einige weit über 70. Ihre Frauen sind in Mali, manche sind auch nachgekommen und haben sich scheiden lassen. Oder sie wohnen in Sozialwohnungen in den Banlieues, die Männer hier. „Der da drüben hat 40 Kinder – mit vier Frauen", sagt Abdoulaye. „Und der jüngere dort hat gerade seine dritte Frau nachgeholt. Aber hier in Frankreich geht das nicht gut, die Frauen merken, dass sie Rechte haben und trennen sich. Die Männer bleiben hier. Sie leben mit dem Kopf in Mali und verstehen nicht, dass die Dinge in Frankreich anders laufen."

Ein Jahr zuvor war ich in so einer Sozialwohnung: Drei Frauen aus Mali wohnten dort in einer Vier-Zimmerwohnung gemeinsam mit ihren insgesamt elf Kindern. Die jüngste Frau war 18, gerade erst aus Mali gekommen. In den Dörfern ist Polygamie üblich – jede Frau hat allerdings ihre eigene Hüt-

Alt werden in „Klein-Bamako"

te, der Mann wohnt in einem eigenen Haus. Dieses Familienmodell haben einige der Männer einfach in die Pariser Vororte übernommen. Die Frauen, die oft weder französisch, noch lesen und schreiben können, sind auf engstem Raum zusammengepfercht, der Mann kommt nur sporadisch vorbei. Es ist die Ausnahme, nicht die Regel, aber doch leben so wohl tausende Frauen. Als mehrere Frauenorganisationen in den Banlieues deshalb gegen Polygamie protestierten und einige große Demonstrationen durchführten, hatten sie Erfolg – aber nicht den gewünschten: Die Polygamie wurde verfolgt, die Zweit- und Dritt-Frauen, von denen viele schon seit Jahren in Frankreich gelebt hatten, wurden abgeschoben (siehe Kapitel 6).

Die Alten im *Foyer* können nicht mehr weg. Die vielen Jungen wohnen zwar teilweise woanders, aber sie halten täglichen Kontakt. „Ich brauche eben manchmal Landsleute um mich", erklärt Moussa, 22. „Und wenn ich arbeitslos werde, ist das hier meine einzige Chance. Hier ist man *au bled*, im Dorf, hier hält man zusammen. Draußen ist der Dschungel!"

Paris Banlieue: Millionen Ausgeschlossene

Es gibt in Frankreich mehrere hundert Wohnheime wie Petit Bamako, in denen Eingewanderte leben, die ihrem Heimatland emotional stärker verbunden sind als Frankreich – aber die Regel ist diese Wohnsituation nicht. Frankreich ist schon seit den 1830er-Jahren ein Einwanderungsland: Damals kam eine Welle von Zuwanderern aus Mittel-, Ost- und Südeuropa ins Land. In der zweiten Phase, nach dem Zweiten Weltkrieg, kamen vor allem männliche Arbeiter – erst aus Spanien, Portugal, Polen, Italien, Deutschland und Russland, dann, ab den 1950er- und 1960er-Jahren aus dem Maghreb und den ehemaligen französischen Kolonien südlich der Sahara. Die dritte Phase seit 1970 ist vor allem von Familien-Nachzug geprägt. Insgesamt leben derzeit offiziell 3,3 Millionen Ausländer in Frankreich (5,6 Prozent der Bevölkerung), 4,3 Millionen sind im Ausland geboren.[66] Die meisten, die zwischen den 1950er und 1970er Jahren nach Frankreich kamen, um zu arbeiten, wohnen in den *Quartiers* und *Cités*, den Vierteln und Wohnblockanlagen der Banlieues, der Vororte der großen französischen Städte. Zwei Drittel der Einwohner ohne Staatsbürgerschaft sind in den Vororten von nur drei Städten konzentriert: Paris, Lyon und Marseille.

Die Banlieues der französischen Städte tragen die Ghettoisierung, für die sie stehen, schon im Namen: *Lieux des bannés*, „Orte der Verbannten". Manchmal sagt man auch *Fauxbourg* und trifft die Realität damit nicht weniger präzise: Die „falsche Stadt", die Stadt, die gar keine ist. Wie ein riesiger Wohnsilo-Gürtel ziehen sie sich um die großen Städte. Wer es sich leisten kann, ist schon weggezogen, und wer es vermeiden kann, zieht nicht hin. Hier regieren nicht so sehr Gewalt und Misere, wie man meinen möchte, wenn man die Vorstädte nur aus dem Fernsehen kennt. Hier regiert vor allem die Langeweile.

Die berüchtigste Banlieue ist Seine-Saint-Dénis – ein *Département* zwischen dem Flughafen Charles de Gaulles und Paris. 20 Prozent der Einwohner haben keinen französischen Pass, weit mehr als die Hälfte der Bevölkerung stammt aus Einwandererfamilien. Die Arbeitslosigkeit ist höher als überall sonst in Frankreich, die Kindersterblichkeit die höchste im ganzen Land, die Wohnungen ärmlicher, die Familien größer.[67] Seine-Saint-Dénis ist die Tristesse. Hochhäuser reihen sich an kleine, windschiefe Einfamilienhäuschen aus den 30er-Jahren. Die Zentren der längst zusammengewachsenen Städte, ehemals schmucke französische Kleinstädte, sind heruntergekommen, dahinter wachsen Hochhäuser in den Himmel: Grau oder schmutzig-gelb erzählen sie von der großen Zeit der „roten Banlieues", als hier die Arbeiter wohnten, die Fabrikschlote rauchten und man stolz war, von den *Bidon-Villes* in neue Vier-Zimmer-Sozialwohnungen zu ziehen. Erzählt man heute in Paris, dass man in Seine-Saint-Dénis zu tun hat – etwa gar in einer der berüchtigten Wohnblock-

Gegenden wie La Courneuve – schlagen die Pariser die Hände über dem Kopf zusammen: Dort kann man doch nicht hinfahren, viel zu gefährlich! Und obwohl es vom Zentrum von Paris nur 15 Minuten Fahrt mit der Schnellbahn nach Saint-Dénis sind, landet man in einer anderen Welt. Hier ist fast jeder dunkelhäutig. An der Bushaltestelle hockt eine alte Frau in einem bunt gemusterten afrikanischen Kleid, ein Tuch aus demselben Stoff um den Kopf gebunden, den Blick in der Ferne. Sie könnte genauso gut in Mali hocken, nur dass hinter ihr nicht die Steppe, sondern das schmutzige, graffitibeschmierte Plexiglas der Haltestelle zu sehen ist. An der U-Bahn-Station findet gerade eine Kontrolle statt, Dutzende Kontrolleure und Polizisten fragen nach Papieren, immer wieder wird jemand abgeführt. Vor dem Bahnhof lehnen junge schwarze Männer am Geländer, einer reicht einen Joint weiter. Als ich nach ein paar Stunden wiederkomme, stehen sie immer noch da, unverändert. Nur die Kapuzen, mit falschem Pelz gesäumt, sind nun hochgezogen zum Schutz gegen den leichten, grauen Schneefall. Dabei ist für Briss heute ein besonderer Tag. Der 24-jährige Sohn aus einer Malier-Familie hat etwas Ungewöhnliches erlebt, das ausführlich diskutiert wird: ein Vorstellungsgespräch in einem Büro. Immerhin hat er Buchhaltung gelernt, für den Job war er qualifiziert. „Aber als sie mich gesehen haben, war ihnen das Nein schon ins Gesicht geschrieben. Ich habe einen französisch klingenden Nachnamen, da haben sie keinen Schwarzen erwartet. So geht es mir immer. Jedes Mal." Briss tritt gegen das grüne Geländer. „Jedes Mal", wiederholt er.
Der junge Mann neben ihm stopft die Fäuste in die Taschen und erzählt: „Ich habe einmal, zum x-ten Mal, eine Bewerbung per Mail geschickt. Nach nicht einmal fünf Minuten war die Absage da. Sie können den Lebenslauf nicht einmal gelesen haben in der Zeit. Da hab ich mir eine Hotmail-Adresse mit einem hübschen französischen Namen zugelegt und den Namen in meinem Lebenslauf ausgewechselt. Zack, hatte ich eine Einladung zum Bewerbungsgespräch. So sind sie, die Franzosen. Sie hassen uns." Er selbst ist auch Franzose – dem

Pass nach. „Aber der Pass nützt dir nichts. Wir werden nie Franzosen sein, und sollten wir je eine Familie gründen können, werden auch unsere Kinder nie Franzosen sein und unsere Enkel auch nicht. Hier regiert der Rassismus. Für uns gibt es keine Arbeit."

Die Statistik gibt ihm Recht: Über 37 Prozent der unter 24-Jährigen in den Banlieues haben keinen Job, in Seine-Saint-Dénis sind es gar 50 Prozent – doppelt so viele wie im französischen Durchschnitt. Der Rest steckt fast zur Gänze in prekären Arbeitsverhältnissen, Praktika, geringfügigen Anstellungen oder Jobs ohne jegliche Sicherheit. Wer die miesen Arbeitsbedingungen nicht akzeptiert, für den warten 15 andere in der Schlange. Ein staatlich gefördertes Programm soll nun Abhilfe schaffen: Es bringt jungen Menschen mit Migrationshintergrund selbstbewusstes Auftreten bei Bewerbungen bei. „Es ist wichtig, dass sich die jungen Leute nicht als Opfer sehen, sonst kommen sie in einen Teufelskreis", sagt die Trainerin, die selbst aus einer marokkanischen Familie stammt.[68] Briss und seine Freunde vom Bahnhof halten davon nichts: „Schon wieder so ein mieser Trick der Politiker. Soll das nun heißen, wir sind selbst schuld an der Diskriminierung, weil wir uns als Opfer sehen? Das kann nur jemand sagen, der sein Leben weit weg von der Banlieue verbracht hat", schimpft Briss. „Die sollen mal eine Woche lang mit der Postleitzahl 93 als Wohnadresse durchs Leben gehen, dann werden sie sehen, was es bedeutet, Opfer zu sein." 93, das steht für das *Département* Seine-Saint-Dénis.

Die Zugewanderten scheitern am Alltagsrassismus der weißen Bevölkerung. „Die westliche Gesellschaft ist sehr geschlossen – anders als die Propaganda glauben macht", sagt der kongolesische Dichter Léopold Congo-Mbemba. Er wohnt seit über 20 Jahren in Frankreich und hat sie alle in Banlieues verbracht. Trotz seiner akademischen Titel und seiner perfekten Sprachkenntnisse in Französisch, Deutsch, Englisch und mehreren afrikanischen Sprachen hat er jedoch nur einen Job gefunden: Als Verwalter in einem der Massenquartiere für Männer aus Mali, in Porte de la Villette. „Jeder weiße Handwerker hier hält sich automatisch für jemanden, der auf der gesellschaftlichen Leiter über mir steht", sagt er. „Es gibt zwar das Leitmotiv, das sagt: Frankreich ist nicht rassistisch. Aber jede einzelne Alltagserfahrung, die ich hier seit Jahrzehnten mache, beweist, dass das nicht eingehalten wird. Das gilt nicht nur für die ausgesprochenen Rassisten: Selbst der linkste Menschenrechtsaktivist wird zunächst erschrecken, wenn er sieht, wie seine Tochter einen Schwarzen küsst."

Diese Haltung führt dazu, dass sich viele Millionen aus der Gesellschaft ausgeschlossen fühlen. Es gibt keinen einzigen Abgeordneten mit Migrationshintergrund. Nur ganz wenige schaffen es in die *Grandes-Ècoles,* die Elite-Unis des französischen Universitätssystems. Zugewanderte und ihre Nachkommen sind die Ersten, die arbeitslos werden, und die Letzten, die eine gute Wohnung bekommen. Sie verdienen weniger und sind schlechter ausgebildet, weil ihre Schulen schlechter sind, sogar die Lehrer verdienen hier weniger.[69] Die sensibelsten Zonen der Banlieues sind im offiziellen Jargon unter *Zones Urbaines Sensibles* – kurz ZUS – gespeichert. Es sind Orte mit besonders hoher Arbeitslosigkeit, besonders vielen Sozialfällen und Bewohnern mit keiner oder schlechter Ausbildung. Es sind zugleich die Viertel, in denen die meisten Zuwanderer und ihre Nachkommen leben. Fünf Millionen Franzosen leben heute in „ZUS". Ihre Zahl steigt rapide an – ein Anzeichen für die Konzentration von sozial Ausgeschlossenen: 1982 waren es noch 22, zehn Jahre später schon 220, heute sind 751 Stadtviertel als „besonders sensibel" eingestuft.[70]

Auch gesetzlich wurde der Ausschluss der zugewanderten Bevölkerung in Frankreich seit den frühen 1990er-Jahren immer weiter verschärft. Innenminister Charles Pasqua verfolgte damals mit den *Pasqua-Gesetzen* das Ziel der „Null-Einwanderung". Die Auswirkungen trafen die Menschen in den Banlieues: Plötzlich mussten sie jahrelang warten, bis sie ihre Familienangehörigen nachholen konnten – waren also vom Menschenrecht auf Familie ausgeschlossen. Ausländischen

Studenten wurde es untersagt, nach ihrem Studium in Frankreich zu arbeiten, was sie oft in die Illegalität führte. „Illegale" wurden stärker kontrolliert; 1996 gipfelten die Proteste dagegen in der mehrmonatigen Besetzung einer Kirche[71]. Selbst im öffentlichen Dienst wurden und werden ausländische Arbeitskräfte systematisch diskriminiert: So verdienen die 8.000 Ärzte, die mit einem ausländischen Diplom in Frankreich arbeiten, nur knapp mehr als die Hälfte ihrer Kollegen mit französischem Abschluss. Und das, obwohl zwei Drittel von ihnen die französische Staatsbürgerschaft besitzen und unentbehrlich sind: Sie stellen 50 Prozent der Krankenhausärzte und machen 70 Prozent der Nachtdienste.[72]

„Sicherheit" statt „Integration"

Frankreich ist mit diesen Entwicklungen kein Einzelfall in Europa. Zwar wird immer betont, dass die EU in Kürze wegen ihrer demografischen Entwicklung – immer weniger Kinder stehen immer mehr Alten gegenüber – dringend mehr Einwanderung brauche, doch politisch opportun ist diese Haltung nicht. Auf EU-Ebene wird das Thema Migration derzeit vor allem unter einem Aspekt behandelt: Innere Sicherheit und Terrorbekämpfung. „Bis zum Jahr 2000 war Integration das große Schlagwort", erklärt Integrationsforscher Bernhard Perchinig von der Österreichischen Akademie der Wissenschaften. „Nun ist der vorherrschende Begriff Sicherheit. Eine gefährliche Entwicklung." Das *Grünbuch Migration* der EU-Kommission, das als Grundlage für die künftige Migrationspolitik dienen soll, ist ein dünnes Heftchen von 30 Seiten[73]. Liest man die offiziellen Dokumente, gewinnt man den Eindruck, dass sich die Politik angesichts des Scheiterns der Integration zurücklehnt. Sie verschließt die Augen vor einer Spaltung der Gesellschaft, was gefährlich werden kann. Obwohl die europäische Gesellschaft mit 56 Millionen Mitgliedern, die anderswo geboren sind, längst durchmischt und schon lange nicht mehr weiß ist, und schwer zu sagen ist, wer „eingeboren" ist und wer nicht: In den Köpfen vieler Europäer sind „Ausländer" und ihre Nachkommen immer noch Menschen, die hier höchstens als unsichtbare Gäste zu dulden sind, nicht aber gleiche Rechte und Mitsprachemöglichkeiten verdienen. Das führt für Zugewanderte zu täglichen Erlebnissen von Ablehnung und Rassismus. Der Bericht 2005 der *Europäischen Stelle zur Beobachtung von Rassismus und Fremdenfeindlichkeit* stellt fest, dass Einwanderer in der ganzen EU am Arbeitsmarkt diskriminiert werden, in schlechteren, kleineren und teureren Wohnungen leben, weniger Zugang zu Bildung haben und erschreckend oft Opfer von rassistischen Gewalttaten werden: Allein in Großbritannien, wo die Datenlage am umfassendsten ist, wurden 2004 52.654 rassistisch motivierte Gewalttaten registriert, in Deutschland in den ersten 10 Monaten 2004 6.464 Verbrechen als „politisch motiviert – rechtsgerichtet" eingestuft.

Diese tägliche Konfrontation mit Ablehnung und Diskriminierung führt selbst bei den vielen Zuwanderern, die sich ganz klar als Europäer definieren, zu gesellschaftlichem Ausschluss. Und damit zu Tendenzen der Ghettoisierung in den Großstädten, in denen Zugewanderte unter sich bleiben – teils weil sie keine Alternative haben, teils weil sie sich woanders, meist begründeterweise, nicht willkommen fühlen.

Deutschland und Österreich: Der Ausschluss anhand von Zahlen

In der deutschen Hauptstadt Berlin konzentrieren sich die Zuwanderer auf die Viertel Neu-Kölln und Kreuzberg, wobei letzteres mit 53.000 türkischen Einwohnern (von 148.000) das größte türkische Stadtviertel außerhalb Kleinasiens ist. Auch hier sind Tendenzen zur Abspaltung der Einwanderer zu sehen: Immer mehr türkische Läden, seit Jahren beliebte Nahversorger, schreiben ihre Waren nur mehr auf türkisch an, als rechneten sie nicht mehr mit rein deutschsprachigen Kunden.

Auch in Wien – das nur dank tschechischer Zuwanderer im späten 19. Jahrhundert seine heutige Größe erlangte – sind Zugewanderte seit den 1980er-Jahren zunehmend konzentriert: Fast die Hälfte der ausländischen Einwohner leben in nur sechs der 23 Bezirke. „Besonders MigrantInnen aus Jugoslawien und der Türkei sind räumlich näher zusammengerückt", schreiben die österreichischen Integrationsforscher Josef Kohlbacher und Ursula Reeger. „Die ImmigrantInnen konzentrieren sich in bestimmen Bezirken und hier wieder in bestimmten Blöcken der älteren Baubestandkategorien. Große und auffällige Ghettos oder Slums sucht man in Wien vergeblich. Es handelt ist eher um Ghettos im Kleinformat".
Deutschland und Österreich sind eigentlich schon lange gemischte Gesellschaften: 15 bis 20 Prozent der deutschen Arbeitskräfte sind zugewandert oder Kinder von Zugewanderten. 6,7 Millionen der deutschen Bevölkerung sind Ausländer (wovon ein Fünftel – 1,4 Millionen – in Deutschland geboren ist), dazu kommen 1,5 Millionen, die seit den 1970er-Jahren eingebürgert wurden.[74] In Österreich lag der Ausländeranteil 2005 bei 9,6 Prozent, 788.609 Ausländer lebten dann im Land, davon etwa ein Viertel EU-Bürger. Im Gegensatz zu Frankreich hatten Deutschland und Österreich ihren Zuwanderern von Anfang an nie viel versprochen. Nachdem sie jahrzehntelang selbst Auswanderungsstaaten waren – Deutsche emigrierten zu Hunderttausenden in die USA, aber auch nach Frankreich – begannen sie mit dem „Wirtschaftswunder" in den 1960er-Jahren ausländische Arbeitskräfte anzuwerben: Das erste deutsche Anwerbeabkommen wurde 1955 mit Italien abgeschlossen, es folgten weitere mit Spanien und Griechenland (1960), der Türkei (1961) und Jugoslawien (1968). Österreich eröffnete ebenfalls in den 60er-Jahren Anwerbestellen in der Türkei und in Jugoslawien. Beim Aufnahmestopp 1973 hatte die Zahl der ausländischen Erwerbstätigen in Deutschland den Höchststand von 2,6 Millionen erreicht, in Österreich waren es zu diesem Zeitpunkt 226.000.
Nach dem „Gastarbeitermodell" waren sie dezidiert nur zum Arbeiten im Land – sie hatten keine staatsbürgerlichen Rech-

Der Ausschluss anhand von Zahlen

te und sollten gar nach einem Rotationsmodell alle paar Jahre ausgetauscht werden. Den Betrieben, die nicht immer wieder neue Arbeitskräfte anlernen wollten, war diese Regelung ein Dorn im Auge. Deshalb wurde ab 1971 in Deutschland die Verlängerung der Aufenthaltsbewilligung erleichtert. Aus den Gastarbeitern wurden Menschen, die hier leben, arbeiten, Steuern zahlen, Familien haben – und doch nicht dieselben Rechte genießen. Die Regierung Kohl unterwanderte zudem das Menschenrecht auf Familie, indem sie die Familienzusammenführung erschwerte und ein Gesetz erließ, das nachgekommenen Angehörigen fünf Jahre lang verbietet zu arbeiten. Das Gleiche gilt für Flüchtlinge: Nicht nur, dass ihnen bis heute oft die Arbeitserlaubnis verweigert wird – sie erhalten noch dazu einen um 30 Prozent verminderten Sozialhilfesatz.

Erst 1993 bekamen die ehemaligen Gastarbeiter, die mittlerweile seit Jahrzehnten in Deutschland lebten und arbeiteten, Anspruch auf Einbürgerung. 2000 wurde er ausgeweitet, seither erwerben Ausländer nach acht Jahren rechtmäßigen und dauerhaften Aufenthalts einen Einbürgerungsanspruch, Kinder von Ausländern mit unbefristeter Aufenthaltsgenehmigung erhalten die Staatsbürgerschaft bei der Geburt. Trotzdem sind 1,4 Millionen Menschen, die in Deutschland geboren sind, „Ausländer" – Deutsche ohne die Rechte eines Deutschen. Neben der restriktiven Einbürgerungspraxis gibt es dafür einen weiteren Grund: Doppel-Staatsbürgerschaften sind grundsätzlich unerwünscht. „Hat man von Arnold Schwarzenegger in den USA je verlangt, seine österreichischen Wurzeln zu verleugnen? Nein, und trotzdem ist er Gouverneur geworden. Seine ursprüngliche Staatsbürgerschaft zurücklegen zu müssen ist keine rationale Forderung", meint ein Deutsch-Türke, den ich dazu befragte.[75] Die Annahme, dass nur deutsch sein könne, wer seit Generationen hier lebe, bestätigt der Islam-Wissenschafter (und Deutsche) Bassam Tibi: „Wenn ich in den USA bin, werde ich ganz selbstverständlich akzeptiert. In Deutschland ist das nicht der Fall. Ich habe eine lange Reihe von Gastprofessuren und Auszeichnungen, und ich bin ganz klar Deutscher. Aber hier wird man mich nie als gleichwertig akzeptieren. Hier bleibt man immer Ausländer."[76]

Österreich leistete sich mit der *Staatsbürgerschaftsrechts-Novelle* 2005 einen massiven Rückschritt in der Integration von Zugewanderten: Es enthält so abstruse Klauseln wie die Anforderung an Schüler, ab der fünften Schulstufe in der Schule nie die schlechteste Note im Zeugnis zu haben, verlängert die Wartefrist auf zehn Jahre, schließt alle von der Einbürgerung aus, die in den vergangenen drei Jahren Sozialhilfe bezogen haben, und schließt weiterhin in Österreich geborene Kinder von Zugewanderten von der Staatsbürgerschaft aus. Österreich hat seit dieser Novelle das restriktivste Staatsbürgerschaftsgesetz in ganz Europa.[77]

Das alles heißt noch nicht, dass es in Deutschland und Österreich echte Einwanderer-Ghettos gibt. Doch „in ein paar Jahren werden die meisten deutschen Großstädter Segregation bei sich zuhause besichtigen können. Das Deutsche Institut für Urbanistik rechnet vor, dass bis 2015 weitere fünf Millionen Ausländer zuziehen und sich überwiegend dort niederlassen werden, wo schon Kollegen aus dem Herkunftsland leben. Das wird in den Innenstädten sein: 80 Prozent der Ausländer in Deutschland leben in Großstädten, genauer: in den alten Innenstadtquartieren oder den großen Neubausiedlungen der 60er- und 70er-Jahre", warnt Jeanette Goddar.[78]

Sozial ganz unten

Auch der soziale Ausschluss ging in den letzten Jahren rapide voran. Ausländer und Eingebürgerte waren die ersten Opfer der deutschen Wirtschaftskrise – in weit höherem Ausmaß als „eingeborene" Deutsche. Das sieht man am Beispiel der türkischen Bevölkerung: Während die Arbeitslosigkeit Anfang 2005 in Deutschland allgemein bei 12 Prozent lag, betrug sie bei den Türken 31 Prozent. Von diesen Arbeitslosen türkischer Herkunft waren wiederum rund ein Drittel Langzeitarbeitslose, die seit über einem Jahr vergeblich eine neue Anstellung suchten. 216.000 Türken bekamen daher das verminderte Arbeitslosengeld (ALG II). Geht man davon aus, dass eine durchschnittliche Familie aus vier Personen besteht, heißt das: 864.000 Personen türkischer Abstammung müssen mit dieser verminderten Arbeitslosenhilfe auskommen.

Dazu kommen 215.000 türkische Rentner, die nur eine durchschnittliche Rente von 526 Euro monatlich zur Verfügung haben. Auch davon müssen in der Regel zwei Personen ihren Lebensunterhalt bestreiten, die so weit unter der Armutsgrenze landen. Insgesamt leben damit weit über eine Million Menschen aus der Türkei in Deutschland unter der Armutsgrenze. Die Armutsgefährdung betrifft auch andere Einwanderer: Der Reichtums- und Armutsbericht der deutschen Bundesregierung stellt fest, dass im Jahr 2005 jeder vierte Migrant als arm galt. Zwischen 1998 und 2004 ist die Quote dabei von 19,6 auf 24 Prozent gestiegen. Mehr als 615.000 Migranten sind auf den Bezug von Sozialhilfe angewiesen. Die Sozialhilfe-Quote unter Migranten liegt bei 8,4 Prozent und ist fast dreimal so hoch wie bei Personen mit deutschem Pass.[79] In Österreich ist die Entwicklung ähnlich: 17,5 Prozent der ausländischen Arbeitskräfte waren zu Beginn des Jahres 2006 arbeitslos; das sind doppelt so viele wie im österreichischen Schnitt.[80] Das liegt nicht unbedingt an mangelnder Ausbildung: 44 Prozent der Migranten in Österreich finden keinen Job, der ihrer guten Ausbildung entspricht – Akademikerinnen und Akademiker, die Taxi fahren oder putzen, sind häufig.[81] Das Armutsrisiko ist auch für eingebürgerte Neo-Österreicher viermal so hoch wie im österreichischen Durchschnitt: 21 Prozent sind von Armut gefährdet.[82]

Selbst die Kinder von Einwanderern sind in der Schule stark benachteiligt – schon aus einem Grund, der in der vergleichenden PISA-Studie der OECD klar festgestellt wurde: In keinem anderen der untersuchten Industrieländer ist der Zusammenhang zwischen sozialer Stellung der Eltern und Bildung der Kinder so eklatant wie in Deutschland.[83] Bei den Schulabgängern im Jahr 2002 verließ jeder fünfte ausländische Jugendliche die Schule ohne einen Schulabschluss, bei

den deutschen Jugendlichen war es „nur" jeder zehnte. ? anders sieht es bei der Berufsausbildung aus, ganz zu sc gen von den Möglichkeiten eines Hochschulbesuch(Chancen einen Ausbildungsplatz zu bekommen, habeı ə. für die jugendlichen Migranten in den letzten Jahren dabei noch erheblich verschlechtert. Ihr Anteil an allen Auszubildenden fiel zwischen 1994 und 2002 von rund zehn auf 6,5 Prozent. Von den ausländischen Jugendlichen hat heute überhaupt nur noch jeder Dritte eine Chance, eine Berufsausbildung abzuschließen. In Wien ist die Spaltung der Gesellschaft in den Schulen besonders sichtbar: In den „Ausländerbezirken" tendieren „eingeborene" Österreicher dazu, ihre Kinder in weit entfernt gelegene, rein „österreichische" Schulen zu schicken. Zurück bleiben Klassen, in denen fast ausschließlich Kinder von Einwanderern, ohne ausreichende Begleitlehrer und Sprachförderung, in eine Karriere von Arbeitslosigkeit und Ausschluss gestoßen werden. Anstatt die Mehrsprachigkeit der Kinder als Bonus zu sehen, gilt sie als Makel. Im fünften und sechzehnten Wiener Bezirk hatten im Schuljahr 2002/2003 jeweils über 70 Prozent der Volksschüler und Volksschülerinnen nicht Deutsch als Muttersprache, danach folgten der fünfzehnte Bezirk mit 67 Prozent und der zwanzigste Bezirk mit 65,2 Prozent. Bei den Hauptschulen sind diese Zahlen noch höher: „Einheimische" drängen in die Gymnasien, die Hauptschulen werden zum Sammelbecken der zweiten und dritten Einwanderer-Generation. Im fünften, achten und siebzehnten Bezirk haben über 80 Prozent der Schüler nicht Deutsch als Muttersprache. Im noblen dreizehnten Bezirk hingegen haben nicht einmal 17 Prozent der Volksschüler eine andere Muttersprache als Deutsch.[84]
Diese Ungleichheit beim Zugang zu Bildung und Ausbildung wirkt sich wiederum direkt auf das Armutsrisiko aus. Von den ausländischen Sozialhilfe-Empfängern in Deutschland verfügen 60 Prozent über keine Berufsausbildung. Migranten und Flüchtlinge haben daher besonders unter der zunehmenden Flexibilisierung und Deregulierung des Arbeitsmarktes zu leiden. Oftmals nur befristet oder geringfügig beschäftigt,

pendeln sie zwischen Arbeit und Arbeitslosigkeit und leben am Rande des Existenzminimums.

Das neue deutsche Zuwanderungsgesetz, das Anfang 2005 in Kraft getreten ist, macht das soziale Elend der Zuwanderer nun zu etwas, wofür der Staat sich nicht mehr zuständig fühlt – auch wenn die Menschen, die etwa arbeitslos werden, seit Jahrzehnten in Deutschland leben und Abgaben zahlen. Denn es ermöglicht, arbeitslose Ausländer einfach abzuschieben. Der erste publizierte Fall trat im Juni 2005 ein. Laut einer Meldung des *Solinger Tagblatts* vom 25. Juni 2005 wurde dort der türkische Migrant Yusuf Bingöl vom Flughafen Köln-Wahn aus in die Türkei deportiert. Der Grund: Yusuf Bingöl war arbeitslos geworden und hatte nach 35 Jahren, in denen er in Deutschland gearbeitet und in das deutsche Sozialsystem eingezahlt hatte, einen Fehler begangen: Er hat Sozialhilfe beantragt. Yusuf Bingöl war 1969 als 15-Jähriger aus der Türkei nach Deutschland zu seinem Vater gekommen, der hier arbeitete. Da er damals schlecht deutsch sprach, hatte er keine Chance mehr auf Schulbildung und arbeitete während seines 35-jährigen Aufenthaltes als Hilfsarbeiter in zahlreichen Firmen. 2004 wurde er arbeitslos, Anfang Jänner 2005 beantragte er „Arbeitslosengeld II." Daraufhin erhielt er am 17. Januar einen Bescheid der Ausländerbehörde mit der Mitteilung, dass seine Aufenthaltserlaubnis nicht mehr verlängert werde, da er nicht in der Lage sei, finanziell für seinen Aufenthalt aufzukommen. Ihm wurde offiziell mitgeteilt, dass er „ausreisepflichtig" sei und bei Nichtbefolgung die Abschiebung drohe. „So etwas habe ich noch nie erlebt", äußert sich der Rechtsanwalt von Bingöl. Doch die Abschiebung ist im Zuwanderungsgesetz klar abgesichert: Unter § 51 heißt es, dass ein Ausländer ausgewiesen werden kann, „wenn sein Aufenthalt die öffentliche Sicherheit und Ordnung oder sonstige erhebliche Interessen der Bundesrepublik Deutschland beeinträchtigt". Diese „Interessen" werden unter anderem dann „erheblich beeinträchtigt", wenn ein Ausländer „für sich, seine Familienangehörigen oder für sonstige Haushaltsangehörige Sozialhilfe in Anspruch nimmt".

„Als Moslem wirst du wie ein Terrorist behandelt"

Seit den Anschlägen vom 11. September 2001 kommt zu diesen faktischen Ausschlüssen ein immer tieferes, pauschales Misstrauen gegenüber Menschen moslemischen Glaubens. Dieses Misstrauen betrifft an die 15 Millionen in Europa, davon etwa 350.000 in Österreich, 3,2 Millionen in Deutschland und fünf Millionen in Frankreich. Der Großteil von ihnen ist perfekt integriert – hat der Islam doch auch in Europa historische Wurzeln, etwa im künftigen EU-Staat Bulgarien. In den EU-Staaten Frankreich, Luxemburg, Belgien, Österreich, aber auch in Italien, Spanien und Portugal hat der Islam den Protestantismus als traditionell zweitstärkste Religionsgemeinschaft nach der römisch-katholischen Kirche abgelöst. Ein großer Teil der Bevölkerung ist muslimisch.
In einem säkularen Europa müsste das kein Problem sein. Doch seit dem 11. September 2001 hat sich die Wahrnehmung verändert. Während man die muslimische Bevölkerung bis 2001 schlicht ignoriert und dabei auch übersehen hatte, dass Deutschland zur Operationsbasis islamistischer Terrorgruppen geworden war, schlug diese Ignoranz nach den Attentaten vom 11. September in ein ebenso ignorantes pauschales Misstrauen um. Menschen, die vorher als Türken oder Araber gesehen wurden, galten plötzlich nur mehr als Moslems und damit auch gleich als potentiell gefährlich. Der Wiener Taxifahrer und Exil-Iraker Karim erlebt das so: „Ich bin als Kommunist vor dem Regime Saddam Husseins geflohen und habe immer *Das Kapital* von Karl Marx auf dem Beifahrersitz liegen – zum Lesen in den Pausen, und natürlich auf arabisch. Früher wurde ich nie darauf angesprochen. Jetzt fragt mich jeder sofort: Ist das der Koran? Und man merkt: Sie halten mich für gefährlich." Ein Mitglied von *Ni Putes Ni Soumises*, einer Organisation, die für die Frauenrechte in den Banlieues kämpft, meint: „Ich bin Französin, Soziologin, Feministin, Tochter eines Algeriers, und ja, auch Muslima.

Aber seit einigen Jahren will man mich auf diesen einen Aspekt meiner Identität festlegen: Zu welchem Zweck?"
Diese Haltung gegenüber Millionen Menschen der eigenen Bevölkerung äußert sich auch im Umgang der Behörden mit Muslimen. Den Vogel abgeschossen hat die Landesregierung von Baden-Württemberg, die für Muslime, die sich um einen deutschen Pass bewerben, einen Fragebogen mit u. a. folgenden sinnigen Testfragen erarbeitet hat:
Sie erfahren, dass Leute aus Ihrer Nachbarschaft oder aus Ihrem Freundes- oder Bekanntenkreis einen terroristischen Anschlag begangen haben oder planen. Wie verhalten Sie sich? Was tun Sie?
Sie haben von den Anschlägen am 11. September 2001 in New York und am 11. März 2004 in Madrid gehört. Waren die Täter in Ihren Augen Terroristen oder Freiheitskämpfer? Erläutern Sie Ihre Aussage.
Der behördliche Fragebogen ist nur die Spitze des Eisbergs an gesellschaftlicher Ablehnung, die Menschen muslimischen Glaubens derzeit erleben – ob sie nun gläubig sind oder nicht, aufgeklärt oder traditionell. Die Folge ist eine tiefe Spaltung der Gesellschaft und eine Rückkehr zur Religion: Nach einer Studie des deutschen Zentrums für Türkeistudien definierten sich 2005 83 Prozent der befragten Türkinnen und Türken in Deutschland als religiös – 2000 waren es nur 73 Prozent. Fast die Hälfte der muslimischen Frauen ist dafür, in der Öffentlichkeit ein Kopftuch zu tragen, fünf Jahre zuvor vertrat nicht einmal ein Drittel diesen Standpunkt. Immerhin 30 Prozent sind gegen einen gemeinsamen Sportunterricht und Klassenfahrten für ihre Kinder – 2000 waren es 19 Prozent.
Islamisten sind die Nutznießer dieser Polarisierung. Jedes Gesetz und jede Aussage, die sich als Angriff gegen Moslems deuten lässt, ist Wasser auf ihren Mühlen, ein Argument dafür, dass der Westen einen Krieg gegen Moslems führe. Zwischen anti-islamischen Europäern und radikalen Islamisten wird ein Feld aufgespannt, in dem man sich nun plötzlich entscheiden muss. Entladen hat sich diese Spannung im Winter 2006 an einer Kleinigkeit: Den Mohammed-Karikatu-

ren, die die dänische Zeitung *Jyllands-Posten* veröffentlicht hatte. Zwar gingen in Europa weniger Muslime auf die Straße als im arabischen Raum und in Asien – aber es waren in Paris immerhin 10.000, in London 20.000.

„Die Polarisierung nützt auf beiden Seiten denen, die gegen eine gemischte Gesellschaft sind", sagt der weiße, christliche Banlieue-Bewohner Simon. Seine Freundin stammt aus einer algerischen Familie, und in seinem Freundeskreis gibt es viele gemischte Paare. „Sowohl der Rassismus als auch der Islamismus werden immer härter, aber das sind nur zwei Seiten derselben Medaille. Ich glaube, sie wissen, das ist ihre letzte Chance: Wir sind die dritte Generation der Einwanderer, und es gibt eine Vielzahl gemischter Paare. Wenn sie uns jetzt nicht trennen, dann haben die, die ein weißes Europa wollen, verloren." Er grinst und fügt hinzu: „Zum Glück."

Am meisten betroffen von der Spaltung der Gesellschaft ist eben diese zweite und dritte Generation: Sie werden aus der Gesellschaft ausgeschlossen, in die sie hineingeboren wurden. Obwohl sie genauso hier aufgewachsen sind wie ihre weißen, blonden Mitschüler und die Sprache ebenso gut können, verlangt man von ihnen ständig, sie sollen sich anpassen und integrieren. Ihre sozialen Chancen sind gering, die Projekte, die ihnen weiterhelfen sollen, werden jedoch immer weniger. In Wien musste 2004 das einzige Jugendarbeits-Zentrum für die zweite Generation zusperren: Dem Verein ECHO wurden die Subventionen gestrichen.

Daniela Busic, eine für ECHO tätige Wiener Maturantin aus einer türkischen Familie, brachte die Problematik ihrer Generation auf den Punkt: „Ihr verlangt von uns, dass wir uns anpassen sollen, und dazu sagen wir: nein danke. Wir wissen gar nicht, woran wir uns überhaupt anpassen sollen. Ihr müsst uns nicht ins Herz schließen oder bevorzugen, wir verlangen und vor allem wünschen uns, dass ihr uns Rechte und etwas Respekt zukommen lasst. Ich könnte einen Sari oder ein Dirndl tragen oder ein Kopftuch aufsetzen, trotzdem werde ich keine Inderin, Türkin oder Österreicherin. Trotzdem wäre ich noch im Herzen ich. Und dieses Ich möchte ich behalten."[85]

Kapitel 6
Frauen zwischen den Welten

Viele eingewanderte Frauen bekommen die gespaltene Gesellschaft Europas in doppelter Härte zu spüren: Innerhalb ihrer Familien und des engen Umfelds der Einwanderer-Gemeinschaft werden sie unterdrückt, außerhalb davon diskriminiert. Ihre Schicksale sind zur Projektionsfläche der Diskussion um Integration geworden –, Zwangsheirat, Ehrenmorde und Genitalverstümmelung zu Kampfbegriffen. Frauen, die davor fliehen, finden trotzdem kaum Aufnahme. Vier Gespräche mit Frauen, die zwischen den Teilen der Gesellschaft zu zerbrechen drohen.

Treffen mit einer Kämpferin[86]

Ein Restaurant in einem Pariser Hotel. Wir flüstern dem Kellner ein Codewort zu, werden zu sechs bulligen Männern im Anzug geführt, die wie zufällig den Zugang zu einem Teil des Restaurants versperren. Ausweise, abtasten auf Waffen, wir dürfen durch. Es ist ein bisschen wie auf dem Flughafen oder beim Eingang einer internationalen Konferenz mit wichtigen Staatschefs. Es ist auch eine Art Gipfeltreffen: Zwei somalische Symbolfiguren treffen sich zum ersten Mal. Die UN-Sonderbotschafterin gegen weibliche Genitalverstümmelung, Ex-Model Waris Dirie, und „die islamische Voltaire" Ayaan Hirsi Ali – niederländische Parlamentsabgeordnete und eine der umstrittensten Frauen der Welt. Beide sind vor einer Zwangsheirat nach Europa geflohen, beide kämpfen für Frauenrechte, und sie könnten doch unterschiedlicher nicht sein.
Ayaans Leben hat viele scharfe Kurven genommen. Der letzte große Wendepunkt war der 2. November 2004. An diesem Tag radelt um neun Uhr früh der holländische Filmemacher und Provokateur Theo van Gogh durch Amsterdam. Ein Radfahrer in einer langen *Dschelaba* fahrt ihm nach, holt ihn ein und feuert sechs Schüsse ab. Als Van Gogh tot am Boden liegt, heftet ihm sein Mörder mit einem langen Messer ein fünfseitiges Schreiben an die Brust. Es ist ein Brief an Ayaan

Treffen mit einer Kämpferin

Hirsi Ali, mit der Botschaft: *Dieser Mord hat dir gegolten. Dich bekommen wir auch noch.*

Seither muss man, wenn man zu Hirsi Ali will, an sechs Polizisten in Zivil vorbei. Die Abgeordnete lebt an einer geheimen Adresse. Morddrohungen werden ernst genommen – aber sie gehören schon fast zum Alltag. Hirsi Ali Ayaan hat den Islam kritisiert – und das tut man als ehemalig muslimische Frau auch in Holland nicht ungestraft.

Ayaan bestellt ein Glas Weißwein. Für eine Frau aus strenger muslimischer Familie ist das ein Statement. Hirsi Ali stammt wie Waris Dirie aus Somalia, ihr Vater war dort Politiker, Gegner des Diktators Siad Barré. Die Familie musste fliehen – erst nach Saudi-Arabien, dann nach Äthiopien, schließlich nach Kenia. Dort besucht Ayaan das Gymnasium und eine strenge Koranschule. „Ich war sehr, sehr gläubig", sagt sie. Als sie schon über 20 ist, soll Ayaan verheiratet werden, mit einem Cousin in Kanada. Sie kennt den Mann nicht, aber es nützt nichts: Die Familie setzt sie in ein Flugzeug. Wieder eine der scharfen Kurven in Ayaans Leben, sie steuert nicht minder scharf dagegen. Beim Zwischenstopp in Frankfurt geht sie aus dem Flughafen, nimmt einen Zug nach Holland und sucht um Asyl an.

„Begonnen habe ich als Putzfrau. Als ich genug holländisch konnte, habe ich als Übersetzerin für Flüchtlinge gearbeitet. Du kannst dir nicht vorstellen, mit was für Schicksalen ich konfrontiert war." Ayaan betreut verprügelte Frauen, zwangsverheiratete Jugendliche, kleine Mädchen, die an den Folgen von Genitalverstümmelungen leiden. Sie bekommt die ganze Bandbreite weiblichen Leides in den muslimischen Einwanderer-Ghettos zu spüren, Tag für Tag. Und Tag für Tag ärgert sie sich über den Gleichmut, mit dem die Holländer über die Situation dieser Frauen hinwegsehen: „Niemand weiß, wie diese Frauen leben. Es will auch niemand wissen."

Daneben studiert sie Politikwissenschaft, findet einen Job bei einer Pharmafirma, wechselt in das Bildungsinstitut der Sozialistischen Partei. Als sie dort gerade zwei Wochen arbeitet, kommt wieder eine dieser scharfen Kurven in ihrem Leben: Am 11. September 2001 lenken islamistische Terroristen Flugzeuge in das World Trade Center und den Pentagon. „Das hat mit dem wahren Islam nichts zu tun", lautet die allgemeine Reaktion. Aber das Gebet, das einer der Attentäter, Mohammed Atta, bei sich hatte, ist Ayaan sehr gut bekannt: Sie hat es jeden Tag gebetet, als sie noch in Kenia in die Schule ging. Auf einer Podiumsdiskussion steht die kleine schwarze Frau auf und sagt: „Es hat doch etwas mit dem Islam zu tun." Von da an spaltet sich Holland blitzschnell in zwei Lager: Man ist für Ayaan oder gegen sie. Kalt lässt die junge Frau niemanden: Sie kritisiert nicht nur den Islam, sondern auch die Holländer. Sie wirft ihnen ihre Ignoranz gegenüber den Problemen muslimischer Frauen in ihrem Land an den Kopf. Sie bezeichnet den Multikulturalismus, auf den Holland so stolz ist, als eine schlimmere Form von Rassismus – weil nicht für alle die gleichen Regeln gelten, weil nicht alle dieselben Rechte haben. Vor allem nicht die Frauen.

Wenn sie über die unterdrückte Stellung der islamischen Frau spricht, erzählt sie, kommen jedes Mal wohlmeinende Europäerinnen zu ihr und sagen begütigend: Aber das hat doch nichts mit dem Islam zu tun. Im Koran steht davon nichts. „Als ob ich nicht wüsste, was im Koran steht – schließlich habe ich ihn auswendig gelernt", schnaubt Ayaan. Sie beschließt, eine Ausstellung zu machen: Sie will die Suren, in denen die Unterdrückung der Frau legitimiert wird, auf Frauenkörper malen und fotografieren lassen. Da trifft sie Theo van Gogh. Er schlägt einen Film vor. Unter der Regie von Hirsi Ali entsteht *Submission*, einmal wird er im Nachtprogramm im Fernsehen gezeigt: Koransuren und Spuren von Schlägen auf Frauenkörpern, bedeckt von durchsichtigen Schleiern. Dafür wird Theo van Gogh ermordet, und seither polarisiert Ayaan Hirsi Ali nicht mehr nur Holland, sondern die Welt.

In der Sozialistischen Partei stößt sie an Grenzen; als das Angebot der Liberalen kam, ins Parlament einzuziehen, sagte sie schnell ja. Beliebt gemacht hat sie sich kaum in ihrer Karriere als Politikerin in Holland: Man wirft ihr vor, zu wenig sensibel zu sein, islamische Gemeinschaften zu hart zu kritisieren, ihr eigenes Trauma – von Genitalverstümmelung bis

Treffen mit einer Kämpferin

Zwangsheirat – zum politischen Programm zu machen. Man will Mittelwege, Ayaan kämpft für klare Lösungen.
Wir gehen noch ins Café Flore auf einen Kaffee. Waris will zu Fuß gehen, sie tänzelt den Gehsteig entlang, Ayaan hakt sich unter. Vor uns gehen zwei Zivilpolizisten, hinter uns zwei, neben uns zwei. Schwarze Autos fahren im Schritttempo daneben her. Auffälliger geht es kaum. Aber weniger auffällig kann den Tod bedeuten. Ayaans neues Buch *Ich klage an. Plädoyer für die Befreiung der muslimischen Frauen* ist ein Bestseller, das *Time Magazine* hat sie in die Liste der hundert wichtigsten Persönlichkeiten der Welt aufgenommen. Aber Leben? „Leben ist das keines", sagt sie. Ayaans Leben macht keine scharfen Kurven mehr. Es ist ein gefährlicher Seiltanz geworden über dem Abgrund, der sich auftut, wenn die Gesellschaften sich spalten: in die, die immer schon da waren, und die, die in den letzten 50 Jahren dazugekommen sind. Und das einzige Sicherheitsnetz sind sechs Polizisten in Zivil.

Projektionsfläche Frau

Es sind einzelne Frauen wie Ayaan Hirsi Ali, die die Debatte um die Unterdrückung der Frauen in Einwanderer-Subkulturen losgetreten haben: Waris Dirie brachte die Diskussion um weibliche Genitalverstümmelung ins Rollen. Samira Bellil deckte die Praxis der Gruppenvergewaltigungen in den Pariser Banlieues auf. Serap Cileli und Necla Kelek traten in Deutschland eine geharnischte Debatte um Zwangsheirat los.[87] Dazu kommt eine Flut von autobiographischen Romanen, in denen die Schicksale muslimischer und eingewanderter Frauen drastisch vor Augen geführt werden.
Die Themen fielen auf einen fruchtbaren Boden – wenn auch vielleicht nicht den, den sich die Autorinnen gewünscht hätten. In einem zunehmend fremdenfeindlichen Klima werden sie von der Rechten instrumentalisiert, um Stimmung gegen Immigration zu machen. Frauenunterdrückung – durchaus ein Wesensmerkmal der europäischen Gesellschaft – wird

plötzlich zu einer barbarischen Eigenheit muslimischer Einwanderer. Ein plakatives Beispiel lieferte der Wiener Wahlkampf des Jahres 2005, in dem die FPÖ den Spruch „Freie Frauen statt Kopftuchzwang" affichierte. Der rechten Partei ging es dabei nicht darum, muslimische Frauen zu befreien – sondern muslimische Einwanderer loszuwerden: „Arbeit satt Zuwanderung", „Pummerin[88] statt Muezzin" und „Österreich bleibt frei statt TürkEU" waren die anderen Slogans.

Die Parteien der Linken und der Mitte werfen den Kritikerinnen daher vor, dass sie Rassisten in die Hände spielen würden. Die Liberale Hirsi Ali etwa wird hartnäckig als rechte bis rechtsextreme Politikerin bezeichnet. Necla Kelek erntete für ihr Buch *Die fremde Braut* den organisierten Protest von 60 Migrationsforschern, die ihr Unwissenschaftlichkeit und pauschalisierte Verdammung des Islam vorwarfen.[89] Die Linke fordert Respekt vor dem Fremden und lehnt es tendenziell ab, über Missstände innerhalb anderer Religionen oder Kulturen zu sprechen.

Tatsächlich sind die Antagonisten nur zwei Seiten einer Medaille, die Rassismus heißt: Die Probleme der eingewanderten Frauen werden nicht als die von gleichwertigen Menschen mit gleichen Rechten behandelt, sondern als Probleme von irgendwelchen „Anderen". Im Vordergrund der Diskussion stehen dementsprechend nicht häusliche Gewalt oder Eifersuchtsmorde – die es ja in Europa genauso gibt – sondern die drei Felder der „traditionsbedingten Gewalt gegen Frauen": Genitalverstümmelung, Ehrenmorde und Zwangsehen.

Kadi: Verstümmelt im Namen der Tradition

Viele eingewanderte Frauen – vor allem aus muslimischen Ländern – sind doppelt diskriminiert: Als Fremde und als Frauen, die auch innerhalb ihrer eigenen Gemeinschaften oft zu Opfern von extrem patriarchalen Strukturen werden. Die Spaltung der europäischen Gesellschaft verschärft ihre Lage noch – das Klima der Diskriminierung verhilft traditionellen Werten aus dem Heimatland zu einer besonderen Stellung. Die Ehre der Familie steht über allem, und sie hängt von der Jungfräulichkeit der Töchter und dem Gehorsam der Frau ab. Eine der grausamsten Traditionen, die so ihren Weg nach Europa gefunden hat, ist die weibliche Genitalverstümmelung. UN-Sonderbotschafterin Waris Dirie kämpft schon seit 1997 gegen diese Tradition. Sie war mit 13 vor einer Zwangsverheiratung allein durch die Wüste vor ihrer nomadischen Familie geflohen. In London wurde sie als Model entdeckt, es folgte eine steile Karriere auf die Titelblätter und in einen James-Bond-Film. Am Höhepunkt ihrer Beliebtheit als Model beschloss sie, sich in ihrer Autobiografie *Wüstenblume* als Opfer von Genitalverstümmelung zu outen.

Heute, neun Jahren später, muss sie ihre Geschichte immer noch bei jeden Treffen, jedem Interview erzählen. Genitalverstümmelung ist in gewissem Sinne ein Tabu geblieben: Kaum jemand spricht darüber, gemacht wird es überall, wo Menschen aus den praktizierenden Communities leben – und das sind viele, quer über Afrika, die arabischen Länder und Asien gestreut. Mädchen im Alter zwischen drei Monaten und acht Jahren werden dabei die Geschlechtsteile amputiert. Bei den milderen Formen werden die Klitoris und die inneren Schamlippen abgeschnitten, in Ostafrika wird zusätzlich die Öffnung vernäht, sodass nur ein winziges Loch bleibt. Die Folgen sind lebenslange gesundheitliche und psychische Probleme. Während unserer Recherchen zum Buch *Schmerzenskinder*[90] über Genitalverstümmelung in Europa saß Waris abends oft erschöpft am Tisch, vergrub die Hände in den Locken und fragte verzweifelt: „Warum hört das nicht auf? Es gibt doch keinen guten Grund, Mädchen die Genitalien abzuschneiden!" Doch nicht nur, dass es nicht aufhört: In Europa ist Genitalverstümmelung, bedingt durch die Einwanderung, auf dem Vormarsch.

Eines ihrer Opfer ist Kadi: Die junge Französin ist in Europa geboren, aber in zwei Welten aufgewachsen. Draußen Frankreich – drinnen Mali. Kadi erzählt: „Mein Vater hatte zwei

Frauen und dreizehn Töchter, elf davon hat er beschneiden lassen. Bei mir ist es mit etwa fünf geschehen, auf einer Reise mit meiner Mutter nach Mali, im Busch. Ich erinnere mich, dass mich Erwachsene festgehalten haben, an Armen und Beinen. Ich erinnere mich auch, dass ich mit aller Kraft um mich geschlagen und laut geschrien habe. Ich weiß noch genau, wie ich das weiße Fleisch zwischen meinen Beinen gesehen habe. Ich konnte nicht gehen und habe so lange geweint, bis ich keine Tränen mehr hatte."

Kadi verstand erst mit 14 durch einen Fernsehbericht, was man ihr angetan hatte. Gesprochen hat sie über ihr Martyrium das erste Mal mit 20, als wir sie im Zuge der Recherche mit Waris Dirie trafen – eine junge, lebhafte Frau mit glatt gekämmtem Haar und strahlenden Augen, hinter denen sie ihr Geheimnis gut versteckt. Kadi leidet enorm darunter, anders zu sein, und unter der Angst, deswegen abgelehnt zu werden. Reden kann sie darüber mit niemandem: Genitalverstümmelung ist in der Familie ein Tabu, außerhalb ein Makel, spezialisierte Betreuungsstellen gibt es in ihrer Stadt nicht.

Mindestens 500.000 Frauen, die in Europa leben, sind genital verstümmelt, und mit der zweiten Generation wächst die Zahl der in Europa geborenen Mädchen, die diesem Brauch zu Opfer fallen. Meist geschieht es während eines Heimaturlaubes in Afrika oder Asien, doch auch in Europa selbst werden Genitalverstümmelungen durchgeführt. Dies gilt zwar in allen Staaten zumindest als schwere Körperverletzung, doch nur ein einziges Land hat bereits Gerichtsverfahren gegen Eltern und „Beschneiderinnen" durchgeführt: In Frankreich wurden bisher 34 Prozesse geführt. „Genitalverstümmelung ist ein schweres Verbrechen, schwere Körperverletzung und die zynischste Form von Kindesmissbrauch. Wären weiße Mädchen betroffen, würde ein Aufschrei durch Europa gehen", sagt Waris Dirie. Doch da es sich um eingewanderte Mädchen handelt, geht stattdessen nur ein Kopfschütteln durch Europa: Man weidet sich gern am Schicksal der Frauen. Aber man hat nicht das Gefühl, es ginge einen direkt etwas an.

Hatun: Ermordet im Namen der Ehre

Ähnlich liegt die Sache bei Ehrenmorden. Die Empörung über die Ermordung von Frauen, die den strengen Regeln von Tradition und Religion nicht folgen, ist groß. Der Einsatz für jene, die bedroht sind, hingegen gering. Eine bezeichnende Szene lief dazu über den Bildschirm, als im Herbst 2005 der Prozess um den „Berliner Ehrenmord" an Hatun Sürücü startete. Hatun Sürücü, 23, war am 2. Februar 2005 auf offener Straße von einem ihrer Brüder erschossen worden. In Berlin war es der siebente Ehrenmord in nur fünf Monaten.

Hatun wurde mit 16 in der Türkei zwangsverheiratet. Doch wenig später floh sie mit ihrem kleinen Sohn nach Deutschland zurück, baute sich ein selbstständiges Leben auf, wurde Elektrikerin. Auf den Fotos, die immer noch an der Bushaltestelle neben dem Ort ihres Todes hängen, sieht sie fröhlich und frei aus. Zu frei für ihre drei Brüder, die den Mord gemeinsam planten, wie mehrere Zeugen bestätigten. Ein Geständnis legte nur der jüngste ab: Der Lebensstil seiner Schwester habe die Ehre der Familie befleckt, sagte er vor Gericht aus. Fast noch mehr schockierte die Reaktion von Jugendlichen in einer Berliner Schule: Sie rechtfertigten den Mord, einer davon mit dem Satz „Die Hure lebte wie eine Deutsche".

Der deutsche Intellektuelle Roger Willemsen sagte dazu in einer Talkshow auf Sat1 sinngemäß: Dazu äußere er sich nicht – bei diesem Thema bestehe die Gefahr, dass eine „kulturelle Eigenheit" dazu benützt werde, eine ganze Gruppe zu diskreditieren.

Niemand im Studio protestierte dagegen, dass da gerade jemand einen Mord an einer jungen Berlinerin als „kulturelle Eigenheit" bezeichnet hatte. Nach ihm gelangte der ehemalige Berater von Helmuth Kohl, Hans-Hermann Tiedje, zum Schluss: Wer sich nicht anpassen kann, soll abgeschoben werden. Dass alle Beteiligten in Deutschland aufgewachsen waren, sagte er nicht dazu.

Malika: Zwangsverheiratet

Dieser Zugang zu Gewalt gegen Migrantinnen macht es den betroffenen Frauen noch schwerer, über ihre Schicksale zu sprechen und Hilfe zu suchen. Manche, wie Malika, haben auch einfach genug davon, als Opfer gesehen zu werden. Malika wurde zwangsverheiratet, sie ist geflohen, und sie sagt: „Geschichten wie meine sind Alltag in den französischen Banlieues." 50.000 Frauen, schätzen Organisationen, werden jährlich in Frankreich zwangsverheiratet. 70.000 Mädchen unter 18 Jahren sind von einer Zwangsverheiratung bedroht, schätzt die Regierung. „Wahrscheinlich sind es mehr", sagt Fadela Amara von *Ni Putes Ni Soumises:* „Viele heiraten nicht offiziell: Sie werden eines Tages aus der Schule genommen und einer fremden Familie übergeben oder kehren nach den Ferien nicht zurück. Wer soll das zählen?"

Malika ist 31 und Französin, sie stammt aus einer algerischen Familie und ist in einer Vorstadt von Paris aufgewachsen. Ich treffe sie in einem Café im Zentrum und ertappe mich selbst dabei, wie ich nach einer „ausländisch" aussehenden Frau Ausschau halte. Doch Malika trägt enge Jeans und einen roten Kaschmirpullover, nippt ruhig an einer Tasse Tee, sie ist gelassen und selbstsicher. Eine ganz normale Französin in einem französischen Café – auch wenn ihr Leben bestimmt ist von der Herkunft ihrer Eltern.

Ihr Vater ist in den 50er-Jahren nach Frankreich gezogen, um zu arbeiten. Wie viele Migranten konnte er sich zunächst eine Familie nicht leisten. Erst als er 40 war, kam seine erste Tochter auf die Welt: „Zwischen mir und meinen Eltern liegen eigentlich zwei Generationen", sagt Malika. Das sei die Wurzel vieler ihrer Probleme, viel mehr noch als die Religion oder die Kultur. „Mein Vater hat sein Leben lang – zumindest im Kopf – im ländlichen Algerien der 30er-Jahre gelebt, und er hat uns für das Leben dort erzogen." Doch sie wuchs im Paris der 70er- und 80er-Jahre auf, und diese Diskrepanz zwischen der Welt ihrer Eltern zu Hause und dem Frankreich draußen bekam sie täglich zu spüren.

Nach der Schule beginnt Malika zu arbeiten, wohnt aber weiterhin bei den Eltern. Ausgegangen ist sie noch nie. Als sie 24 Jahre alt ist, erfährt sie, dass sie in nur vier Wochen ihren Cousin heiraten soll. Schon vor ihrer Geburt, erklären die Eltern, sei sie ihm versprochen worden. „Es war ein riesiger Schock", sagt sie noch heute. „Ich habe vier Wochen gefleht und geweint, aber es hat nichts genützt." Eine Weigerung war undenkbar. So viel Kraft hatte sie nicht. Eine typische Geschichte, sagt sie – die wenigsten Mädchen werden zur Hochzeit hingeprügelt und bei Weigerung mit Säure übergossen, wie es das Klischee will: „Die meisten fügen sich, weil sie nicht wissen, was sie sonst tun sollen." Eine Weigerung würde bedeuten, mit der Familie zu brechen und sich alleine durchzuschlagen. Und so sehr die Gesellschaft Zwangsheiraten kritisiert: Frauen, die fliehen, haben wenig Chancen, ein neues Leben aufbauen zu können.
Die Hochzeit wird ein Drama: Der Bräutigam weigert sich stundenlang, sein Zimmer zu verlassen, die Braut weint während der Zeremonie. Auf den Fotos sieht man Malika starr auf einem goldenen Thron sitzen, das Make-Up von Tränen verschmiert. In der Hochzeitsnacht beleidigt sie ihr Mann zutiefst, zeigt ihr Porno-Filme, um „zu lernen, wie man das macht". Malika verweigert sich. Und sie hat Glück: Ihr Mann will nach Frankreich, und so darf sie nach drei Wochen zurück, um ihn später nachzuholen. Sie verzögert die Behördenwege – Monate vergehen. Ihr Mann ruft jeden Tag an, um sie zu kontrollieren. Als eine Freundin heiratet, geht sie zum ersten Mal in ihrem Leben aus und kommt erst um sechs Uhr früh heim. Ihr Vater erwartet sie an der Türe, schlägt sie und verbietet ihr, von nun an – abseits der Arbeit – das Haus zu verlassen. Das habe ihr Mann verlangt. Malika: „Da wusste ich, ich muss aus diesem Leben ausbrechen."
Über Wochen schmuggelt sie Kleider aus der Wohnung, jeden Tag wirft sie einen Plastiksack aus dem Fenster. Ein Bekannter bietet ihr ein Zimmer an. Dann kam der Tag: „Ich bin zur Arbeit gegangen und nicht wieder nach Hause gekommen." Malika bricht den Kontakt ab. Einige Monate lang ruft sie die Familie nur aus Telefonzellen an. Irgendwann wird sie

unvorsichtig und gibt ihrer Schwester eine Handynummer. Die steht in Kontakt mit der Familie in Algerien und holt Malikas Mann mit einem Touristenvisum nach Frankreich. „Von da an war mein Leben eine Hölle", erzählt Malika. Ihre Teetasse zittert jetzt. Unter der ruhigen, selbstsicheren Fassade lauert noch die Angst.
Es folgen tägliche Anrufe und Morddrohungen um drei Uhr früh. Malika wendet sich an mehrere Organisationen, niemand hilft ihr weiter. Nur zufällig lernt sie einen Anwalt kennen. Während der Verhandlung schafft sie es fast nicht mit dem ehemaligen Mann in einem Raum zu sein. Zu groß ist die Angst. Schlussendlich willigt der Algerier in die Scheidung ein, vor allem weil der Anwalt droht, ihn wegen illegalen Aufenthalts anzuzeigen.
Heute, sechs Jahre später, führt Malika ein normales französisches Leben. Sie wohnt mit ihrem Freund in einer Vorstadt von Paris, mit ihrer Familie hat sie seit einem Jahr wieder Kontakt, und über ihre Erfahrungen spricht sie fast nie. Sie will nicht als Argument gegen ihre eigenen Leute herhalten. Sie will auch nicht, dass ihre Geschichte in ein fernes kulturelles Eck gestellt wird: „Zwangsheirat wird als Ausländerproblem behandelt, dabei ist es ein Problem der französischen Gesellschaft, genauso wie häusliche Gewalt." Alle vier Tage werde in Frankreich eine Frau von ihrem Partner umgebracht, doch darüber werde weniger gesprochen als über Zwangsehen. „Daher weiß ich, dass es nicht darum geht, uns zu helfen. Sie benützen uns, um Rassismus zu schüren."

Geflohen vor Zwangsehe, gelandet auf dem Strich

So entsetzt die europäische Gesellschaft von „traditionsbedingter Gewalt" und der Unterdrückung der muslimischen Frauen auch ist – jene, die davor fliehen, finden nicht leicht Aufnahme. Im Gegenteil: Einwanderinnen sind jene Frauen, die die dunkelsten Seiten der Unterdrückung der Frau in Europa zu spüren bekommen. Sie stellen das Heer der Opfer von Menschenhandel und der Zwangsprostituierten. 500.000 Frauen, die meist auf der Suche nach Möglichkeiten zur Einwanderung oder nach Arbeit an Menschenhändler geraten, werden jährlich nach Europa verkauft. Eine davon ist Joyce aus Nigeria.

Joyce steht im 15. Bezirk in Wien, weit draußen auf der Hütteldorfer Straße. Sie trägt Jeans, eine Daunenjacke, ihre schwarzen Locken stehen in alle Richtungen und ihre Stiefel haben keine hohen Absätze. Sie steht an der Ecke, als würde sie auf die Straßenbahn warten, und doch ruft ihr jeder zweite vorbeifahrende Autofahrer etwas Anzügliches zu. Für die Freier ist sie klar als Prostituierte erkennbar: Hier sind die Ausläufer des „Afrikanerinnen-Strichs".

Joyce sagt, sie ist 19, ich hätte sie höchstens auf 16 geschätzt. Sie ist ungeschminkt, hat ein Kindergesicht mit runden Backen und samtiger Haut. Sie trinkt Cola und pafft an einer Zigarette, man sieht, dass sie noch nicht lange raucht. Joyce stammt aus einer Familie in Nigeria, der Vater ist Muslim, die Mutter Christin. Geflohen ist sie vor einer Zwangsheirat, die zu einem großen Familienstreit geführt hatte. Es braucht lange, bis ich bruchstückhaft die Geschichte erfahre: „Mein Vater wollte mich an einen Cousin verheiraten. Ich wollte absolut nicht. Ich wollte weiter zur Schule gehen und meine Mutter hat mich unterstützt. Daraufhin hat er meine Mutter geschlagen, bis sie nicht mehr aufstehen konnte", erzählt sie. Die Mutter beginnt, die Pläne des Vaters zu hintertreiben und rät Joyce zu fliehen. Sie kontaktiert einen Schlepper, der ihr einen Vertrag vorlegt: Der „Agent", wie Joyce sagt, übernimmt die Reisekosten, Joyce arbeitet dann eine Zeit lang für ihn. 20.000 Dollar muss sie abzahlen. Das geht in Europa ganz schnell, verspricht der Schlepper. Sie werde in einem Restaurant arbeiten, vielleicht später als Kindermädchen. „Meine Mutter hat auf den Vertrag schwören müssen", sagt Joyce. Es ist eine von vielen Erklärungen für das, was sie hier tut.

Joyce kommt ungeplanterweise nach Österreich – sie hätte nach England sollen, doch etwas geht schief, sie landet bei der Polizei, ihre Fingerabdrücke werden genommen. Sie stellt einen Asylantrag, so wie es der Schlepper empfiehlt, und meldet sich als Prostituierte. Es ist einer der wenigen Jobs, die Asylwerberinnen ausüben dürfen. „Sie haben mir gesagt, es ist nur ein Fake, weil ich sonst nicht bleiben kann. Ich war überhaupt nicht darauf vorbereitet. Ich bin traditionell erzogen." Joyce beginnt stumm zu weinen, zündet eine Zigarette an, pafft schneller, versucht, herausfordernd zu schauen. „Es ist okay. Es ist ein Job", sagt sie dann entschieden. Die österreichischen Männer wollen Afrikanerinnen, erzählt sie, sie nennen sie „Negerhur". Es ist ihr erstes deutsches Wort, sie zischt es laut. „Wenn ich Asyl bekomme, ist es aus, dann habe ich es geschafft und verschwinde." Warum nicht vorher? „Meine Mutter hat den Vertrag doch unterschrieben. Die wissen, wo meine Familie ist", sagt Joyce. „Aber wenn ich Asyl ..." Die Anerkennungs-Rate bei Nigerianern lag im Vorjahr bei weniger als einem Prozent. Andere Opfer von Frauenhandel kommen illegal ins Land und sind der Mafia, die sie hergebracht hat, noch stärker ausgeliefert: Sie können ihre Peiniger nicht einmal anzeigen.

Gefangen zwischen den Welten

Gehandelte Mädchen, gekaufte Bräute, geprügelte Frauen: Wenn die Opfer Ausländerinnen sind, haben sie kaum eine Chance. Europa ist zwar entsetzt, aber es bietet keine Hilfe. Die Beratungsstelle *Orient Express* in Wien ist andauernd mit Fällen von Frauen konfrontiert, denen sie nur eines raten kann: Durchhalten. Sonst ist die Aufenthaltsgenehmigung weg. Bei Sahide traute sie sich allerdings nicht mehr, zum Durchhalten zu raten: Der Mann der 35-jährigen Türkin hatte sie schon mehrmals krankenhausreif geprügelt. Die Beraterinnen riefen die Polizei und halfen Sahide dabei, Anzeige zu erstatten, der Mann wurde der Wohnung verwiesen. Und da merkte Sahide, dass sie ohne ihn nicht leben konnte. Sie hatte kein Einkommen – als Ausländerin konnte sie weder Familien- noch Sozialhilfe beantragen – und bekam keine Wohnungsbeihilfe. Nicht einmal einen Vorschuss auf die Unterhaltszahlungen für ihre Kinder konnte sie bekommen – dazu hätten die Kinder mehr als fünf Jahre in Österreich sein müssen. Doch so alt waren sie noch nicht. Dank des Gewaltschutzgesetzes hätte sie zwar eine Arbeitsgenehmigung bekommen, aber mit einem zweimonatigen Säugling war kein Job zu finden. Sahide gab auf. Sie kehrte zu ihrem prügelnden Mann zurück.

Auch Nilgül, eine andere Klientin, droht ihre Aufenthaltsgenehmigung zu verlieren: Sie ist eine der „fremden Bräute", mit 16 aus der Türkei nach Österreich gezogen, um den 18-jährigen Murad zu heiraten, der in Österreich aufgewachsen war. Die Hochzeit war seit Jahren arrangiert, doch nach einigen Wochen zog Murad aus: Er hatte eine Freundin und ertrug die Familie nicht mehr. Sein Vater verstieß ihn und wollte Nilgül stattdessen mit dem 14-jährigen Mehmet verheiraten. Da floh auch sie. Derzeit wartet sie auf die Scheidung. Ob sie danach bleiben kann, ist ungewiss. Gewiss ist nur: Zurück in die Türkei kann sie nicht.

Selbst staatsbürgerliches Engagement für europäische Werte kann für Migrantinnen schlecht ausgehen: In Frankreich demonstrierten die Frauen der Banlieues gegen die Polygamie, die das Leben der Frauen unerträglich machte. Sie hatten Erfolg: Polygamie wurde effektiv verboten – und alle Zweit- und Dritt-Frauen verloren die Aufenthaltsgenehmigungen. Manche von ihnen waren seit 20 Jahren in Frankreich gewesen. „Das war so ein schwerer Schlag, dass ich diesem Staat nie wieder trauen werde", sagt die Aktivistin Fanta Sangaré von *Femmes Relais*, einer der hunderten kleinen Organisationen von Migrantinnen.

Gleiche Rechte in einer gemischten Gesellschaft

Die europäische Politik beginnt erst langsam, sich der Probleme eingewanderter Frauen anzunehmen. Im Jahr 2006 startete eine EU-Initiative gegen „traditionsbedingte Gewalt" gegen Frauen, und das DAPHNE-Programm stellt Geld für Projekte zur Verfügung.

„Aber das ist alles nichts wert, wenn nicht alle die gleichen Rechte haben", sagt Mohammed Abdi, der Generalsekretär von *Ni Putes Ni Soumises*. „Wir sind weder Huren noch Unterdrückte", ist das Motto dieser französischen Organisation, die sich für absolute Gleichstellung von Frauen und Männern, Einheimischen und Zugewanderten einsetzt. Sie wurde gegründet, weil die Situation der Frauen, vor allem der Mädchen in den Einwandererviertelnder Banlieues, immer unerträglicher wird. Anstatt weniger zu werden, nimmt die Unterdrückung der Frauen in der dritten Generation sogar zu.

„Zu unserer Zeit war es normal, enge Jeans und T-Shirts zu tragen", sagt Präsidentin Fadela Amara. „Heute setzt man sich mit enger Kleidung und ohne Kopftuch Gewalt aus: Die jungen Männer erheben Besitzansprüche auf alle Mädchen des Viertels, überwachen sie und melden weiter, was sie tun." Die Konsequenzen sind manchmal fatal: Regelmäßig ist von *Tournantes* – Gruppenvergewaltigungen – als Strafe für „hurenhaftes" Verhalten zu hören. Im vergangenen Jahr 2005 wurde in einem Vorort von Marseille gar zum ersten Mal auf europäischem Boden eine junge Frau gesteinigt: Die 23-jährige Tunesierin Ghofrane Haddaoui sei eine „leichte Frau" im Viertel gewesen, lauteten danach die Erklärungen. Ihr Großvater in Tunesien, zu dem die Leichenteile überführt wurden, weigerte sich deshalb, Ghofrane zu begraben – er wolle keinen „dreckigen Körper" bestatten.[91]

Ni Putes ni Soumises haben eine klare Antwort auf diese Entwicklungen: *Mixité et Laïcité*. Eine absolut gemischte Gesellschaft, in der Männer, Frauen, Menschen aller Herkunft dieselben Rechte genießen und in der Religion, Kultur und Herkunft keinerlei Rolle spielen. Doch derzeit geht die Entwicklung in die entgegengesetzte Richtung.

Kapitel 7
Aufstand in den Ghettos

Im November 2006 kam es zur ersten großen Revolte der Ausgeschlossenen: Drei Wochen lang brannten die Elendsviertel der französischen Vorstädte. Dort ist die Ghetto-Bildung weit vorangeschritten. Die Mauern der Festung Europa sind hier auch in ihrem Inneren gegen Zuwanderer hochgezogen. Aus dem Ghetto flieht nur, wer „eingeborener" Franzose ist. Die anderen haben kaum eine Chance, es zu verlassen. Und wie überall, wo Mauern gebaut werden, versuchen die Ausgeschlossenen, diese Mauern zu stürmen. Es sind nicht die Einwanderer der ersten Generation, die gegen die Diskriminierung rebellieren, sondern ihre Enkel, Franzosen seit zwei oder gar drei Generationen, die trotz ihrer Staatsbürgerschaft keine realen Rechte innerhalb der Gesellschaft haben.

In Frankreich zündete der Funken am 27. Oktober 2005. Am späten Nachmittag dieses Donnerstags sind Bouna Traoré, 15, Ziad Benna, 17, und ein 21-jähriger Freund namens Metin am Heimweg von einem Fußballtraining in Clichy-sur-Bois, einer Banlieue im Nordwesten von Paris. Bouna ist noch nicht ganz ausgewachsen und sehr schmal, er ist schwarz, in seinem linken Ohr trägt er einen großen glitzernden Ohrring. Ziad stammt aus einer arabischen Familie, seine lockigen Haare sind kurz geschoren; auf dem Foto, das seine Freunde zum Andenken ins Internet gestellt haben, blickt er nachdenklich in die Kamera. Die drei werden am Heimweg von der Polizei kontrolliert. Alle drei sind unbescholten und hätten nichts zu befürchten. Trotzdem fliehen sie in Panik – warum, ist auch vier Monate später noch nicht geklärt. Sie überwinden auf der Flucht eine drei Meter hohe Mauer, die mit Stacheldraht gesichert ist und verstecken sich in einem Transformatorhäuschen der *Electricité de France*. Nur der älteste der drei überlebt dieses Versteck: Bouna und Ziad werden von einem Stromschlag getötet.

In den Vierteln und Wohnblöcken von Clichy-sur-Bois schlägt die Nachricht ein wie eine Bombe. Jeder hier glaubt, sofort zu wissen, wer schuld ist: Die Polizei habe die beiden in den Tod gejagt. Es ist nicht verwunderlich, dass die Jugendlichen von Clichy so reagieren: Schikanen der Polizei sind hier an der Tagesordnung, vor Polizisten davonzulaufen ist die übliche Reaktion, von ihnen verfolgt zu werden normal – das alles ist schwer auszuhalten und demütigend. Am selben Abend stellen Freunde von Bouna und Ziad einen Weblog zu ihrem Andenken ins Internet. Auf einem Gruppenfoto sind sie zu sehen – Bouna in der Mitte, seinen Arm um einen arabischen Freund gelegt, sechs arabische und sechs schwarze Vorstadtjungs grinsen in die Kamera. „Bouna und Ziad – Freunde, die sie uns für immer genommen haben. Wir schicken Euch unsere Gedanken, ihr werdet uns fehlen. Ihr seid gestorben für nichts. Ganz Clichy ist mit Euch." [92]

Morts pour rien – „Gestorben für nichts" – wird der Kampfspruch für die Demonstration am Samstag, zwei Tage später. Er steht auf T-Shirts und Spruchbändern. Aber die Jugendlichen der Vorstädte glauben nicht an Demonstrationen: Schon in der Nacht nach dem Tod der beiden Freunde brennen 23 Autos in Clichy, Steine fliegen durch Schaufenster. Am nächsten Tag sind es 30 zerstörte Autos, am Sonntag 29, am Montag 18. Die Zahl der ausgebrannten Autos wird für die nächsten Wochen zum Gradmesser der Unruhen.

Anstatt die Lage zu beruhigen, wird sie noch angeheizt. Politiker sprechen im Fernsehen von „kriminellen Banden", am Samstag landet eine Tränengas-Bombe unbekannten Ursprungs in der Moschee in Clichy-sur-Bois. Es ist Ramadan und der Gebetsraum voll mit Menschen, Handy-Aufnahmen zeigen Panik, würgende und tränende Gläubige, die verzweifelt nach dem Ausgang suchen. Augenzeugen beschuldigen die Polizei-Eingreiftruppe CRS, die dementiert am nächsten Tag – doch es glaubt ihr hier niemand.

Fünf Tage lang tobt der Aufstand in Clichy, dann scheint sich die Lage zu beruhigen. Doch die Reaktion der französischen Politiker kommt bei der *caillera* [93], den Ghetto-Kids, nicht gut an: Innenminister Nicolas Sarkozy spricht von organisierten Banden und konzertierten Aktionen – „Spontan ist da gar nichts!", sagt er im Fernsehen. Jahrelange Demütigungen machen sich Luft und schlagen um in Hass, und für die nächsten zweieinhalb Wochen starren Innenstadt-Franzosen gebannt auf ihre Fernsehschirme, erschrocken über das, was sich da an Aggressionen entlädt: Am ersten November springt der Funke auf das Banlieue-Département Seine-Saint-Dénis gleich neben Clichy über. In sieben Städten des Départments gehen Jugendliche auf die Straße und liefern sich zu Hunderten Straßenschlachten mit der Polizei. 250 Autos gehen in Flammen auf. Am Tag darauf sind es im Département wieder 189, weitere Banlieues im Umkreis von Paris schließen sich an. In der Nacht von dritten November werden schon 500 Autos abgefackelt, einige davon in Bouches-du-Rhone und Seine-Maritime. Sarkozy gießt noch einmal Öl ins Feuer und verspricht, das Land mit dem Kärcher von der *racaille*, dem „Abschaum", zu befreien (*On va nettoyer au Kärcher ces cités*).

Von da an kommt es in immer mehr französischen Städten zu Aufständen, Straßenschlachten und brennenden Autos. Busse, Schulen und Kindergärten werden in Brand gesetzt. Immer wenn der Aufstand in einer Stadt abflaut, flammt er in einer anderen auf. Obwohl die Ausschreitungen in den einzelnen Städten jeweils nicht mehr als ein paar Tage dauern, wird die Revolte wie ein Flächenbrand gesehen, das Wort Bürgerkrieg steht auf den Titelseiten. Ausschreitungen sind in Frankreich zwar keinesfalls ungewöhnlich und kommen auf jeder zweiten Studentendemonstration vor, aber die Kids der Vorstädte werden nicht als Teil der französischen Gesellschaft gesehen, und so interpretiert man ihre Rebellion als Angriff auf Frankreich.[94]

Am achten November setzt die Regierung ein weiteres gefährliches Signal, das diesen Eindruck verstärkt. Sie ruft den Ausnahmezustand aus und reaktiviert dazu ein Gesetz, das für die Niederschlagung der Demonstrationen während des Algerienkrieges am 3. April 1955 geschaffen worden war. Die Großväter derer, die nun auf der Straße sind, waren damals die Betroffenen. Ihnen ist auch eine Demonstration von 30.000 Algeriern im Oktober 1961 gut im Gedächtnis, bei der die Pariser Polizei die Nerven verlor und über 200 Teil-

Aufstand in den Ghettos

nehmer tötete.[95] Jetzt beginnt auch die ältere Generation der Banlieues, sich mit den rebellierenden Jugendlichen zu solidarisieren.

Aufgrund des Kriegs-Gesetzes dürfen nun Ausgangssperren verhängt, das Militär gegen die eigene Bevölkerung eingesetzt werden. Selbst Jean-Luc Garnier, der Chef der Polizeigewerkschaft *Alliance,* reagiert skeptisch: „Die Umsetzung erfordere eine hohe Anzahl und Konzentration von Einsatzkräften in den betroffenen Gebieten. Wir kommen dann notwendigerweise mit ganzen Bevölkerungsgruppen in Konflikt, die überhaupt nichts mit den Unruhen zu tun haben".[96]

Doch genau das war typisch für den Umgang mit den Revolten: Die zugewanderte Bevölkerung wurde als feindlicher Block gesehen. Ebenso typisch war die Betonung des Wortes „Ausländer". Eine der ersten Maßnahmen, die Sarkozy traf, war, die sofortige Ausweisung aller „ausländischen" Beteiligten zu verkünden. Später zeigte die Statistik, was eigentlich jeder wusste: Die festgenommenen revoltierenden Jugendlichen waren zu 94 Prozent Franzosen. Doch einen direkten Einblick boten nicht einmal die französischen Medien: Viele Journalisten gaben freimütig zu, noch nie in den Banlieues gewesen zu sein und berichteten aus der Innenstadt. Ein Schweizer Journalist, der sich in Bondy niedergelassen hatte, um von dort aus zu berichten, erzählte in seinem Weblog von andauernden Anfragen anderer Medien, die wissen wollten, was los war – „als ob ich in Afghanistan gesessen wäre", schreibt er. Sein Nachfolger rät der langen Kette von Pariser Journalisten, die sich bei ihm über die Situation erkundigen: „Du bist nur 15 Minuten von Bondy entfernt. Warum kaufst du dir nicht einfach ein Schnellbahn-Ticket und kommst selbst hierher?"[97]

Drei Wochen nach Beginn der Revolte, am 17. November, geht die Zahl der ausgebrannten Autos auf 98 zurück. Da hundert brennende Autos pro Nacht in den Vorstädten „Normalität" seien, bezeichnet die Polizei die Lage als beruhigt. Die Bilanz der Aufstände: 9.193 ausgebrannte Autos, 2.921 Festnahmen und ein Land in der Identitätskrise. Frankreich weiß nicht, wie es mit dem Aufstand der Ghetto-Kids umgehen soll.

Ein Treffen mit den Cailleras

Drei Monate später treffe ich mich in Saint-Dénis mit einer Gruppe junger Männer, die an den Aufständen teilgenommen hatten. Die Anbahnung des Gesprächs war nicht einfach – aber am letzten Tag meines Aufenthalts läutet mein Handy und eine meiner Zufallsbekanntschaften von den Streifzügen durch die Banlieues meldet sich. „Wir haben beschlossen, dass wir unsere Version erzählen wollen", sagt er. „Wann können wir uns treffen?" Also mache ich mich um neun Uhr abends – begleitet von eindringlichen Warnungen meiner Pariser Bekannten – in die Vorstadt auf. Metin, ein 22-jähriger, schlaksiger Typ algerischer Abstammung, holt mich vom Bahnhof Saint-Dénis ab und fragt, wo wir hingehen sollen. „Wo ihr euch normalerweise aufhaltet, ich will das ja kennen lernen", sage ich – und lande nach einem kurzen Telefonat von Metin und einem Fußmarsch durch die ausgestorbene Banlieue am Fuße eines turmhohen Wohnblocks in einer Art Fahrradraum. Die Wände sind aus kahlem Beton, an der Decke hängt eine einsame Neonröhre, und in der Ecke stehen ein alter Kinderwagen und ein paar Fahrräder. Vier junge Männer sitzen auf einer alten Couch und einem Sessel an der Wand, ein Ghettoblaster spielt Rap-Musik. Ich fühle mich nach Ceuta in den Hangar zu den illegalen Algeriern zurückversetzt. Nur dass die Graffitis hier nicht arabisch sind, sondern französisch: *Nique la France, nique la police!* steht da zum Beispiel in roten Lettern – „Fuck Frankreich, Fuck the Police!".

„Hier treffen wir uns, wenn es draußen zu kalt ist", sagt einer, „ich hoffe, das geht für dich." Das Misstrauen ist auch hier noch groß, keine Kamera, kein Aufnahmegerät sind die Bedingungen. Erst als ich Schokolade und Zigaretten auspacke, wird die

Atmosphäre etwas freundlicher. „Sonst hängen wir immer *en bas des tours* herum – unten bei den Wohnblöcken", erklärt Mohammed, ein 18-jähriger Schwarzer im perfekten Gangsta-Rapper-Outfit. „Das ist unser Platz." Er wechselt die CD, legt Musik der Rap-Gruppe *Mafia K1fry* ein: *En bas des tours* heißt das Lied, das er mir vorspielt. Es handelt – wie so viele der Rap-Stücke hier – vom Leben in den Banlieues, der Trostlosigkeit, von der ständigen Verfolgung durch die Polizei, der Aussichtslosigkeit. Und dem Wunsch, das alles in die Luft zu jagen. Ein passender Text für dieses Treffen.[98]

„Das ganze letzte Jahr über ist die Situation hier immer schlimmer geworden", erzählt Metin. „Da waren erst im April ein paar Brände in alten Abbruchhäusern, in denen Eingewanderte lebten – unter schrecklichen Bedingungen. Das hat uns so wütend gemacht, dort sind sogar Kinder gestorben. Wie kann man zulassen, dass Menschen hier so leben? Wir sind den Franzosen einfach egal." Abdullah wirft ein: „Nein, wir sind ihnen nicht egal, sie hassen uns. Dabei sind wir genauso Franzosen wie sie, wir haben genau die gleichen Rechte. Aber komm mal hier in eine Polizeikontrolle – da fühlst du dich wie in Chile während der Diktatur!" Jeder hat Geschichten über die Polizei zu erzählen: Ausweiskontrollen, bei denen die Polizisten die Papiere auf den Boden werfen, damit man sich danach bücken muss und sie einen leichter umstoßen oder anspucken können. *Ça les fait rigoler* – „Das finden sie komisch", meint Abdullah bitter. Unmotivierte Schläge, immer wieder die Spezialeinheiten der CRS, die verhaften, wen immer sie erwischen. „Sie behandeln uns von vornherein, als wären wir Schwerverbrecher. Kein Wunder, dass viele hier tatsächlich kriminell werden. Es ist nicht nur der einzige Weg, an Geld zu kommen, es ist auch egal: Sie behandeln dich sowieso wie einen Kriminellen." Nie im Leben würden sie sich an die Polizei wenden, wenn sie ein Problem hätten – das wäre der ultimative Verrat. „Um so etwas zu lösen, haben wir Freunde", sagt Metin und grinst. Ich sehe mir meine fünf Gastgeber an und glaube ihm, dass das eine wirkungsvolle Abschreckung ist.

Im Oktober 2005 hatte Innenminister Sarkozy – ohnehin das große Feindbild hier – die Jugendlichen der Vorstädte als „Abschaum" bezeichnet. In einem Gespräch mit einer Passantin hatte er gesagt: „Sie wollen, dass wir sie vom Abschaum befreien? Gut, wir werden sie davon befreien." Metin hat das im Fernsehen gehört und war „verrückt vor Wut", wie er sagt. *Racaille* ist eine schwere Beleidigung – und doch der Name, den sich die Vorstadtjungs selbst geben: *La Caillera* nennen sie sich, *Racaille* mit verdrehten Silben.

Die Nachricht vom Tod der beiden Jugendlichen im Transformatorhäuschen hat den jungen Männern dann den Rest gegeben. „Es war so klar, wir werden doch dauernd von der Polizei verfolgt. Wenn du hier einen Polizisten siehst, rennst du so schnell du kannst. Und wenn sie dir nachrennen, bekommst du Panik. Waren die beiden etwa über eine drei Meter hohe Mauer geklettert, wenn die Polizei sie nicht verfolgt hätte, wie sie behauptet?" Ein anderer der Jungs erzählt: „Wir waren dann auf der Demo für die beiden. Es war total frustrierend – was um alles in der Welt bringt es, auf der Straße zu stehen und sich gegenseitig ins Ohr zu schreien, dass die zwei sinnlos gestorben sind? Die Verantwortlichen hören das nicht einmal!"

Dieser Frust war auch ein Auslöser für die Ausschreitungen, bei denen die fünf spontan mitgemacht haben, an verschiedenen Orten, aber vor allem hier, in ihrem Viertel. Autos haben sie keine angezündet, sagen sie, aber bei den Straßenschlachten mit der Polizei – „diesen faschistischen Mördern", sagt Metin – waren sie fünf Nächte lang dabei. Sie sind den Razzien immer entkommen. „Wir kennen hier jeden Schlupfwinkel und jeden Hauseingang, da hat die CRS keine Chance", grinst einer.

Ob die Ausschreitungen nun wirklich etwas Neues waren, darüber sind sich die fünf nicht einig. „Hier im 93. hat es richtig gekracht, das war Krieg, das war wirklich Krieg", sagt einer von ihnen. Ein anderer widerspricht: „Was heißt Krieg? Als ob hier sonst nie Autos brennen würden! In meiner Cité haben ein paar Dutzend Autos gebrannt, aber das waren vor allem

Ein Treffen mit den Cailleras

Jungs von woanders. Und von zumindest zwei Typen weiß ich, dass sie ihr Auto selbst angezündet haben, wegen der Versicherung. Die waren schon kaputt." Es folgen detaillierte Beschreibungen der Straßenschlachten mit der Polizei, der Verfolgungsjagden, Aufzählungen von verhafteten Freunden, die gar nichts mit den Aufständen zu tun gehabt hätten.

„Warum sind hier die Autos der eigenen Verwandten und Nachbarn in Flammen aufgegangen?", frage ich. „Warum nicht Autos im Zentrum von Paris? Habt ihr nie daran gedacht, ins Zentrum zu fahren?" Toto – ein großer, schlaksiger Schwarzer mit einer Baseballkappe und einem blauen Trainingsanzug – lacht bitter. „Soll ich dir was sagen? Ich war erst drei Mal in meinem Leben in Paris. Paris interessiert mich nicht. *Je m'en fous.* Ich lebe hier, und wenn ich wütend werde, schlage ich mich hier."

Am Ende des Gesprächs sind sich alle fünf einig: „Das war noch gar nichts. Diese Revolte war unkoordiniert und spontan, nur ein Ausbruch. Uns hat die Einigkeit gefehlt. Wenn wir uns erst zusammentun, dann werden sie sehen, was es heißt, wenn Frankreich brennt."

Vom Elendsviertel zum Ghetto

Die Revolte der Vorstädte steht in einer Tradition, und sie ist doch etwas ganz Neues. Schon in den 1980er-Jahren war die soziale Situation der Banlieues ein großes Thema: Damals sprach man von Elend. Doch heute spricht man vom Abdriften der Vorstädte aus der Gesellschaft und von Ghettoisierung.

Die erste Generation der Einwanderer, die in den 1950er- und 1960er-Jahren nach Frankreich kam, verlangte nichts von der Gesellschaft. Sie waren Ausländer hier, gekommen um zu arbeiten, und hatten zum Großteil den Plan, nach Hause zurückzukehren – auch wenn es anders kam. Die zweite Generation wurde von der Diskriminierung voll getroffen und setzte sich zur Wehr. Auslöser der großen Demonstra-

tionen der *Beurs*, wie sie sich nannten, waren rassistische Gewalttaten und schon damals das Verhalten der Polizei. In einem großen Marsch quer durch Frankreich im Jahr 1983 forderte die zweite Generation ihre Rechte als Staatsbürger und Franzosen ein. „Wahlvereine" wurden gegründet, um die Politiker auf dieses Wählerpotenzial und seine Schwierigkeiten hinzuweisen. 1984 wurde unter dem Motto *Ne touche pas à mon pote!* – „Rühr meinen Freund nicht an!" – die Organisation *SOS Racisme* gegründet. Zugewanderte und französische Linke demonstrierten gemeinsam für Gleichheit.
Aber die Mobilisierung hatte keinen Erfolg: Die Situation in den Banlieues wurde nicht besser, sondern noch schlimmer. Die Politik zog sich fast ganz aus den gescheiterten Kämpfen zurück, ein Vakuum entstand. „Vor einigen Jahren sind wir in die dritte Phase eingetreten, in der sich diese Stadtteile abschließen und im Diskurs der Akteure selbstreferentiell werden. Eine segmentierte Sozialordnung entsteht", schreibt der Soziologe Didier Lapeyronnie.[99] Institutionen des Staates werden erlebt wie die Organe einer Besatzungsmacht, die vor allem für Gewalt stehen. Das gilt im Speziellen für Polizei und Justiz, aber auch für die Schule: „Die Schule verschärft die Segregation weiter. Sie erscheint den unteren Schichten als eine von der Mittelschicht kontrollierte Welt, die sie nicht einfach ausschließt, sondern betrügt und demütigt. Diese fundamentale Erfahrung unterminiert nicht nur das Vertrauen in das System Schule, sondern in die Gesamtheit der Institutionen. Die Institutionen werden nicht als Ressource, sondern als Barriere wahrgenommen. Aus dieser Perspektive erscheint die Stadt tief gespalten: Es sieht aus, als würden gewisse Gruppen auf Distanz gehalten, um sie ruhig zu stellen."[100]
Der Anstieg der Arbeitslosigkeit in den 1990ern traf zuerst die dritte Generation als doppelt verwundbar – jung und von Einwanderern abstammend. „Eine große Mehrheit der jungen Männer in den Vorstädten verspürt ein unendliches Gefühl der Ungerechtigkeit, sie hat eine Zurückweisung durch die französische Gesellschaft erlebt, die dramatisch

Wie lange warten wir noch, bis wir Feuer legen?

Wie lange, wie lange warten wir noch, bis wir Feuer legen??
Wie lange, wie lange warten wir noch, bis wir Feuer legen??

Die Jahre gehen vorbei und alles ist noch immer an seinem Platz.
Mehr Beton, also noch weniger Raum,
der so wichtig wäre für das Gleichgewicht des Menschen.
Nein, niemand wurde entführt, aber wie kann man uns sagen, dass Frankreich vorankommt, wo es doch denkt, dass es durch Repression die Kriminalität einfach stoppen wird?
Bitte, ein bisschen gesunden Menschenverstand!
Schläge werden einen Ausnahmezustand nicht regeln ...

Was mich zur Frage bringt,
wie lange das noch so weitergehen wird?
Das alles hätte schon vor Jahren in die Luft gehen müssen,
leider hat uns die Einigkeit gefehlt.
Aber ihr wisst, dass das schlecht enden wird, das alles.
Ihr wolltet den Krieg zwischen den Welten, bitte sehr!

Wie lange, wie lange warten wir noch, bis wir Feuer legen??
Wie lange, wie lange warten wir noch, bis wir Feuer legen??

Ich habe nur geknebelt gelebt, tatsächlich so,
wie es die Gesellschaft will, das ist eine Tatsache.
Aber es ist Zeit, dass das aufhört, dass das dem Jubel Platz macht.
Wenn unsere Jugend aus Rache zuerst den Polizeistaat niederbrennt und dann die Republik auf denselben Scheiterhaufen schickt, ja!

Wir sind jetzt dran, wir werfen die Würfel,
wir sind dran zu entscheiden, uns gedanklich zu rüsten.
Was, du Alt-Franzose, du siehst nichts, du tust als wäre nichts, du hörst mich nicht?
Ich glaube eher, dass du es nicht sehen willst! (...)
Das Chaos regiert schon, ihr werdet denselben Weg nehmen, den langsamen Tod.

Deshalb kämpfe ich gegen diese verdammten inkompetenten
Politiker, die Frankreich niedergemacht haben
Es ist jetzt nicht mehr die Zeit der Nachsicht
Sondern die der Tatsachen, durch Feuer geschaffen (...).

Wie lange, wie lange warten wir noch, bis wir Feuer legen??
Wie lange, wie lange warten wir noch, bis wir Feuer legen?

Von nun an verzeiht die Straße nicht mehr
Wir haben nichts zu verlieren, denn wir haben nie etwas gehabt
An eurer Stelle würde ich nicht ruhig schlafen
Die Bourgeoisie kann zittern, die *Cailleras* (die Ghetto-Kids)95
sind in der Stadt.
Nicht um zu feiern – worauf warten wir, um Feuer zu legen?
Gehen wir in die Elysée, um sie niederzubrennen,
wie die Alten die Bastille niedergebrannt haben
Eines Tages müssen sie ohnehin zahlen
Der Psychopath, der in mir schläft, erwacht
Wo sind unsere Koordinaten? Wo sind unsere Vorbilder?

Einer ganzen Jugendgeneration habt ihr die Flügel verbrannt
Die Träume zerbrochen, die Hoffnung zerstört
Oh! Wenn ich daran denke ...
Es ist Zeit, dass man daran denkt, es ist Zeit, dass Frankreich
geruht, sich dieser ganzen Beleidigungen bewusst zu werden
Aus diesen Demütigungen die Lehre zieht
Aber trotzdem, das Fass ist zum Überlaufen voll
Die Geschichte zeigt, dass wir keine Chance haben
Also hören wir mit allem auf, bevor es uns aufhält
Und uns die Kraft nimmt – noch mehr Hass

Schließen wir uns zusammen, um dieses System
in Schutt und Asche zu legen!
(Übersetzung Corinna Milborn)

Mais qu'est-ce qu'on attend aus dem Album *Paris sous les bombes*
(1995) der französischen Rap-Gruppe NTM aus Saint-Dénis, einer
der meistgehörten Rap-Gruppen unter den Jugendlichen aus den
Banlieues (NTM steht für *Nique Ta Mère* – „Motherfucker").

für sie ist. Sie sehen sich als in ihren Vierteln geparkt. Sie denken, die Politik – sei es die Rechte, sei es die Linke – habe sie aufgegeben", schreibt Fadela Amara, eine Aktivistin der zweiten Generation und des Marsches der *Beurs*, heute Vorsitzende der Organisation *Ni Putes ni Soumises* („Weder Huren noch Unterdrückte"), die sich für die Rechte der Mädchen in den Banlieues einsetzt.[101] „Diese Jugendlichen der dritten Generation haben die Bilanz aus unseren Kämpfen in den 1980ern gezogen. Wir waren lange Vorbilder für sie, aber heute beurteilen sie uns sehr hart. Wie oft habe ich schon mit Jugendlichen diskutiert, die uns gesagt haben, dass wir zwar gekämpft haben, aber die Politiker daraufhin immer nur von unseren Pflichten gesprochen haben – vor allem von der Pflicht, sich zu integrieren. Und sie selbst sind immer noch mit derselben Forderung konfrontiert, obwohl sie hier geboren und ihre Eltern Franzosen sind. Sie denken, wir haben für zu kleine Ziele gekämpft und fast nichts erreicht. Der Beweis für sie, den sie uns immer wieder ins Gesicht sagen, ist unsere Abwesenheit auf der politischen Bühne."

Die dritte Generation ist abgebrühter, zynischer und realistischer als jene ihrer Eltern: Sie haben lange Kämpfe erlebt und keine Erfolge, sie haben keine Jobs und keine Zukunft. Sie sind eine verlorene Generation. Niemand hat sich je um die alten Arbeiterviertel und ihre Einwohner gekümmert, sodass es zu einer fortschreitenden Abschottung gekommen ist. Wer hinaus will, etwa um Erfolg zu haben, verlässt damit eine geschlossene Gesellschaft, bricht mit seinem Freundeskreis und seiner Familie. „So erscheint die Wahl des Scheiterns oft rational", schreibt der Soziologe Lapeyronnie. Im öffentlichen Raum der Vorstädte kommt es zu Konflikten: „Die Vorstellungen der Mittelschichten beruhen auf Anonymität, in der Höflichkeit und im Anstand, Konflikte zu vermeiden. Sie prallen auf die der Unterschichten, insbesondere der Jugendlichen. Diese orientieren sich an der Sicherheit des ihnen vertrauten Terrains. Man misstraut jedem Eindringling. Das Territorium ist weder öffentlich noch privat, es gehört den Bewohnern des Viertels, die sich persönlich kennen."[102]

Das deckt sich mit meinen ersten Erfahrungen in den Banlieues: Als ich bei meinem ersten Besuch in Seine-Saint-Dénis einen Fotoapparat aus der Tasche zog, wurde ich auf einem ganz normalen Platz sofort von einer Gruppe junger Männer umringt, die mich empört fragten, was ich da mache. Ich wurde vom ersten Moment an als Fremde identifiziert, die nicht hierher gehörte und eine Störung, vielleicht sogar eine Bedrohung darstellte. Plötzlich zischte einer „Police!", und alle rannten weg. Am nächsten Tag, als ich am selben Platz zu tun hatte, erfuhr ich von ihnen: Sie hatten mich für eine Polizistin gehalten, denn für eine Journalistin sei die Kamera zu klein gewesen. Und außer Journalisten und Polizisten käme nie jemand in die Banlieue, der so aussehe wie ich. „Vor der Polizei rennen wir weg. Die Journalisten schlagen wir nieder!", erklärten sie mir nüchtern.

Die Konsequenz dieser Mechanismen ist die Ausbildung eines Ghettos. Der Begriff sollte nicht leichtfertig verwendet werden – aber viele sind zum Schluss gekommen, dass er auf Teile der französischen Vorstädte zutrifft.

Ein Aufstand von Franzosen

Was genau bedeutete vor diesen Hintergrund nun der lange angekündigte Aufstand vom November 2005? Die Erklärungsmuster in den ersten Tagen danach waren vielfältig: Innenminister Nicolas Sarkozy setzte ganz auf Erklärungen, die mit „Ausländern" zu tun hatten. Er sprach außerdem von zentral organisierten Aufständen und Banden von Kriminellen. Zahlreiche Intellektuelle sprachen der Revolte jeglichen politischen Inhalt ab. Im Ausland imaginierte man eine islamistische Revolution, das Schlagwort der „Generation Dschihad" wurde bemüht, der *Spiegel* sah gar eine „Intifada vor den Toren der französischen Hauptstadt". Und fast alle sahen einen ethnischen Aufstand von Zuwanderern.

Simon, Banlieue-Bewohner, sagt dazu: „Alles Blödsinn. Das war eine soziale Revolte. Und ein Schrei nach Anerkennung von französischen Jugendlichen, die als Ausländer behandelt werden." Dieses Gefühl hat sich seit den Aufständen noch verschärft: Die Verhaftungen in den Tagen nach der Revolte seien willkürlich verlaufen, oft schlicht nach der Hautfarbe. Hunderte Jugendliche seien allein auf die Aussage eines Polizisten hin in eigens eingerichteten Schnellverfahren verurteilt worden, erzählt Simon und legt Dokumente auf den Tisch. „Das ist kein Rechtsstaat mehr. Hier gibt es zwei Klassen von Bürgern, und wir stehen auf der falschen Seite", sagt er. Im November hat er mit mehreren anderen spontan die Gruppe *A toutes les Victimes* – „Für alle Opfer" – gegründet, die Rechtsbeistand für diejenigen organisiert, die zumindest ein ordentliches Gerichtsverfahren bekommen. Denn Opfer seien nicht nur die, deren Autos gebrannt haben, sondern auch die, die sie angesteckt haben – und besonders all jene, die dafür jetzt unschuldig vorbestraft seien.

Simon ist weiß, das sei hier nicht so ungewöhnlich. „Aber die Leute hier im Viertel gelten nicht als weiß. Neulich auf einer Versammlung sagt ein Nachbar von mir: Ich kenne keine Weißen. Und ich? Habe ich gefragt. Du bist kein Weißer, du bist ja aus dem Viertel, war die Antwort." Simon ist Enkel eines Italieners, in Frankreich geboren, Franzose ist er trotzdem nur zum Teil: „Meist fühle ich mich als Italiener", grinst er und macht zum Beweis ein paar italienische Handbewegungen: die Zeichen für „Was willst du?", „Na so was!", „Hau ab!" in schneller Reihenfolge aus dem Handgelenk geschüttelt. „Früher war ich mehr Franzose. Frankreich, das heißt für mich Gleichheit. Aber diese Idee, für die hier in Revolutionen gekämpft wurde, geht jetzt den Bach hinunter. Und wenn Franzose sein nur mehr heißt, stinkenden Käse zu essen und doofe Lieder zu singen, dann verzichte ich, danke!"

Aber Franzose sein heißt eben mehr: Es steht für eine Idee von Gleichheit, Freiheit, Brüderlichkeit. „Das wurde uns versprochen, und dieses Versprechen wird nicht eingehalten. In den Banlieues erleben wir Tag für Tag nur Diskriminierung, niemand hat einen Job, niemand kann von zu Hause ausziehen oder eine Familie gründen. Daher kommt die Wut."

Der abschließende Bericht des Innenministeriums[103] bestätigt diese Sichtweise: „Es konnte keinerlei Solidarität unter den verschiedenen Vierteln beobachtet werden", und die Polizei konnte „keinerlei Manipulation feststellen, die die These stützt, dass es sich um einen organisierten Aufstand gehandelt habe", steht im Bericht. „Die Islamisten haben bei den Ausschreitungen keinerlei Rolle gespielt". Die radikale Linke schließlich habe die Entwicklung überhaupt verschlafen. Und auch ein ethnischer Aufstand sei es nicht gewesen: „Die Jugendlichen der Vorstädte haben ein starkes Identitätsgefühl, das nicht nur auf ihrer ethnischen oder geographischen Herkunft beruht, sondern vor allem auf ihrer Stellung als sozial von der französischen Gesellschaft ausgeschlossen. Sie haben das Gefühl, wegen ihrer Armut, ihrer Hautfarbe und ihrer Namen bestraft zu werden. Die, die die Vorstädte verwüstet haben, hatten eine tiefe Perspektivenlosigkeit in der französischen Gesellschaft gemein. Es ist, als ob jedes Vertrauen in die Institutionen, aber auch in die Wirtschaft verloren gegangen sei."

Das hat auch Simon so erlebt: Kein einziger Politiker der Linken habe sich nach den Aufständen bei den Selbsthilfegruppen gemeldet, keine einzige NGO. Als ob es die Leute dort nicht gäbe. „Die Banlieues sind ein Druckkochtopf, und der Deckel wird immer fester draufgehalten", meint Simon. „Es ist nur eine Frage der Zeit, bis das alles hier wirklich explodiert. Es wird in guter alter französischer Tradition geschehen: Schon 1789 haben die Ausgeschlossenen sich ihre Rechte mit einer Revolution erkämpft."

Kapitel 8

Terror in Londonistan

Die Diskussion um den Umgang mit dem Islam ist einer der Brennpunkte der Migrationspolitik. Der Islam ist in vielen europäischen Ländern die zweitgrößte Religionsgemeinschaft, er ist die Religion von Millionen Europäern – und trotzdem wird er, da viele von diesen eingewandert sind, als etwas Fremdes gesehen. Seit den Attentaten vom 11. September 2001 hat sich die Stimmung deutlich verschlimmert; mit dem Islam wird Terrorismus verbunden, der Unterschied zwischen Islam und Islamismus – einer radikalen politischen Ideologie – verschwimmt. Millionen Europäer werden so in ein gefährliches Eck gedrängt, und in Kombination mit der europäischen Außenpolitik entsteht bei immer mehr Moslems der Eindruck, gegen sie werde ein Krieg geführt. Die Gesellschaft hat in dieser Identifizierung des Islam als Fremdkörper übersehen, dass in den Vorstädten und Ghettos der europäischen Großstädte eine zweite und dritte Generation von Einwanderern herangewachsen ist, die zwischen allen Stühlen sitzt, weil sie weder an die Kultur ihrer Eltern gebunden ist, noch in der europäischen Gesellschaft Perspektiven findet. Der Islamismus kann ihnen viel bieten: Identität, Gemeinschaft – und ein Ventil für den Frust und die Wut der Ausgeschlossenen. Auf der Bildfläche der europäischen Öffentlichkeit erschienen diese jungen Moslems erstmals mit dem Mord an Theo van Gogh in Amsterdam und den Bomben in London.

Der erste islamistische Selbstmordanschlag in Europa

Am 7. Juli 2005 war der Tag des Großen Schocks für London gekommen. Kurz nach der morgendlichen Rush-Hour, um neun Uhr, explodierten vier Bomben in drei vollgefüllten U-Bahn-Waggons und einem Doppeldecker-Bus. 52 Menschen starben. Anders als im Jahr zuvor in Madrid lieferte der Anschlag nur wenige Bilder. Die zerfetzten Sitzreihen des roten Doppeldecker-Busses und das Blut der Opfer, das fünf

Meter entfernt an den Hauswänden klebte, flimmerten in Dauerschleife durch die Nachrichtensendungen. Das Grauen in den überhitzten U-Bahn-Schächten kam nur in Form verschwommener Handy-Videos und hastig verdeckter Bahren mit Verletzten auf die Fernsehschirme. Die Unfassbarkeit verstärkte nur das Gefühl, dass etwas ganz Neues, Schreckliches geschehen war. „7/7" war der erste islamistisch motivierte Selbstmordanschlag auf europäischem Boden.

Als ich am Tag nach den Explosionen in London ankam, steckte die Stadt in einer Schreckensstarre. *Just get on with it* – „einfach weitermachen", wurde wie ein Mantra wiederholt. „Wir lassen uns nicht aus der Ruhe bringen", war die Botschaft an die Terroristen. Unter der zur Schau getragenen britischen Gelassenheit lagen die Nerven blank. „Lesen Sie denn keine Zeitung?", fuhr eine Frau einen Touristen an, der im Bus Nr. 52 in gebrochenem Englisch nach einer Haltestellte fragte. „Da fährt der Bus nicht hin! *Because of what happened!* – Wegen dem, was passiert ist!" Und als sie danach mit zusammengepressten Lippen stumm zu weinen begann, traf den verdutzten Touristen ein kollektives, missbilligendes Kopfschütteln der Fahrgäste. Gesprochen wurde nicht. Es war die Buslinie, die Ziel einer der Bomben gewesen war.

Die Episode im Bus war ein kleines Abbild der Reaktion der großen Politik. Die Gedenkfeiern zum Ende des Zweiten Weltkrieges, die kurz nach den Anschlägen anstanden, brachten mehr entschlossenen Pathos in die Anti-Terror-Durchhalteparolen, als es das 21. Jahrhundert normalerweise erlaubt. Und wie schon in den Niederlanden nach dem Mord an Theo van Gogh, in Madrid nach den Terroranschlägen von März 2004, wie später in Paris bei den Unruhen in den Vorstädten: Im Schock zog Premier Tony Blair die Karten, die für solche Fälle ganz oben liegen. Erstens den „Ausländer-Trumpf": „Abschiebung radikaler islamistischer Prediger" war die erste Maßnahme, die von der britische Regierung nach den Anschlägen ergriffen wurde. Zweitens die „Toleranz-Karte": „Britische Muslime sind ein wichtiger, aktiver Teil der Gesellschaft und verabscheuen Gewalt", wurde als

Sprachregelung ausgegeben. Und drittens den „Unschuldigkeits-Joker". Schon bei der ersten Pressekonferenz stellte die Regierung klar: Mit der britischen Außenpolitik, gar mit dem Irak-Krieg, hätten diese Anschläge nichts zu tun. „Es ist nicht der richtige Moment, Terroristen zu verteidigen", schnauzte Außenminister Jack Straw noch eine Woche nach den Anschlägen Journalisten an, die vorsichtig den Zusammenhang zwischen den Bomben in Falludscha und den Bomben in London zur Sprache brachten.

Kurzum – die britische Regierung schwor sich auf folgende Parole ein: Die Anschläge sind das Werk fanatischer, ausländischer Einzelpersonen. Sie sind ein Angriff von außen auf eine freie, gut funktionierende Gesellschaft, in der verschiedenste Religionen und Kulturen harmonisch zusammenleben. Und diesen erfolgreichen Multikulturalismus lassen wir uns nicht zerbomben. Muslimische Führungspersönlichkeiten sekundierten: „Islam heißt Friede. Mit dem wahren Islam haben diese Attentate nichts zu tun.

„Das war erst der Beginn der Rache!"

Zwei Tage später stehe ich vor der *Finsbury Park Mosque* in North-East London, einem der Viertel, in dem muslimische Einwohner eine deutliche Mehrheit stellen. Am Gehsteig gegenüber stehen zwei Polizisten in gelben Warnwesten Wache – sie sollen nach Drohanrufen mögliche Angriffe auf das Gebetshaus verhindern. Ein Akt mit großer Symbolkraft: Die Finsbury Park Moschee war lange das Hauptquartier von Abu Hamza Al Masri, dem HasspPrediger, der in Afghanistan ein Auge und einen Arm verloren hatte. Er verehrte offen Osama Bin Laden und rief in weit verbreiteten Video-Predigten zum Heiligen Krieg gegen den Westen auf. Zu seinen regelmäßigen Besuchern zählten Zacarias Moussaoui, der angebliche 20. Attentäter des 11. September, und der *Shoe Bomber* Richard Reid. Als die Moschee geschlossen wurde, predigte Abu Hamza ungehindert auf der Straße weiter und wurde damit zur Symbolfigur von „Londonistan", das dank der liberalen Gesetze zur Meinungsfreiheit allen möglichen radikalen Islamisten Unterschlupf bot. Erst im Mai 2004 konnte Abu Hamza dank eines Auslieferungsantrages der USA verhaftet werden, er wurde Anfang 2006 verurteilt.

Seine Moschee liegt in einer ruhigen Seitenstraße, ein nüchterner Backsteinbau mit einem stilisierten Minarett aus roten Ziegeln. Seit einigen Monaten ist sie wieder geöffnet, ein Transparent an der Fassade verkündet einen „neuen Start". Der ist allerdings nur relativ: Im Vorstand der Moschee sitzt nun zwar kein Taliban mehr, dafür aber der bekannte ehemalige Hamas-Kommandant Mohammed Kassem Sawalha, der auch das Freitagsgebet leitet. Von den Taliban zu einem Hamas-Kommandanten? Der Direktor der Moschee, Mohammed Kosbar, spricht nicht gerne über diese radikalen Kontinuitäten: „Das ist nicht Thema unseres Interviews", sagt er dazu immer wieder. Aber er bestätigt, dass Kassem Sawalha hier predigt und mitbestimmt.

Vor der Moschee treffe ich einen seiner Anhänger: Abdullah, 20, Sohn algerischer Einwanderer, hängt auf der Straße herum. Der Kick-Box-Kurs in der Moschee ist wegen der Bomben abgesagt. Er lässt sich in ein Gespräch verwickeln, das aufschlussreich ist: Es sind zwar erst zwei Tage seit den Attentaten vergangen, doch Abdullah will sich nicht an die offiziellen Sprachregelungen halten. „Wir bewundern die Hamas und sammeln Geld, um sie zu unterstützen", sagt er. „Aber wir vermissen trotzdem Abu Hamza. Er ist ein großer Führer." Hat Hamza mit seinen radikalen Predigten nicht etwa dazu beigetragen, dass gerade 52 Menschen sterben mussten? Abdullah wird wütend: „Was ist mit dem Irak? Afghanistan? Palästina? Tschetschenien? Wie viele sind da gestorben? Es ist nur gerecht, dass die Briten auch einmal merken, wie grausam Bomben sind", spuckt er heraus. „Tony Blair ist ein Kreuzzügler. Die Kreuzzügler wollen uns Muslime vernichten. Die Bomben sind traurig, aber nur ein kleiner Teil der Rache, die sie erwartet für ihren Krieg gegen die Muslime in der Welt." Am Ende des Gesprächs dreht Abdullah den Rü-

cken zur Straße, öffnet seine Trainingsjacke und zeigt mir sein olivgrünes T-Shirt: Auf der Brust prangt, in getreu nachgebildeter Che-Guevara-Optik, ein Porträt Osama Bin Ladens. Der Terror-Pate als Popstar, mitten in London, zwei Tage nach den Anschlägen. „Nur eine kleine Provokation", beschwichtigt Abdullah beim Gehen.
Abdullah ist Brite, in London geboren, und er betrachtet die britische Gesellschaft als seinen größten Feind. Wie ihn gibt es wohl Tausende, vielleicht Hunderttausende. Doch jugendliche Hitzköpfe ohne Perspektiven wie er kamen in den offiziellen Stellungnahmen der Regierung nach den Anschlägen nicht vor. In der aufgeheizten Stimmung war die Konzentration auf Toleranz und Beschwichtigung zwar eine besonnene – vielleicht die einzig richtige – Reaktion, die schlimmere Angriffe auf die muslimische Gemeinde verhinderte, doch am wahren Problem ging sie vorbei. Denn sie ignorierte jene, die nie in Betracht gezogen werden: Die Jugendlichen und jungen Erwachsenen der zweiten und dritten Generation, die in den Londoner Vorstädten zwischen allen gesellschaftlichen Stühlen sitzen und in diesem Vakuum der sozialen Chancen und Identitäten eine gefährliche Sehnsucht nach radikalen Lösungen entwickeln. Anders als in Frankreich, wo islamistische Organisationen einen schweren Stand haben, äußert sich der Frust hier seltener in Bandenkriegen und Straßenschlachten – auch wenn es solche gibt. In Großbritannien wird viel von der Wut der chancenlosen, jungen Einwandererkinder und -enkel kanalisiert: In einen radikalen Islamismus, der „den Westen" zum Feind macht. Damit stellen sich junge, aus verschiedenen Gründen perspektivenlose Menschen aus der Gesellschaft heraus, in der sie ohnehin geringe Chancen hätten – und erklären sie zum Todfeind.
Das wurde spätestens klar, als die Identitäten der Attentäter feststanden: Es waren weder afghanische Al-Qaida-Kämpfer noch Irak-geschulte Schergen unter Osama Bin Ladens Kommando. Nein: Es waren drei Vorstadtjungs aus Leeds, geboren und aufgewachsen in Großbritannien, britische Staatsbürger aus pakistanischen Familien – und ein zum Islam kon-

„Das war erst der Beginn der Rache!"

vertierter Jamaikaner, der unauffällig in der kleinen Stadt Luton gelebt hatte. Der britische Geheimdienst schätzt, dass etwa tausend radikale *Dschihadis* in Großbritannien leben. Alle tausend hatte er unter Beobachtung. Die vier Attentäter waren nicht darunter: Dazu waren sie zu „normal".

Ein Blick auf ihre Biographien führt das deutlich vor Augen: Mohammed Sidique Khan – der mutmaßliche Kopf der Viererbande – war 30, verheiratet und hatte eine kleine Tochter von 14 Monaten. Er lebte in Beeston, einem Vorort von Leeds. Aufgewachsen war er als sechstes Kind einer pakistanischen Einwandererfamilie. Ehrgeizig und intelligent, brillierte er in der Schule, ging aufs College und landete dann doch wieder in seinem armen Einwanderer-Viertel: Als Hilfslehrer in der Volksschule engagierte er sich für soziale Außenseiter, fabrizierte Broschüren gegen Drogen und wurde als Dank für sein Engagement sogar ins Parlament eingeladen. Hochrangige Politiker unterstützten den Aufbau seines Jugendzentrums *Hamara*, in dem Khan allerdings Mitglieder für seine Terror-Zelle warb. Wenige Monate vor den Anschlägen verbrachte er einige Wochen in Pakistan. Jetzt vermutet man, dass er dort wohl ein Ausbildungslager der Al Qaida besuchte. Doch damals war nichts Besonderes an der Reise: Schließlich waren Khans Eltern Pakistanis.

Hasib Hussain, mit 18 Jahren der jüngste der vier Selbstmord-Attentäter, war das Gegenstück zum ehrgeizigen Sidique Khan. Er war ein schlechter Schüler, war schon einmal bei einem Ladendiebstahl erwischt worden und verbrachte seine Freizeit mit Boxen und Street-Soccer. Erst nachdem ihn sein Vater ein Jahr vor den Anschlägen „zur Disziplinierung" nach Pakistan schickte, entdeckte er den Islam: Von da an betete er fünf Mal am Tag und trug traditionelle Kleidung. Ebenfalls nichts Außergewöhnliches unter muslimischen Jugendlichen in Großbritannien.

Shehzad Tanweers Leben konnte englischer kaum sein: Es spielte sich zwischen dem Cricket-Platz und einer Fish-and-Chips-Bude ab. Auf dem Cricket-Platz war der 22-Jährige ein beliebter Champion, die Fish-and-Chips-Bude gehörte seinen Eltern, und er half dort immer wieder aus. Auch er kam auf Reisen in die pakistanische Heimat seiner Eltern mit dem radikalen Islam in Berührung.

Jamal Lindsay, der vierte Attentäter, kam aus Jamaika und konvertierte erst als 19-Jähriger zum Islam. Davor hatte er Germaine geheißen, seine britische Freundin konvertierte ebenfalls vor der Hochzeit. Ihr Sohn war 15 Monate alt, ein zweites Baby unterwegs.

Angesichts solcher Attentäter versagt jede Rasterfahndung und jeder Geheimdienst. Wie die vier Attentäter leben in Großbritannien Hunderttausende. Die Welle des Islam-Revivals bringt immer mehr Jugendliche in die Moscheen, die traditionelle Kleidung – lange Gewänder, Kopftücher und oft Schleier für die Frauen – gehören schon lange zum ganz normalen Teil des britischen Straßenbildes und der Gesellschaft. Was machte diese unauffälligen Vorstadtjugendlichen zu fanatischen Massenmördern? Wie viele junge Europäer mit Migrationshintergrund stehen noch an der Kippe zum radikalen Islamismus?

Drei Begegnungen in den Tagen nach den Attentaten haben mir geholfen, das zu verstehen: Mohammed, Ahmed und Abdullah, von dem schon die Rede war. Drei wie viele andere aus der zweiten und dritten Einwanderer-Generation, die mindestens drei Dinge gemeinsam haben: Sie sind *erstens* weder in der Kultur ihrer Eltern verwurzelt, noch (meist mangels eines Jobs) in die europäische integriert – ihre Identität steht zur Disposition, der Islam bietet sich als geistige Heimat an. Während die meisten Moslems ihre Religion als Privatsache betrachten und sich mühelos in die „traditionelle" britische Gesellschaft eingliedern, haben sie sich erst in der Pubertät oder als Erwachsene für einen „reinen" Islam entschieden, der die Kluft zur Mehrheits-Gesellschaft noch vertieft.

Sie haben *zweitens* ein ausgesprochenes Nahverhältnis – ganz anders als ihre Nachbarn britischer Abstammung – zu den Kriegsschauplätze der muslimischen Welt: Der Irak, Pakistan, Afghanistan sind für sie nicht weit entfernte Orte aus den Fernsehnachrichten, sondern emotional nah gelegene

„Das war erst der Beginn der Rache!"

Gegenden, in denen sie selbst Verwandte haben oder jemanden kennen, dessen Familie von dort stammt. Jede Nachricht über Bomben, Folter, Invasionen trifft sie genauso hart wie den durchschnittlichen Europäer die Nachricht vom 11. September oder den Bomben von Madrid und London: als Angriff auf die eigene Gemeinschaft.

Dieser Angriff, sind sie sich drittens einig, ist ein Krieg des Westens gegen die Muslime. Sie selbst stecken als Angegriffene mittendrin – auch wenn sie schon seit ihrer Geburt in London leben. Nachbarn sind Feinde, die eigene Regierung eine Okkupationsmacht. Und jeder Akt des Widerstandes gegen sie ein Stück Unterstützung für die „Brüder" in der muslimischen Welt, besonders im Irak.

„Wir werden hier nie dazugehören."

Am dritten Tag nach den Anschlägen ist von jungen Briten als Attentätern noch nicht die Rede. Ich habe genug davon, den Fernsehteams dabei zuzusehen, wie sie die wachsenden Haufen von Blumen vor der Station Kings Cross abfilmen, und fahre mit der eben wieder in Betrieb genommenen U-Bahn nach Whitechapel zur *East London Mosque* – einem der größten islamischen Gebetshäuser in London. Über 6.000 Gläubige beten hier an Freitagen.

East London ist ein stark muslimisch geprägter Teil der Metropole. Vor allem Bangladeschis und Pakistanis leben hier in eigenen Vierteln, in denen sie mit der traditionell „englischen" Gesellschaft kaum je in Berührung kommen. Aber auch etwa 20.000 Somalis haben sich in Tower Hamlets, dem ärmsten Teil von East London, niedergelassen. Die Gegend ist doppelt betroffen von den Bomben: Eine davon war in der U-Bahn-Station Aldgate East explodiert, keinen Kilometer von der großen Moschee entfernt. Und gleich nach den Explosionen hat eine Welle von Hass-Mails und Drohanrufen die Telefonleitungen der Gebetshäuser der Umgebung lahm gelegt; bei einer kleineren Moschee wurden die Fenster eingeschlagen. Nach den Interviews der letzten Tage mit offiziellen Vertretern der Muslime erwarte ich eine verschreckte Gemeinde, die jeden Eindruck des Radikalismus vermeiden will. Die Erwartung stellt sich als falsch heraus.

Ich binde mir ein Kopftuch um, ziehe im Vorraum die Schuhe aus und erstarre angesichts eines Stapels rot-weißer Flugblätter: *Join the political Dschihad!* – „Schließ dich dem politischen Dschihad an!", ruft da der *Muslim Council for Public Affairs* in großen roten Lettern auf, um danach zu erklären: „70.000 Zionisten sitzen in den Parlamenten und Entscheidungsgremien der westlichen Welt und führen Krieg gegen die Muslime. Dagegen müssen wir handeln!" Gleich neben der Portierloge ein Plakat: ein Vortrag von Tariq Ramadan, dem charismatischen Enkel von Hassan al Banna, der ein großer Bewunderer Hitlers und Gründer der *Muslim-Brüder* war. Diese radikal islamistische Organisation versucht seit den 30er-Jahren durch subversive Unterwanderung von Institutionen einen islamischen Staat zu errichten – seit den 1990-ern auch in Europa[104]. In Frankreich sind die Vorträge dieses charismatischen Predigers an vielen Orten unerwünscht: Zu deutlich ist sein Antisemitismus, zu klar sein Ziel eines islamischen Staates auf den Grundlagen der Scharia in Europa. Hier in London scheint das niemanden zu stören. Unter der Ankündigung findet sich das Logo der *Metropolitan Police*. Sie unterstützt die Veranstaltung. „Kennen Sie Tariq Ramadan?", fragt mich ein junger, schwarzer Mann, der neben mir aufgetaucht ist. „Sie müssen ihn unbedingt hören. Er ist unser großes Vorbild." Der junge Mann heißt Mohammed und ist in Tower Hamlets aufgewachsen. Seine Eltern sind aus Somalia geflohen.

Gegenüber der Moschee, die an Freitagen mehrere tausend Gläubige zum Gebet empfängt, liegt ein kleines Kaffeehaus namens Indo. Es ist ein britisches Lokal, leicht alternativ, Lounge Musik und alte Ledersofas. Ich lade Mohammed auf einen Kaffee ein, er betritt das Lokal zum ersten Mal, obwohl er seit vielen Jahren jeden Tag gegenüber betet. In seiner knöchellangen *Dschelaba* auf der Kante eines Sofas sitzend, trinkt

„Wir werden hier nie dazugehören."

er Mineralwasser. Ein Fremdkörper in seinem eigenen Viertel – ebenso wäre die Studentin in zerrissenen Jeans und Spaghettiträger-Top, die hier jobbt, in der Moschee auf der anderen Straßenseite eine skandalöse Erscheinung. Ich frage Mohammed nach der Stimmung nach den Bomben. „Traurig, es sind auch Muslims gestorben", meint er kurz. „Aber was ist mit Falludscha? Sind da nicht viel mehr Menschen gestorben? Hat das hier jemanden interessiert?"

Mohammed ist nicht dumm, sagt er. Er liest jeden Tag Zeitungen und sieht die Nachrichten, „und zwar nicht nur die britische Propaganda", wie er anmerkt. Während „die Briten" Trauer und Schock fühlen, herrscht bei ihm so etwas wie Genugtuung. „Die Leute halten sich hier für so tolerant. Aber das stimmt nicht – *that's pure shit*. Toleranz heißt nur, dass wir ihnen egal sind. Es ist absolut unmöglich für einen wie mich, hier einen Job zu finden. Ich gehöre nicht dazu. Integration gibt es hier nicht." Mohammed arbeitet ab und zu im Telefon-Shop eines pakistanischen Freundes und hält sich sonst mit Gelegenheitsjobs über Wasser. „Sie werden uns nie akzeptieren, wir werden nie Briten werden", sagt der junge Brite.

Das belegen auch Studien und Tests: Vor kurzem erst hat *Radio Five* an hunderte Unternehmen gleichartige Lebensläufe geschickt – nur die Namen waren unterschiedlich: manche klassisch britisch –, manche arabisch oder pakistanisch. Die Chance, mit einem ausländischen Namen zu einem Bewerbungsgespräch eingeladen zu werden, war nicht einmal ein Fünftel so groß wie die der offensichtlichen Briten. Großbritannien hat – ganz im Gegensatz zu Frankreichs Assimilationspolitik – immer den Multikulturalismus hochgehalten und rigide auf Anti-Diskriminierung geachtet. Es sind auch wesentlich mehr farbige Abgeordnete im Parlament und mehr Einwandererkinder in den Vorstandsetagen zu finden als in anderen europäischen Ländern. Doch um den sozialen Sprengstoff der Migration zu dämpfen und den Rassismus abzuschaffen, genügt das bei weitem nicht. „Man hat in Großbritannien idarauf vergessen, die Leute auch wirtschaftlich und sozial zu integrieren", meint der Migrationsforscher

Bernhard Perchinig. Die Folge ist dieselbe wie in Frankreich: eine gespaltene Gesellschaft.

„Großbritannien stolpert blind in eine totale Rassentrennung", warnte im Oktober 2005 Trevor Philips, der Vorsitzende der Kommission für Rassengleichheit. „Manche Gebiete in unseren Städten sind wahre Ghettos, richtige schwarze Löcher."[105] Implizit stellte Philips einen Zusammenhang zwischen dieser Segregation und der Gefahr des Terrors her – und wurde dafür weltweit von muslimischen Organisationen angegriffen. Doch er unterlegte seine Behauptung mit Zahlen: Junge Farbige zweiter Generation haben heute nur eine halb so hohe Wahrscheinlichkeit wie ihre Eltern, „weiße" Freunde zu haben. Die Zahl der Viertel, in denen mehr als zwei Drittel der Bevölkerung Angehörige „ethnischer Minderheiten" sind, hat sich seit 1991 verdreifacht. Und nur einer von sechs weißen Briten kann zwei „Nicht-Weiße" in seinem engeren Bekanntenkreis von 20 Personen nennen. Wäre die Gesellschaft durchmischt, müsste jeder Londoner sieben nicht-weiße Freunde haben.

Mohammed hat keinen einzigen weißen Bekannten und auch kaum eine Chance, einen kennen zu lernen. Er würde gern weg. Doch wohin? Somalia kennt er nur aus frühen Kindheitserinnerungen. Dorthin zurück will und kann er nicht: „Mit Somalia habe ich noch weniger zu tun als mit London. Für uns ist kein Platz auf dieser Welt."

„Ich bin Muslim, nicht Brite."

Ahmed hat seine Identität schon festgelegt. „Ich bin Muslim", sagt er, „egal in welchem Land ich lebe. Ich sehe nicht ein, warum ich mich als Brite bezeichnen sollte." Ahmed sitzt in einer kleinen pakistanischen Videothek in East London, einige hundert Meter von der Moschee entfernt. Mohammeds Sicht der Welt und seine Betonung, nicht von der „britischen Nachrichten-Propaganda" abhängig zu sein, haben mich hierher geführt. Die Wände sind voll gepflastert mit schreiend bunten Video-Covern. Von Spielfilmen über Nachrichten bis hin zu hunderten von Predigten: Hier deckt sich die pakistanische Community der Gegend mit Heimat ein. Britisches Fernsehen, Hollywood-Kino? Alles *haram* – verboten. Und man braucht es auch nicht. Dafür sorgt Ahmed.

Im Fernsehen läuft der arabische Sender *Al Jazeera*, gezeigt werden die Folgen eines Anschlages in Bagdad, fünf Tote. Es folgt ein Bericht über einen Zusammenstoß zwischen dem israelischen Militär und Palästinensern, ein Toter. „Jeden Tag werden Moslems getötet, das ist ein weltweiter Krieg. Hier in den britischen Medien werden wir darüber belogen. Der Westen führt einen Kreuzzug gegen uns", sagt Ahmed. Dieselben Worte wie Abdullah und Mohammed. Ob das die Bomben von London erklärt? „Was ist mit Falludscha? Was ist mit Palästina, Kaschmir, Tschetschenien? Dort sterben jeden Tag viel mehr Menschen, und wer kümmert sich darum?"

Für den durchschnittlichen Europäer sind diese Länder emotional und geografisch zu weit entfernt, als dass ein Attentat in Bagdad ebenso betroffen machen würde wie eine Bombe in Madrid oder London. Für Ahmed sind sie nahe. Er kennt Familien aus jedem dieser Länder, es wäre nichts Außergewöhnliches für ihn, nach Pakistan zu fahren, dort lebt seine Familie. Auch Tschetschenien oder den Irak kann er sich als Reiseziel gut vorstellen, er kennt dort überall Leute. Und es ist leicht, als Schuldigen für die Konflikte in allen diesen Ländern die USA, Israel – den Westen auszumachen. Doch Ahmed lebt mittendrin im Westen. Wie lebt es sich in einer Gesellschaft, die man als Feind betrachtet?

Am besten drückt das wohl Ahmeds Lieblingsband aus, deren neue CD er mir gibt: *Blak-Stone*, eine islamistische Rap-Band, macht Musik von und für junge, radikale Moslems in London, und ihre Texte sprechen Ahmed aus der Seele. Sie sind nur eine von mehreren islamistischen Rap-Bands – es gibt da zum Beispiel noch die *Fun-Da-Mentalists* oder die *Soldiers of Allah*. Aber Blak-Stone sind von allen am politischsten und am nächsten dran am täglichen Leben der East-Ender. Eine Analyse ihrer Texte ist wie ein Fenster in die

Gemütslage von jungen Männern wie Ahmed: „Diese Ungläubigen lieben es, uns weinen zu sehen, deshalb mache ich ein unbeteiligtes Gesicht, wenn die Bullen vorbeigehen, weil sie hassen mich. Mein Namen reicht aus, um verhaftet zu werden. Es ist wie ein Spiel für diese Ungläubigen, mit täglichen Drohungen zu spielen, von denen sie ohnehin wissen, dass sie sie nicht einhalten können", rappen Blak-Stone auf ihrem Album *Dark Dayz* – „Dunkle Zeiten" – über den Alltag muslimischer Jugendlicher in East London und stellen sofort eine Verbindung zum globalen Krieg der Muslime um einen Gottesstaat her: „Die Welt gehört uns. Du und ich, wir leben und sterben für den Glauben. Unsere Generation hat sein Erbe vernarbt und verbrannt bekommen, aber jetzt kämpfen wir. Es ist ein globaler Angriff." Dann der Schwenk zum Irak-Krieg: „Der Prophet hat die Ungläubigen bekämpft, aber jetzt kommen sie zurück, mit Jets und Panzern. Sie wollen unseren Glauben auslöschen. Ich habe Schwestern, die im Gefängnis vergewaltigt werden, Abdullah wird gefoltert und seiner Mutter in einer Plastikbox zurückgeschickt, und sie kann nicht einmal sein Gesicht erkennen. Aber der nächste Sohn nimmt den Platz ein." Das Lied schließt mit einem Aufruf: „Unsere Führer sind eine Schande, deshalb arbeiten wir täglich hart für den Gottesstaat. Und täuscht euch nicht, wir haben einen Pakt geschlossen: diesen Glauben zum herrschenden der Welt zu machen."

„Du und ich, wir leben und sterben für unseren Glauben"

Der Stil von Blak-Stone atmet Krieg: Die Texte, die Bilder im Album, selbst das Logo ist zusammengesetzt aus den Ikonen der Bewegung. Palästinensische Kinder, die Steine gegen Panzer werfen, vermummte *Dschihadis* mit Kapuzen und Stirnbändern mit arabischen Aufschriften, Folteropfer von Abu Ghraib, Guantánamo-Gefangene in leuchtend orangen Overalls bilden ein gothisches B für Blak Stone, das ebensoviel von Hamas wie von einem US-Ghetto-Rapper ausstrahlt. Hier ist ihre Selbstvorstellung – eine Beschreibung der Gefühle ihrer Anhänger.

Wir sind nur Leute wie ihr, die genug davon haben, wegen ihres Glaubens als Kriminelle gebrandmarkt zu werden. Wir haben genug von der Flut an Beleidigungen gegen unseren Glauben, unseren Propheten, unsere Schwestern und Brüder. Uns ist übel vom dauernden Massaker an denen, die die Fahne unseres Glaubens tragen. Auch wenn es da einen Unterschied gibt. Wir glauben weder an Gewalt noch an Kompromisse.
Wir glauben, dass der Ausweg ist, für die Wiedereinrichtung eines Heims für den Islam zu kämpfen. Ein Ort, an dem der Islam vor der Rasse, vor der Hautfarbe, vor der Sprache, vor der Nationalität kommt. Wir glauben, dass unsere Eltern aus ihren Ländern im Nahen Osten, in Afrika, auf dem indischen Subkontinent etc. gekommen sind um ein besseres Leben zu haben, was bedeutet dass zu Hause der Islam gegen Ungerechtigkeit, Korruption und Gier eingetauscht wurde.
Es liegt an uns, der islamischen Jugend, dafür zu kämpfen, dass der Islam in all seiner Glorie wieder errichtet wird. So, dass wir Allahs „Deen" (Religion) zum Höchsten machen können und unsere Kinder vor den Massakern schützen können, die heute begangen werden. Hip Hop ist nicht „Dawah" (Missionierung), aber wenn er richtig eingesetzt wird, kann er unsere Jugend erreichen, wo die Imame nicht hinkommen.
Unsere Botschaft ist weit verbreitet in den Gassen der Ungläubigen, und wir haben die sehnsuchtsvollen Gesichter unserer Brüder gesehen, die merken, dass ihre Liebe zum Islam auf neue Weise ausgedrückt werden kann. Wir haben viele gesehen, die sich von den Gewohnheiten der „Jahliyah" (Abfall vom Glauben) abgewandt haben und sich dem Islam zuwenden, nicht weil ihre Eltern Moslems sind, sondern weil sie es selbst entschieden haben. Blak-Stone ist nicht eine Person oder eine Gruppe – es ist ein Kampf." [106]

Im Forum ihrer Homepage – einem Treffpunkt für mehr oder weniger radikalisierte muslimische Jugendliche – bedanken sich Fans, dass Blak-Stone ihnen „die Augen geöffnet" habe: „Erst durch eure Musik ist mir klar geworden, dass auf der ganzen Welt ein Krieg gegen die Muslime geführt wird, und wie korrupt die Führer der islamischen Länder sind. Wir müssen selbst für das Kalifat kämpfen, hier und jetzt, und es wird nicht ohne Blutvergießen gehen", schreibt etwa User „Max". Die Gruppe gibt sich nicht damit zufrieden, ihre Botschaft auf Konzerten und CDs zu verbreiten. Sie betreibt auch Sozialarbeit. Das *Blak Stone Street Team* benützt einen umgebauten Mercedes-Van, um in den Vorstädten *Dawah* zu betreiben – zu missionieren. Schon der Bus ist Teil der Message: Er ist kunstvoll bemalt mit dem Porträt eines vermummten *Dschihadi*, dahinter ein Panzer und einem, mit Steinen werfenden, palästinensische Kind. „Wir fahren in die schlimmsten Gegenden, zu den Wohnblocks, zu denen sich nicht einmal die Polizei traut", erzählt Wissan von Blak Stone. Seine Stimme ist tief und rau, voller Wut. „Dort drehen wir die Musik laut auf und spielen unsere Platten, und das wirkt wie Honig auf Bienen: Sie kommen alle heraus. Den Beat kennen sie, das hören sie ohnehin, und die islamische Message verbinden sie mit etwas tief drinnen, denn im Grunde sind sie ja alle Muslime. Sie brauchen nur neue islamische Vorbilder." Das Ziel Blak-Stones: „Wir wollen, dass sie die einzige Umgebung, die sie kennen, verlassen und ihr Leben dem Islam widmen."

Welcome to Londonistan

„Wir sind im Krieg": Dieses Gefühl hat sich bei den muslimischen Jugendlichen seit dem 11. September, spätestens aber seit Beginn des Irak-Krieges festgesetzt. Überall in der muslimischen Welt Londons wird diese Botschaft verbreitet, wiederholt, eingehämmert. Auch das „islamische Lifestyle-Magazin *Salam*", ein Hochglanz-Heft mit islamischen Themen, schlägt in dieselbe Kerbe: In der Ausgabe von Juli/August 2005, dem Sommer nach den Bomben, bringt es einen Artikel über den „gnadenvollen Krieger" Asahud Denn

Asyubi, der siegreich gegen die Kreuzritter kämpfte. Der Artikel endet mit einem Aufruf: „Er erinnert uns an die Pflicht der muslimischen Armeen, Länder wie Palästina, Irak und Afghanistan zu befreien. Wir müssen uns an die großen Krieger des Islam erinnern und daran, wie Allah ihnen den Sieg gegen scheinbar übermächtige Feinde gegeben hat, wenn sie gegen alle Widrigkeiten durchgehalten haben." Ein Aufruf von britischen Muslimen an britische Muslime gegen die eigene Regierung, die im Irak Soldaten stationiert hat.

Nur aus dieser Grundstimmung heraus kann man nachvollziehen, warum junge europäische Moslems sich in der Londoner U-Bahn in die Luft gesprengt und dabei einen Massenmord verursacht haben und warum diese Attentate von einer gar nicht so kleinen Minderheit der muslimischen Jugendlichen gerechtfertigt werden. Etwa Fazza, Moderator des Blak-Stone-Forums im Internet. Er schreibt eine Woche nach den Attentaten ein wütendes Posting gegen einen Gast, der meinte, dass die Bomben vom siebten Juli wegen der unschuldigen Toten nicht gerechtfertigt gewesen seien und die Attentäter wegen ihres Selbstmordes in die Hölle kommen würden:

„Warum sollen sie (die Selbstmord-Attentäter) in die Hölle kommen? Wie kannst du so etwas Dummes sagen? In meinen Augen sind sie *Shaheed* – „Gotteskrieger" und Märtyrer. Allah sagt, wenn unsere Feinde Zivilisten töten, dürfen wir in manchen Fällen auch Zivilisten töten. Der Prophet hat das Töten von Zivilisten als Rache an einer Armee erlaubt, die muslimische Familien getötet hatte. Also was soll's, wenn auch Muslime unter den Opfern waren? Es ist die Absicht, die zählt. Ihr solltet alle wissen, dass Jahr für Jahr Millionen Moslems bei Aktionen der USA und Großbritanniens ermordet werden. Und dann soll es inakzeptabel sein, wenn 50 Leute sterben? Handle doch selbst, anstatt andere Muslime zu verdammen, die etwas sehr Mutiges getan haben. Sie haben den Westen zutiefst gehasst. Und das ist richtig, weil wir werden alle jeden Tag vom Westen vergewaltigt. Wenn du Mut hast, tu etwas, anstatt unsere Brüder zu verunglimpfen."[107]

Fazza hat für sein Posting viel Zustimmung bekommen. Es dürften Zehntausende sein, die sich „im Krieg" fühlen. Nur wenige von ihnen erreichen den Punkt, ihre Ideologie in die Tat umsetzen zu wollen. Aber wenn sie sich dazu entscheiden: Anknüpfungspunkte an radikale *Dschihadis* gibt es in London zuhauf.

„Londonistan" wurde die Hauptstadt schon getauft, weil sie in den letzten Jahrzehnten zum „Refugium für alles wurde, was unser Planet an radikalen Ideologen des Islamismus zu bieten hat, die ihres Heimatlandes verwiesen wurden ", wie es der Islam-Experte Gilles Kepel ausdrückt: „Sie alle genießen – solange sie ihre Ideen nicht auf britischem Boden umsetzen – politisches Asyl. Die verbale Äußerung dieser Ideen, und seien sie noch so extrem, ist dagegen straffrei."[108] Das hohe Gut der Meinungsfreiheit, das Briten auch erlaubt, den Holocaust zu leugnen oder zum Krieg aufzurufen, wurde zum Schutzmantel für eine Reihe von Predigern. Sie konnten jahrelang in London ungestört zum Heiligen Krieg aufrufen, Geld für die Unterstützung islamistischer Terroristen sammeln und Jugendliche und Studenten für den islamistischen Kampf gegen „den Westen" rekrutierten. Dies führte auch bereits in der Vergangenheit zu diplomatischen Spannungen: In den 1990er-Jahren warfen die ägyptische, die französische und die saudische Regierung den Briten immer wieder vor, ein Stillhalte-Abkommen mit Förderern des islamistischen Terrorismus getroffen zu haben. Erst nach den Anschlägen vom 11. September 2001 begannen spezialisierte Agenten, die Szene zu durchleuchten. Ein neuer *Terrorism Act* erlaubte auch Festnahmen auf Verdacht. Mehr als 800 Personen (nicht nur Islamisten) wurden seither nach diesem Gesetz festgenommen – doch nur 17 wurde auch verurteilt: Auch noch so offene Aufrufe zum *Dschihad* sind weiterhin durch das Recht auf freie Meinungsäußerung geschützt. Selbst Abu Hamza Al Masri, der einarmige Hassprediger von der *Finsbury Mosque*, von dem am Anfang des Kapitels die Rede ist, konnte nur wegen eines US-amerikanischen Auslieferungsantrages verhaftet und vor Gericht gestellt werden – und das erst im Mai 2004, nach den Attentaten von Madrid. Viele seiner prominenten Kollegen hingegen blieben frei:

Abu Qatadah, ein Palästinenser, war Imam einer Moschee in der Bakerstreet und gilt als „europäischer Botschafter" von Bin Laden. Seine Video-Predigten sind weltweit im Umlauf und wurden im Umfeld der Hamburger 9/11 Terror-Zelle häufig angesehen. Auch die Attentäter von Madrid standen mit ihm in Kontakt. Abu Qatadah wurde im März 2005 nach drei Jahren Haft ohne Anklage freigelassen – darf allerdings weder ein Handy besitzen noch predigen.

Omar Bakri Mohamed, ein Syrer, führt die *Al-Muhajiroun*, die durch Selbstverbrennungen in der Londoner Innenstadt auffielen und bei den Demonstrationen gegen die Mohammed-Karikaturen im Februar 2006 Schilder mit den Aufschriften „Köpft alle, die den Islam beleidigen" und „Europa ist der Krebs, Islam ist die Antwort" trugen. Bakri Mohamed setzt sich offen für einen islamischen Staat auf britischem Territorium ein.

Mohammed Al Massari, ein Saudi, betreibt in Wembley eine Radiostation und eine Internetseite, auf der er – von Großbritannien aus – zum Kampf gegen die britischen Besatzer im Irak aufruft. Er bekannte sich in Interviews offen zu seiner Bewunderung für Osama Bin Laden. In einem BBC-Interview nach dem 11. September 2001 meinte er auf die Frage, ob er Al Qaida weiterhin unterstützen wolle: „Wenn sie Hilfe brauchen – warum nicht?"

Auch eine ganze Reihe von Organisationen bietet sich als Anknüpfungspunkt an einen radikaleren Islamismus an. Zwei Richtungen machen einander die Vorstädte streitig:

Auf der einen Seite Gruppen, die auf die in den 1930er-Jahren gegründeten Muslim-Brüder zurückgehen. Sie kleiden sich westlich, treten modern auf und unterwandern Institutionen. Ihr Ziel: Die Errichtung eines Gottesstaates. Die Muslim-Brüder betreiben in benachteiligten Gebieten intensive Sozialarbeit, unterstützen muslimische Studenten und organisieren immer wieder große Demonstrationen, bei denen sie die „Opferrolle" der Moslems betonen (etwa im Zusammenhang mit den Verboten von Gesichtsschleiern auf Universitäten oder mit der Überwachung von Terror-Verdächtigen.) Sie gehen dabei Allianzen sowohl mit der Rechten als auch mit der extremen Linken ein und instrumentalisieren alle möglichen Gruppen – etwa Friedensaktivisten, Datenschützer oder Antirassisten. Die Proteste gegen den Irak-Krieg schufen besonders viele nützliche Allianzen in der britischen Zivilgesellschaft. Auch mit den Behörden arbeiten sie eng zusammen: Die *UK Islamic Mission* besteht etwa eisern darauf, der Ansprechpartner für die Regierung in Sachen Islam zu sein und bietet dem Staat verschiedene Dienste (wie Fortbildungen für die Polizei) an. Ihr erklärtes Ziel ist ein Gottesstaat und seit Mitte der 1990er-Jahre haben sie auch Europa zum *battleground* auserkoren: Europa ist nun nicht mehr nur ein Gebiet, auf das man sich zurückziehen und wo man rekrutieren kann – sondern gleichermaßen ein Zielgebiet für den Gottesstaat.

Auf der anderen Seite die *Salafisten*, die sehr traditionell denken und auf die buchstabengetreue Befolgung des Koran bestehen. Man erkennt sie an der traditionellen Kleidung – langen *Dschelabas*, die Frauen oft völlig verschleiert. Die salafistischen Gruppen teilen sich auf in die Pietisten, die jede Form von Gewalt ablehnen und vor allem darauf achten, so wenig wie möglich mit der westlichen Welt in Kontakt zu treten, und die gewaltbejahenden Salafisten, die einen Dschihad befürworten.

Bei welcher Richtung ein junger Muslim auf der Suche nach einer Gruppe landet, scheint vor allem Zufall zu sein. Die islamischen Foren im Internet sind voll von Fragen dazu. Besonders en vogue scheinen demnach derzeit die *Hizb ut Tahir* (kurz: HT) zu sein, eine islamistische Sekte, die in den meisten Ländern der Welt verboten ist. HT fragt in ihren Propaganda-Videos ganz offen: „Wem bist du loyal – diesem Staat oder Gott?"

Gemeinsam ist all diesen Gruppen die gegenseitige Solidarität, die auch über den Gesetzen steht. Als im Mai 2005 Moutaz Dabas wegen des Verdachts auf Beteiligung an den Madrider Anschlägen verhaftet wurde, gingen 5.000 Muslime gegen den „Staatsterror" der britischen Regierung auf die Straße. Auf ihren orangefarbenen Schildern stand: „Wir werden einander nicht ausspionieren." Und einer der Redner auf der Abschlussveranstaltung „sagte sehr klar, was wir alle denken", wie es das islamische Magazin *Salaam* formulierte: „Der Islam befiehlt uns, Abu Hamza und die anderen verhafteten Brüder und Schwestern unbedingt zu unterstützen, auch wenn manche vielleicht nicht ihrer Meinung sind."[109]

Die Parallelwelt ohne Parallele

Das starke Islam-Revival in London hat auch außerhalb der -radikalen Szene die Entstehung einer islamischen Parallelwelt mit ganz eigenen Regeln zur Folge – wobei „Parallelwelt" nicht der richtige Ausdruck ist, weil sie eine homogene britische Gesellschaft voraussetzt. Doch London ist so bunt und vielfältig, dass es keine einheitlichen Regeln gibt. Die strikt geregelte islamische Subkultur ist die einzige, die sich durchsetzen will, und das verleiht ihr Kraft.

Man kann sich in London durch eine islamische Welt bewegen, in der nur flüchtige Kontakte in der U-Bahn oder der Straße zeigen, dass man in jener europäischen Großstadt ist, die für Freizügigkeit und Rock'n'Roll steht. Islamische Schulen schirmen die Kinder ab, eine Vielzahl von Vereinen und Lokalen bietet Raum für gesellschaftliches Leben. Muslimische Geschäfte liefern die Zutaten: islamische Kleidung, Tausende von Predigten auf Video, ganze Bibliotheken voller islamischer Literatur, wo Anleitungen gegeben werden für das Leben „im Feindesland" – im Westen. Eigene Zeitungen und Zeitschriften machen Meinung und zeigen die andere Sicht auf die Dinge, die in den Mainstream-Medien nicht vorkommt. Das Magazin *Salam* etwa gibt in seiner neuen Ausgabe Regeln und Tipps für die perfekte Hochzeit, zum Beispiel: „Achten Sie auf völlig getrennte Räume für Männer und Frauen und wenn möglich, buchen sie einen dritten Raum, damit Sie sich als Brautpaar gemeinsam fotografieren lassen können." Es gibt Anleitungen, wie man den Schul- oder Universitätsbesuch bewältigt, ohne in unerlaubten Kontakt mit dem anderen Geschlecht zu kommen (im Zweifelsfall: Studium sein lassen.) Es empfiehlt islamische Kinderbücher, wartet mit einer Kontaktdatenbank auf und dient nebenbei als Sprachrohr für die Prediger.

In einem Buchladen in der Brick Lane stoße ich auf ein Regal von Büchern für Frauen. Die Geschäftsfrau merkt mein Interesse und empfiehlt mir einige davon – aufgrund des Kopftuchs und des langen Rocks, die ich für einen Moscheebesuch trage, hält sie mich wohl für eine Muslima. Ich kaufe *Women who deserve to go to Hell* – eine Aufzählung von Sünden, die Frauen in die Hölle bringen sollen, wie etwa das Imitieren von Männern durch kurze Haare oder Tattoos, Arroganz oder Ungehorsam.[110] Das Buch *Islam forbids free Mixing of Men and Women* erklärt detailreich, wie schlecht die Gleichberechtigung zwischen Männern und Frauen im Westen sei und dass es für ein gelungenes Zusammenleben unabdingbar sei, sie zu trennen: durch den Schleier, das Senken des Blicks auf der Straße, Geschlechtertrennung und *Seclusion* – zu deutsch: Einsperren.[111] Eine ganze Reihe von Büchern mit dem Titel *Hijab* erklärt, dass es gerade in westlichen Gesellschaften Pflicht sei, das Gesicht zu verbergen.

In der *Central Mosque* von London stoße ich auf weitere Bücher zum Thema Frauen. Die Moschee liegt in einem guten Viertel, ganz in der Nähe von Madame Tussaud's Wachsfigurenkabinett, ein imposanter Bau mit einer riesigen goldenen Kuppel, die weithin in der Sonne leuchtet. Der Gebetsraum fasst 3.000 Gläubige. Über den Hof huschen tief verschleierte Frauen, im Büro empfängt man mich mit höflicher Distanz. Beim Warten auf meinen Interviewpartner stöbere ich im *Bookshop* und finde unter anderem das Buch: *Von Monogamie zu Polygamie – ein Weg*, das „Frauen den Weg in die Polygamie erleichtern soll." Die „schwere Erfahrung" solle genützt werden, um daran zu wachsen. Ein Buch, in London verkauft, auf Englisch, für Londoner.

Die Parallelwelt ohne Parallele

Diese Bücher, Magazine, Diskussionen zeigen, wie schwierig es ist, im Westen buchstabengetreu den Anleitungen des Koran zu folgen. Wer sich zur strikten Befolgung der Regeln entschlossen hat, stößt andauernd an Grenzen und ist täglich mit einer Gesellschaft konfrontiert, die auf völlig anderen Werten aufbaut. Es gibt zwar klare Regeln, wie der Glaube im *Dar al Kufr* – „im Land der Ungläubigen" – befolgt werden solle, aber selbst die sind schwer einzuhalten: Wie vermeidet man in einem normalen Großstadtleben den Kontakt mit dem anderen Geschlecht? Die Folge ist bei vielen Jugendlichen eine tiefe Sehnsucht nach dem Kalifat, dem Gottesstaat. Auf Internet-Umfragen, wie lange es noch dauern wird bis das Kalifat kommt, antworten die meisten: zwischen zehn und zwanzig Jahre; und immer mehr sind davon überzeugt, dass sie hier in Europa damit beginnen müssen, für den Gottesstaat zu kämpfen. „Die Führer der islamischen Länder sind korrupt und verkauft, auf sie können wir uns nicht verlassen. Auch Mohammed hat dort gekämpft, wo er gelebt hat. Wir sollten das Gleiche tun und hier in Europa für das Kalifat kämpfen", schreibt User „suved" in einem islamischen Internet-Forum und zitiert dazu wieder die Rap-Band Blak-Stone: „Es ist nur eine Frage der Zeit, dass dieser Glaube triumphiert. Allah ist auf unserer Seite, also solltet ihr Ungläubigen euch besser verstecken. Das Kalifat kommt." (*It is only a matter of time – when this Umma will rise – Allah is on our Side – so you Kaffir better hide. Khalifah returns.*)

„Was soll ich dazu sagen?" seufzt Imam Shahib. Er ist in der *Central London Mosque* für die Beziehungen zu anderen Religionsgemeinschaften zuständig. Zum Interview hat er Aisha mitgenommen, eine junge Engländerin aus einer irakischen Familie – sie studiert. Der Imam will zeigen, dass das auch Teil eines muslimischen Frauenlebens sein kann. „Ich bin allerdings die einzige von meinen muslimischen Schulkolleginnen, die studieren darf", relativiert Aisha. „Meinen Freundinnen wurde es von ihren Eltern verboten; die wollen nicht, dass sie auf der Uni mit jungen Männern in Kontakt kommen." Imam Shahib hat dafür kein Verständnis. Er ist einer der wenigen Imame in London, die in England geboren sind und wirbt für einen offenen Islam, der in der westlichen Kultur keinen Widerspruch sieht. Im Kreise seiner Kollegen wird das nicht immer gerne gesehen. Doch Shahib ist überzeugt: „Integration ist die einzige Möglichkeit. Wir können nicht zulassen, dass die Gesellschaft sich spaltet."

Doch wie weit diese Spaltung schon vorangeschritten ist, zeigten im Winter 2006 die Proteste gegen die Karikaturen des Propheten Mohammed, die in der dänischen Zeitung *Jyllands Posten* erschienen waren. In London gingen 20.000 Menschen aus Protest dagegen auf die Straße. Die Kundgebungen wurden von radikalen Islamisten für ihre Spaltungs-Strategie genutzt, die Bilder davon schockierten die Öffentlichkeit: Ein Demonstrant verkleidete sich als Selbstmordattentäter, mit der Attrappe eines Bombengürtels um die Hüfte zeigte er wenige Monate nach den Attentaten vom siebten Juli, was Europa seiner Meinung nach für seine Verachtung dem Islam gegenüber verdiene. Auf den Schildern der Demonstranten stand: *Behead all those who insult Islam* – „Köpft all jene, die den Islam beleidigen" – und *Europe ist the cancer, Islam is the Answer* – „Europa ist der Krebs, Islam ist die Antwort". Zwei tief verschleierte Frauen hielten die Sprüche hoch: *Europe, your 9/11 is on the way* – „Europa, dein 11. September ist unterwegs" – und *Democracy, go to hell* – „Demokratie, geh zur Hölle!". Ein kleines Mädchen hatte gar ein Spruchband um den Kopf gebunden, auf dem schlicht stand: *I love Al Qaeda*.

„Es ist, als ob die Islamisten auf der einen Seite und die Rassisten auf der anderen Seite ihre Fahnen festgesteckt hätten, und plötzlich muss sich jeder auf eine Seite stellen", sagte mir ein junger englischer Moslem nach den Demonstrationen nachdenklich. „Ich habe mit Islamismus nichts am Hut. Aber wenn ich jetzt gezwungen werde, zwischen dem Islam und den verlogenen europäischen Rassisten zu wählen, dann weiß ich, wo mein Platz ist. Und er ist nicht auf der Seite der Demokratien, die uns so diskriminieren."

Kapitel 9

Die Pflicht, trotz allem zu gehen

So hoch die inneren und äußeren Mauern auch gebaut werden: Europa wird auch in den nächsten Jahren Ziel eines andauernden Stromes von Auswanderern aus armen Ländern sein, und immer mehr davon werden aus Afrika kommen. Afrika ist arm, seine Bevölkerung wächst schnell, und es ist ein Kontinent der Flüchtlinge: 35 Millionen Menschen sind derzeit innerhalb des Kontinents auf der Flucht vor Kriegen[112], ungezählte weitere Millionen haben auf der Flucht vor Dürre und Hunger ihr Land verlassen. Als ehemalige Kolonialmächte und als Profiteure und Verursacher von Armut in Afrika sind Europas Staaten nicht unbeteiligt an den Gründen, die Afrikaner zum Auswandern treiben. So lange die Wurzeln der Armut nicht beseitigt sind, werden Menschen versuchen, die Mauern der Festung Europa zu unterwandern oder auch zu stürmen. Fluchtgründe am Beispiel von Burkina Faso in der Sahelzone.

Das Elend im Sahel

Tolo ist ein kleines Dorf im Nirgendwo. Mitten in der Halbwüste der Sahelzone wachsen die Lehmhütten aus dem Boden, kaum zu unterscheiden von der roten, staubigen Erde. Es liegt im Norden von Burkina Faso, nahe an der Grenze zu Mali. Von der nächsten Stadt aus fährt man drei Stunden lang über schmale Wege, auf denen normalerweise nur Ziegen und Fahrräder unterwegs sind. Tolo hat etwa 4.000 Einwohner und mindestens 300 von ihnen begleiten uns, als wir in einer Staubwolke aus dem Dorf zum ehemaligen Stausee gehen. Ich bin hierher gekommen, um zu verstehen, warum so viele Menschen aus der Sahelzone auswandern. Aus Mali, Senegal, Togo, Niger, Burkina Faso, Guinea Bissau – aus der ganzen Sahelzone habe ich vor den Grenzen Europas verzweifelte Menschen getroffen, die sagen „Ich habe keine Wahl." In Tolo verstehe ich, warum. Denn wie so viele Dörfer in der Region trocknet Tolo aus. Umringt von den Dorfbewohnern gehen wir aus dem Dorf in eine Wüste. Der Wind treibt Staub in kleinen Wirbeln über eine kahle Fläche, darüber flimmert die heiße Luft. Vor einem Jahr war hier noch Wasser – die Lebensgrundlage des Dorfes, ein Stausee. Doch nur mehr die gesprungene Erde erinnert an den See, eine einzelne Ziege scharrt in einem Rest Schlamm, als könnte sie so noch etwas zu trinken finden. Eine kleine Pfütze ist noch übrig – zwei Wochen wird das Wasser vielleicht noch reichen. Dann gibt es noch ein paar Brunnen, aus denen die Frauen aus acht bis zehn Metern Tiefe Wasser holen und auf ihren Köpfen zum Dorf tragen. „Und dann ist es aus", sagt einer der Dorfältesten. Die Alten, die Frauen und die Kinder sind hier in der Überzahl: Viele junge Männer haben das Dorf bereits verlassen, um anderswo Geld für ihre Familien zu verdienen.

Der Staudamm von Tolo wurde in den 1970er-Jahren im Rahmen eines Entwicklungsprojektes aus roh gehauenen Steinquadern und Drahtnetzen gebaut. Er staute die Weiße Volta, die hier in der Regenzeit fließt und sorgte für Trinkwasser und die Bewässerung der Gemüsegärten. Immer mehr Menschen haben sich am Wasser niedergelassen, immer größere Gruppen der früher nomadischen Viehzüchter aus dem Volk der *Peulh* wurden hier sesshaft. Eine Zeit lang pflanzte das Dorf Baumwolle, das einzige Exportprodukt Burkina Fasos, doch die Felder sind schon lange ausgelaugt von den Pestiziden. Wo vor der Baumwollzeit Bäume standen und Hirse wuchs, ist heute nur mehr Wüste.

Mit der medizinischen Versorgung sank die Säuglingssterblichkeit – doch Methoden zur Empfängnisverhütung sind hier noch nicht angekommen. Hunderte Kinder stehen um uns herum, starren vor Schmutz, die Haut von Krätze-Schorf bedeckt. Die Bäuche sind aufgebläht, die Gesichter mit Rotz verschmiert. Ihre zerfetzten Kleidungsstücke spiegeln eine Altkleidersammlung in irgendeiner europäischen Stadt wider: viel zu große T-Shirts, ein Mädchen trägt eine graue Kostümjacke, ein Junge gar eine Daunenjacke – bei über 30 Grad im Schatten. Nur 300 Kinder von über 1000 im schulpflichtigen Alter gehen hier in die Schule, meist die Jungen: Für die anderen reicht das Familieneinkommen nicht, denn die Schule kostet Geld. Weiter hinten steht eine Gruppe von Mädchen, eines trägt einen Säugling auf dem Rücken. Bei Nachfrage erfahre ich, dass sie schon verheiratet sind: als Zweit- oder Drittfrauen, verkauft an einen der wohlhabenderen Männer im Dorf. Sie sind erst zwölf und dreizehn – und haben ein hartes, kurzes Leben mit viel Arbeit und vielen Kindern vor sich. In Burkina Faso bringt eine Frau durchschnittlich 6,23 Kinder zur Welt. Und stirbt mit 49.[113]

„Uns droht heuer wieder Hunger", erklärt uns der Dorfälteste, der Wind zerrt dabei an seinem langen Gewand. Die Hirsevorräte aus der kargen letzten Ernte werden noch bis in den Februar reichen, vielleicht in den März. Bis zur nächsten Ernte im Herbst ist das Dorf dann den Getreidehändlern ausgeliefert, die Hilfslieferungen und Restbestände aufkaufen und zurückhalten, bis die Menschen verzweifelt ihr letztes Stück Vieh verkaufen. Im vergangenen Jahr 2005 gab es hier eine große Hungersnot, viele Kinder sind gestorben. Sie ging kaum durch die Medien Europas, denn die Hungersnot im Nachbarstaat Niger war noch viel dramatischer.

Der Damm ist während der letzten Regenzeit gebrochen: Der Klimawandel fordert hier seine Opfer – weit mehr als in den Industrieländern, wo er verursacht wird. Die Regenfälle werden von Jahr zu Jahr seltener und heftiger. „Früher kam der Regen verteilt über die ganze Regenzeit und brachte uns Nahrung", sagt ein alter Bauer. „Jetzt kommt alles auf einmal vom Himmel und zerstört die Felder, und letztes Jahr hat das Wasser den Staudamm zerstört." Er blickt auf das Loch, das der Fluss gerissen hat, und fragt nachdenklich: „Wisst ihr, warum das so ist?"

Jetzt sammelt Brigitta Bauchinger, eine Entwicklungshelferin aus Österreich, Geld für Tolo: 40.000 Euro kostet die Wiedererrichtung des Dammes, wenn die Dorfbewohner die Arbeiten selbst verrichten. Eine unerreichbare Summe. Brigitta hat sie schon zur Hälfte gesammelt, die Dorfbewohner feiern die Nachricht, tanzen, zum Abschied schenken sie uns eine abgemagerte Ziege. Für das Dorf bedeutet der Staudamm Überleben. In einem größeren Zusammenhang betrachtet ist er nur

Das Elend im Sahel

ein Pflaster auf eine Gegend, die im Elend versinkt: Die große Wasserfläche des flachen Sees führt dazu, dass viel vom kostbaren Nass verdunstet; die Dörfer unterhalb von Tolo werden weniger Wasser haben, wenn der Damm nun höher und besser wieder errichtet wird. Es ist ein Teufelskreislauf der Armut, der schon mit der Kolonialzeit in Gang gesetzt wurde. An seiner Fortführung ist Europa mitschuldig.

Europa produziert Armut – am Beispiel Burkina Faso

Tolo ist ein Beispiel von hunderttausenden Dörfern, die immer schon arm waren, aber in denen nun langsam, aber sicher die Grundlagen des Überlebens ausgehen. Die Armut steigt weltweit ständig an. 1,8 Milliarden Menschen leben derzeit von weniger als einem Dollar pro Tag. Alle fünf Sekunden stirbt ein Kind an Unterernährung, Seuchen oder Wasserverschmutzung – die Hälfte davon in den sechs ärmsten Ländern der Erde. 840 Millionen Menschen leiden an chronischer Unterernährung, das sind mehr als doppelt so viele wie noch im Jahr 1960. Zwischen 1995 und 2004 ist die Zahl der Opfer von chronischer Unterernährung um 28 Millionen gestiegen.[114] Afrika ist von dieser Armut überproportional betroffen: Der vergessene Kontinent bekommt nur die negativen Seiten der Globalisierung zu spüren. Kriege und Korruption tragen das Übrige zum Elend bei. Zwischen 1997 und 2002 führten in 27 der 53 afrikanischen Staaten Kriege und bewaffnete Konflikte zu massiven Fluchtbewegungen.

Viele Gründe für das Elend in Afrika, aus dem es keinen Ausweg zu geben scheint, gehen auf die Kolonialzeit zurück. Die europäischen Kolonialmächte haben sich rücksichtslos an dem Kontinent bedient. Die Grenzen, um die heute Kriege geführt werden, wurden am Verhandlungstisch in Europa zwischen 1870 und 1900 willkürlich festgelegt – sie zerschneiden die historischen Gebiete, Sprachgruppen und

Handelsrouten. Es wird auch oft vergessen, dass die Europäer die afrikanischen Staaten erst vor etwa einem halben Jahrhundert in die Unabhängigkeit entlassen haben. Bis heute bleiben diese vom Export der von Europäern eingeführten „Kolonialprodukten" abhängig, bis heute kontrollieren die ehemaligen Kolonialmächte maßgeblich die Politik und Wirtschaft in Afrika. Der Teufelskreis der Armut soll hier nicht anhand eines Landes beschrieben werden, in dem der Krieg Hunderttausende in die Flucht treibt: Burkina Faso ist ein Land mit einer gewählten Regierung, kein Krieg, keine Massaker zwingen die Menschen zur Flucht. Zugleich ist es ein Musterbeispiel dafür, wie die Politik des reichen Nordens Menschen dazu treibt, ihre Heimat zu verlassen.

Die Ausbeutung beginnt bei der Zahlungsbilanz: Der arme Süden zahlt ungleich mehr an den Norden als umgekehrt. Die öffentliche Entwicklungshilfe betrug im Jahr 2004 weltweit 54 Milliarden Dollar. Umgekehrt flossen aus den Entwicklungsländern 436 Milliarden Dollar an die reichen Länder[115] – mehr als das Achtfache. Die Zahlungen gehen großteils auf Kreditraten zurück, die unbezahlbar scheinen: Obwohl die Länder Afrikas südlich der Sahara von den 294 Milliarden Dollar, die sie zwischen 1970 und 2000 erhalten haben, 268 Milliarden zurückgezahlt haben, bleibt ein Schuldenstand von 210 Milliarden Dollar.

Diese Schuldenfalle führt die Entwicklungsländer immer wieder an den Rand der Zahlungsunfähigkeit. In solchen Fällen arbeiten die Weltbank und der IWF – in beiden Institutionen haben die EU bzw. die USA das Sagen – gemeinsam Struktur-Anpassungsprogramme aus, die den Staat wieder zahlungsfähig machen sollen. Die Rezepte dazu sind immer gleich: Die meist ohnehin spärlichen Dienstleistungen müssen gekürzt, öffentliche Unternehmen privatisiert werden. Das heißt konkret: Schulen, Gesundheitssystem, Wasserversorgung, öffentlicher Verkehr werden teurer und nicht weiter ausgebaut.[116] Die Wirtschaft wird zugleich auf den Export von wenigen Gütern umgestellt, die Geld bringen. In Afrika sind das fast ausschließlich Rohstoffe.

Europa produziert Armut – am Beispiel Burkina Faso

Damit stecken die afrikanischen Länder schon in der nächsten Falle: 17 der 20 wichtigsten afrikanischen Exportgüter sind Rohstoffe und landwirtschaftliche Produkte, wie Kaffee, Kakao oder Baumwolle, deren Preise in den letzten Jahren dramatisch gefallen sind: Allein zwischen 1997 und 2001 haben sie mehr als die Hälfte ihres Wertes verloren.
Im Fall von Burkina Faso hängt der Staatshaushalt – wie in fünf weiteren Ländern der Sahelzone – von der Baumwolle ab. Ihr Anbau wurde von der Kolonialmacht Frankreich eingeführt, um den Rohstoff-Hunger der europäischen Textilindustrie des 19. Jahrhunderts zu stillen. Heute wird ihr Export von der Weltbank und vom IWF gefordert, um das Land zahlungsfähig zu erhalten, sonst gibt es keine Einkünfte. Das „weiße Gold" wird von vielen tausend Kleinbauern angebaut, die jedes Jahr von der bis vor kurzem staatlichen Baumwoll-Firma *Fasocoton* in aufwändigen Werbefeldzügen neu dazu überredet werden.
Doch in den letzten Jahren ist der Baumwollpreis dramatisch verfallen: Da die USA die in der WTO festgelegten Regeln des Freihandels nicht einhalten, kommt hoch subventionierte amerikanische Baumwolle in Massen auf den Weltmarkt und drückt den Preis unter die Produktionskosten.[117] Hunderttausende Kleinbauern, die zu Beginn der Aussaat einen vorgefertigten Kredit aufnehmen, um Samen, Pestizide und Dünger zu kaufen, standen in den letzten Jahren jährlich aufs Neue vor dem Ruin. Um eine Massenlandflucht zu vermeiden, kaufte die staatliche Baumwollfirma die Ernte trotzdem zu einem Minimalpreis auf, ging dabei selbst fast in Konkurs und wurde flugs in einem Programm des Internationalen Währungsfonds und der Weltbank privatisiert – und in drei Teile geteilt, um den Wettbewerb zu fördern. Diese Umstrukturierung forderte eine weitere Ernte: Die Baumwolle des Jahres 2005 verfaulte in den Sammelstellen, weil die Gebietsaufteilung der drei neuen Firmen nicht fertig abgesprochen war. Die Folgen der Privatisierung und Teilung: Nun ist in alter kolonialistischer Tradition ein französisches Unternehmen namens *Dagris* der Hauptaktionär, der die Gewinne ins Aus-

land abschöpft. Koumporé Kambire, Regional-Direktor von *Fasocoton*, den ich in der Zentrale in der Hauptstadt Ouagadougou besuche, stöhnt: „Bei mir stehen alle zwei Monate Herren von der Weltbank auf der Matte und geben neue Anweisungen. Zu verstaatlichten Zeiten hatten wir mehr Freiraum."

Der Landbevölkerung wird so ein Schildbürgerstreich nach dem nächsten gespielt: Denn aus ökologischer Sicht ist Baumwolle eine Katastrophe für den kargen Boden der Sahelzone. Sie verlangt nach giftigen Pestiziden und viel Sonne. Anders als in der traditionellen Landwirtschaft müssen die Bäume, die über die Steppe verstreut wachsen und für Schatten und Grundwasser sorgen, gefällt werden. Der gesamte Norden des Landes, früher Baumwoll-Anbaugebiet, ist heute nicht mehr für die Landwirtschaft geeignet – zurück blieben Wüste und verarmte Familien, die nicht genug zum Essen haben. In Tolo, dem Dorf ohne Wasser, habe ich die Auswirkungen gesehen.

Jetzt wird die Baumwolle im Osten des Landes angebaut. „Wie lange es dort noch geht, wissen wir nicht genau – ein paar Jahre noch", sagt mir Nignan Salamalon vom Landwirtschaftsministerium. „Aber wir haben keine Wahl: Baumwolle ist unsere einzige Möglichkeit, Devisen ins Land zu holen." Die Bauern sehen davon nur wenig: Wenn einer von ihnen Glück hat, bleiben ihm am Ende des Jahres 100.000 CFA (*Communauté Financiaire Africaine*)-Francs – etwa 150 Euro für ein Jahr Arbeit auf Land, auf dem sonst Hirse für die Familie angebaut worden wäre. Meist aber hat er kein Glück und macht reell einen Verlust: Denn wo die Baumwolle wächst, könnten auch Lebensmittel für die Familie wachsen.

Der Weltmarkt, der die Preise für die Baumwolle in den Keller sinken lässt, arbeitet auch bei den Lebensmitteln gegen die Bauern in Afrika. Ihre Länder wurden im Rahmen der WTO-Verhandlungen zur Liberalisierung des Welthandels gezwungen, die Grenzen für Lebensmittel aus den Industrieländern zu öffnen. Die Folge: Ein Blick in den Supermarkt oder in die

Europa produziert Armut – am Beispiel Burkina Faso

Vorratskammer einer Familie in der Stadt bringt fast ausschließlich europäische Lebensmittel zum Vorschein: Die Milch etwa kommt aus der ehemaligen Kolonialmacht Frankreich – großteils in Form von Milchpulver, das mit hohen Exportsubventionen gestützt ist. Obwohl der ganze Norden Burkina Fasos ein Viehzuchtgebiet ist, haben lokale Bauern dagegen keine Chance. Weder haben sie Geld für die Verarbeitung, noch können sie mit den Preisen mithalten. Die Tomaten, die in Burkina Faso so gut wachsen, kommen in Dosen aus Italien und sind billiger als die vom Bauern nebenan. (Ironischerweise sind es traditionell Landarbeiter aus Burkina Faso, die die Tomaten im Süden Italiens pflücken.) Und selbst Fleisch und gefrorene Hühner werden in Massen importiert. Für die Bauern von Burkina Faso heißt das, dass sie ihre Produkte nicht verkaufen können.[118]

Falls sie überhaupt noch produzieren können: Denn gerade in der Sahelzone fordert der Klimawandel immer mehr Opfer. Nicht nur im Dorf Tolo ist der Regen in den letzten Jahren in zerstörerischer Konzentration gefallen. Fast jedes Jahr wurden große Teile der Ernte bei Unwettern vernichtet, während es sonst viel zu trocken blieb. In den nächsten Jahren wird der Niederschlag in der Sahelzone um weitere 30 Prozent zurückgehen, wie Wissenschafter prophezeien.[119] Die Zahl der Menschen ohne ausreichendes Wasser wird, so die UN, weltweit von derzeit 1,8 Milliarden auf fünf Milliarden steigen, die Zahl der Klimaflüchtlinge könnte schon 2010 weltweit 50 Millionen betragen.[120] Schuld an diesen dramatischen Entwicklungen ist der Lebensstil in den Industrieländern: Die EU-15 sind für fast ein Viertel der weltweit ausgestoßenen Treibhausgase verantwortlich, Afrika nur für sechs Prozent.

Wer von der Landwirtschaft nicht mehr leben kann, hat innerhalb des Landes nicht viele andere Möglichkeiten, Arbeit zu finden. Es gibt keine einzige große Fabrik in Burkina Faso. Bis vor einigen Jahren war zwar eine vom Staat gegründete Baumwoll-Verarbeitung in Betrieb, um etwas mehr Geld aus dem Baumwollanbau im Land zu erwerben, doch auch sie fiel einem Struktur-Anpassungsprogramm der Weltbank und des IWF zum Opfer: Diese verordneten die Privatisierung der Fabrik, kümmerten sich aber nicht darum, einen Käufer zu finden. Die Anlage wurde geschlossen, 400 Arbeiterinnen standen mit einem Schlag auf der Straße. Abgesehen davon gäbe es in Burkina Faso noch Goldminen – doch auch dieser Reichtum bleibt nicht im Land: Die Schürfrechte haben sich 2003 und 2005 die kanadischen Unternehmen *High River Gold* und *Royal Gold* gesichert.

Ein Tropfen auf den heißen Stein

Ein Ausflug mit Mitarbeitern der österreichischen Entwicklungzusammenarbeit in Burkina Faso: Ich besichtige ein Projekt zur ländlichen Entwicklung, einer der Schwerpunkte Österreichs in diesem Land. 80 Prozent der Bevölkerung sind Bauern, die meisten haben ein Einkommen von weniger als 80 Euro im Jahr. Projekte wie dieses sollen verhindern, dass die Landbevölkerung verarmt, in die Städte fliehen muss, schließlich auswandert. Drei Stunden fahren wir durch eine staubige Landschaft – es ist Trockenzeit, die Bäume haben die Blätter abgeworfen. Drei Stunden lang ist kein bisschen Grün zu sehen – bis wir zu den Gärten kommen.
26 Frauen, ein halber Hektar Grund, vier Brunnen, ein Zaun: Das braucht es für eine Oase. Der Fleck dunklen, saftigen Grüns leuchtet schon von weitem. In einem Gemüsegarten wachsen Tomaten, Spinat, Melonen. Das Projekt wurde von den Frauen des Dorfes vor 15 Jahren begonnen, zwei Brunnen haben sie selbst gegraben, zwei weitere wurden gefördert. Ein Kind sieht mich, beginnt zu weinen und läuft weg: Weiße Haut ist hier nicht oft zu sehen. Die Frauen stehen zwischen ihren Beeten und warten angespannt auf den Besuch. Sie werden uns stolz vorgeführt von vier Männern und einer Frau, die in einem neuen, silbernen Geländewagen vorgefahren sind. An der Seite steht groß: *Cooperation Autrichienne*. Ein

Brunnen kostet 5.000 Euro – das Auto sicher das Sechsfache. Zwei Brunnen wurden hier zu 80 Prozent gefördert – macht 8.000 Euro. Wie viel davon aus österreichischem Budget kommt, ist nicht nachzuvollziehen: Die Gelder werden in einen Fonds der Regierung von Burkina Faso eingezahlt, die sie dann wiederum an Projekte ausschüttet. Die Frauen sagen, sie brauchen mehr Wasser, sie bräuchten noch einen Brunnen, ob sie das Geld dafür bekommen werden? Die Herren wissen es nicht. Ich frage, warum man drei Stunden fahren muss bis zu einem dieser Gärten, warum nicht überall Brunnen gegraben werden? Aber das ist Sache der Regierung von Burkina Faso, Österreich sitzt zwar im Beirat, kann aber nicht entscheiden. Zum Abschied tanzen die Frauen aus den Gärten, es wird gelacht und gesungen. Es ist eine Oase, einen halben Hektar groß, und sie versorgt in der Trockenzeit 26 Familien mit Gemüse. Aber das Projekt ist der sprichwörtliche Tropfen auf den heißen Stein.

Die europäische Entwicklungshilfe macht die Schäden, die europäische Politik anderswo anrichtet, bei weitem nicht gut. Schon weil sie zu niedrig ist: 0,7 Prozent des BIPs sollten in die Entwicklungszusammenarbeit fließen, dazu haben sich die europäischen Staaten schon in den 1970er-Jahren verpflichtet. Bisher haben nur Schweden, Luxemburg, Dänemark und die Niederlande diese Quote erreicht. Österreich steht 2005 bei 0,45, Deutschland gar nur bei 0,28 Prozent.

Von diesen geringen Mitteln kommt nur ein Bruchteil bei denen an, die sie brauchen. Die Hälfte etwa der österreichischen Mittel sind Schuldenerlässe – hauptsächlich für den Irak, in dem die neue Regierung nicht willens ist, das Geld zurückzuzahlen, das Europa an Saddam Husseins Regime überwies. Auch die Ausgaben für Flüchtlinge im eigenen Land und die Kosten für ausländische Studenten werden der Entwicklungshilfe zugerechnet. Bis auf wenige Ausnahmen, wie Schweden und Luxemburg, treiben auch die meisten anderen Mitgliedstaaten der EU, allen voran Frankreich, Deutschland und Großbritannien, ihre EZA-Statistik durch

Zahlenkosmetik künstlich in die Höhe: 2005 wurden für Entschuldungsmaßnahmen, Flüchtlingsbetreuung im eigenen Land und ausländische Studenten an europäischen Unis 3,5 Mrd. Euro in Frankreich, 2,96 Mrd. in Deutschland und 2,26 Mrd. in GB ausgegeben. Italien punktet in diesem Negativranking auf eigene Weise: Es erreichte 2005 die eigenen niedrigen Ziele nicht und blieb hinter einigen, wirtschaftlich weitaus schlechter gestellten „Neuen EU-Mitgliedstaaten" zurück. Die eingerechneten Entschuldungen wiederum lösen die Schuldenproblematik nicht: Von den 22 Ländern, die es im Jahr 2000 in ein Entschuldungsprogramm schafften, gaben drei Viertel im Jahr darauf immer noch mehr als zehn Prozent ihrer Staatsbudgets für den Schuldendienst aus – Geld, das für Armutsbekämpfung fehlt. 16 gaben mehr für Schuldenzahlungen aus als für das Gesundheitssystem, bei zehn überstieg der Schuldendienst sogar die Ausgaben für Bildung.

Das Geld, das in Entwicklungsländern ankommt, wird immer noch zu oft in Projekte gesteckt, die an den Bedürfnissen der Bevölkerung vorbeigehen. Die Folge davon sind Entwicklungsruinen – Wasserpumpen, die nach Auslaufen des Projektes nie repariert wurden, Ansätze von Straßen, die in Staubpisten enden. Schwerwiegender noch ist der Strukturwandel, der durch Entwicklungshilfe oft eingeleitet wird: Im Glauben, das eigene Wirtschaftssystem sei das beste für alle, holen Entwicklungsprojekte Millionen Bauern und Bäuerinnen aus der Subsistenzwirtschaft und gliedern sie in die Geldwirtschaft ein. Ich habe das etwa in Guatemala beobachtet: Dörfer werden gezwungen, Exportgemüse anzubauen, wenn sie eine Apotheke haben wollen – mit einem logischen Argument: Wenn das Apotheken-Projekt nach drei Jahren endet, muss das Dorf über das nötige Geld für die Medikamente verfügen, denn staatliches Gesundheitssystem gibt es keines. Die Folge ist, dass auf den Feldern, auf denen Mais und Bohnen wuchsen, Broccoli für den US-Markt angebaut werden. Kredite werden aufgenommen, Pestizide und Hybridsamen gekauft, und in einer Saison hat sich das Dorf von einer selbständigen Einheit, die zumindest genug zu essen produzierte, zu einer abhängigen Produktionsstätte einer US-Gemüse-Handelskette entwickelt.

Auch Mikrokredite für Frauen – der letzte Schrei der Entwicklungszusammenarbeit – richten in Gesellschaften, in denen Geld nicht verbreitet ist, Schaden an: Ich erlebte ein Frauenprojekt, in dem die Frauen eines Dorfes überredet wurden, mit Hilfe eines Mikrokredits einen Brotbackofen zu bauen. Das sollte ihnen Einkommen sichern und sie selbständiger machen. Ein Kredit wurde aufgenommen, Baumaterial und Backmischung bis zur nächsten Straße geliefert. Doch die war zu Fuß sechs Stunden entfernt. Die Frauen verschuldeten sich noch einmal für den Transport des Materials und für den Bau des Ofens, nur um dann festzustellen, was jeder wusste: Weder wird in Guatemala Brot gegessen, noch hatte eine Familie Geld, sich welches zu kaufen. Es waren ja alle durch den Bau des Brotbackofens verschuldet. Um die Raten für den Kredit trotzdem begleichen zu können, gingen die Frauen fortan zweimal pro Woche in die nächste Stadt, sechs Stunden Fußweg in eine Richtung, und wuschen dort die Wäsche der Entwicklungshelfer und UN-Mitarbeiter. Die Konsequenz beider beschriebenen Projekte war, dass einige Männer des Dorfes auswandern mussten, um das Dorf vor dem Verhungern zu retten.

Schließlich kommt auch von dem Geld, das in Entwicklungsländern landet, nur ein Bruchteil bei den Leuten an, die es brauchen: Ein seriös nicht zu schätzender Teil davon versickert in den korrupten Staatsapparaten.

Die europäische Entwicklungszusammenarbeit ist in Burkina Faso zwar unübersehbar – schon wegen der vielen großen Geländewagen mit den Aufschriften europäischer Entwicklungsorganisationen auf den Straßen. Aber sie tut wenig mehr, als ein Holzbein immer wieder gipsen, wie es Professor Albert Ouedraogo von der Universität Ouagadougou ausdrückt. Ein großer Teil der viel zu geringen Mittel verschwindet im Bürokratie-Apparat des Staates, der in der Beurteilung von *Transparency International* nur 3,4 von zehn möglichen

Transparenz- und Vertrauenspunkten erreicht. Für die Bevölkerung ist klar, wo das Geld landet: in den Taschen der Regierungsangehörigen und dann auf Schweizer Bankkonten. „Wir haben den Präsidenten nur nach 17 Jahren wiedergewählt, weil er schon einen Palast hat. Würde ein neuer ins Amt kommen, müsste er wieder Millionen abziehen um sich einen eigenen zu bauen", höhnt ein Taxifahrer in Ouagadougou. Europa arbeitet mit solchen Regimes trotzdem zusammen – ebenso wie mit Diktatoren, von denen man weiß, dass sie Geld in Waffen für ihre Kriege stecken. Der Aktivist Emanuel Matondo aus Angola beklagt: „Tausende Bürgerinitiativen und Organisationen kämpfen in Afrika für gesellschaftlichen Wandel. Aber Europa ignoriert diese Bewegungen und arbeitet lieber mit Diktatoren, Waffenhändlern und korrupten Regierungen zusammen."

Ausweg Auswandern

Abdul, ein 21-jähriger junger Mann aus einem Nachbardorf des trockenen Tolo, hat seinen Entschluss für den Ausweg aus der Misere gefasst. Ich treffe ihn spät am Abend am Rand der kleinen Stadt Ouahigouya im Norden von Burkina Faso. Es ist stockdunkel, die wenigen Straßenlaternen der Stadt leuchten nicht bis hierher, die Luft ist kühl. Ich stehe mit einer Gruppe junger Männer bei einer kleinen Hütte an einer Ausfallstraße, die nach Norden führt – nach Mali und von dort weiter in die Sahara. Abdul hat für die Reise eine dunkle Trainingsjacke mit Kapuze angezogen. Eine kleine Sporttasche ist sein ganzes Gepäck. Er raucht nervös eine Zigarette nach der anderen, lacht ein bisschen zu laut, flüstert dann wieder, sieht sich alle paar Sekunden um. Es sind seine letzten Minuten zu Hause.
Um 22 Uhr hört man einen Lastwagen näher kommen. Ich ducke mich in der Hütte – der Fahrer dürfe mich nicht sehen, haben mir meine Begleiter eingeschärft. Es ist ein altertümliches Gefährt, das am Straßenrand hält, mit einer geschwungenen Motorhaube und runden Scheinwerfern. Hinten ver-

deckt eine blaue Plane die Ladefläche, das Dach ist vollgeladen mit verschnürten Bündeln. Der Fahrer steigt aus, nach einem kurzen Wortwechsel deutet er auf die Ladefläche. Abdul verabschiedet sich von der Gruppe, die ihn begleitet – seine Cousins, Brüder, Onkel umarmen ihn, es wird nur mehr geflüstert. Abdul hebt die Plane, ich erhasche einen Blick auf den Innenraum. Er ist nach hinten mit einem brusthohen Gitter gesichert, das Innere ist übervoll mit Menschen. Abdul quetscht sich hinein, hebt die Hand, seine Augäpfel leuchten weiß im Dunkeln. Dann fährt der Lastwagen los. Es ist ein Transport von Auswanderern, die auf dem Landweg ans Mittelmeer und weiter nach Europa kommen wollen.

Auswandern ist für immer mehr Menschen der einzige Ausweg. Nicht nur, weil die Armut größer wird: Die globalisierte Medienwelt führt auch dazu, dass die Unterschiede zwischen dem reichen Europa und dem Elend in Afrika täglich über die Bildschirme flimmern. Aus jeder Familie, die ich auf meiner Reise treffe, hat es zumindest ein junger Mann schon versucht, um Geld für zu Hause aufzutreiben. „Afrika ist erst dabei, aufzuwachen", sagt Schwester Paula Domingo, die lange in Afrika als Entwicklungshelferin gearbeitet hat und jetzt in Ceuta afrikanische Flüchtlinge betreut. „Wenn die Afrikaner erst merken, wie groß die Unterschiede sind, gibt es kein Halten mehr." Ihre Hand fährt dabei über die Weltkarte an ihrer Wand in einer großen Bewegung von Süden nach Norden, quer über das Mittelmeer nach Europa.

Schon heute sind die Geldflüsse zu einem Wirtschaftsfaktor geworden, der wesentlich wichtiger ist als die Entwicklungszusammenarbeit: 200 Millionen Migranten gibt es auf der Welt. 167 Milliarden Dollar haben Auswanderer aus Entwicklungsländern im Jahr 2005 von den Industrieländern aus an ihre Familien überwiesen, 73 Prozent mehr als noch vier Jahre zuvor. Die Summe ist damit fast doppelt so hoch wie die weltweite Entwicklungshilfe und für viele Länder Afrikas die wichtigste Devisenquelle. (Quelle: Weltbank)

In Westafrika hat das Auswandern außerdem historische Wurzeln, die in der Kolonialzeit liegen: Nach der Eroberung durch die Franzosen diente das dicht besiedelte Zentrum – damals „Obervolta" – als Arbeitskräfte-Reservoir für die Küsten, die für den Anbau von Tropenprodukten erschlossen wurden. Viele der Sklaven, die nach Nordamerika verschleppt wurden, kamen ebenfalls aus dieser Gegend. Der Exodus setzt sich bis in die Gegenwart fort: Derzeit leben 12 Millionen *Burkinabé* im Land und acht Millionen außerhalb des Landes. Nur ein winziger Teil von ihnen geht nach Europa – die meisten arbeiten in den angrenzenden Ländern wie Elfenbeinküste und Ghana. Von ihren Geldsendungen hängt das Überleben ganzer Dörfer ab. Im Straßenbild erkennt man das an den unübersehbaren gelben Schildern: Das Geldtransfer-Unternehmen *Western Union*, weltweit führend bei anonymen Bargeldüberweisungen, hat in jeder noch so kleinen Provinzstadt mehrere Filialen. Hier kommt das Geld an, das die Auswanderer schicken.

In den letzten Jahren sind es auch immer mehr Frauen, die aus ihren Dörfern fliehen. Im Sahel entkommt kaum ein Mädchen der Genitalverstümmelung, im heiratsfähigen Alter werden die Mädchen oft gegen Vieh an einen Ehemann verkauft. Fast jeder Mann, der nicht ausgewandert ist, hat zwei bis drei Frauen. Gewalt gegen Frauen ist so alltäglich, dass nicht darüber gesprochen wird, solange niemand schwer verletzt wird. Wer sich diesem System nicht fügen will, muss weg.

Wege nach Europa

„Für uns ist Europa das Traumziel", erklärt mir Soulé. Es ist einer der jungen Männer, die mir die Abfahrt des Lastwagens gezeigt haben. Ich habe ihn auf der Straße in Ouahigouya kennen gelernt, einer kleinen Stadt in der Sahelzone, wo er Kunsthandwerk an die spärlichen Entwicklungshelfer und Touristen verkauft, die hier stolz und staubig nach ihren Sahara-Durchquerungen ankommen. Eine andere Arbeit gibt es hier nicht, doch Soulé braucht Geld: Er ist für das Schulgeld und die Kleider von vier jüngeren Geschwistern zuständig.

Wege nach Europa

Soulé sieht aus wie ein durchschnittlicher Jugendlicher in einer französischen Banlieue: Der Schritt der weiten Jeans baumelt in Hip-Hop-Manier zwischen den Knien, um den Hals trägt er eine dicke Metall-Kette, im Ohr einen glitzernden Stein. In seinem Haus, in das er mich mitnimmt, sieht er fast aus wie ein Fremdkörper. Dort gackern die Hühner im Hof, der Vater sitzt in einem leuchtend roten Gewand auf einem Lehnstuhl aus Holz, eine von dessen beiden Frauen stampft Hirse in einem Tontopf. Ein paar von Soulés 21 jüngeren Geschwistern ärgern den Ochsen, der vor der Tür angebunden ist. In Soulés Zimmer, das er mit zwei Brüdern teilt, herrscht hingegen globale Jugendkultur. Aus dem Ghetto-Blaster dröhnt die französische Rap-Gruppe NTM, an den Wänden hängen Poster von *50-Cent* und Bob Marley. Die enormen Unterschiede zwischen dem reichen Europa und dem Elend in Afrika werden täglich im Kaffeehaus um die Ecke auf dem Fernsehschirm serviert.

Fünf junge Männer haben sich hier bei Soulé versammelt. Alle fünf haben schon versucht, nach Europa zu kommen, nur einer ist zweimal durchgekommen: Toni, elegant in weißen Hosen und mit Hut, hat es einmal auf dem Landweg nach Spanien geschafft. Ben, ein Trommler mit Rastalocken, ist schon an der Grenze zu Mauretanien hängen geblieben, vier Monate hat er versucht ohne Geld weiterzukommen, dann gab er auf. Abdoulaye hat es bis nach Algerien geschafft und wurde über die Grenze nach Mali zurückgeschoben. Fachmännisch erklären sie mir die verschiedenen Wege nach Europa.

Wer wenig Geld hat, nimmt, wie Abdul gestern, den Landweg: Von hier nach Mali, dann entweder über Algerien nach Marokko, über Niger nach Libyen oder über die Grenze nach Mauretanien. Dort überall gibt es Ablegestellen, von denen man per Boot nach Italien und Spanien gelangt. Mit Schleppern, die die Grenzübergänge und die bestechlichen Beamten kennen, kostet die Reise zwischen 800 und 1.200 Euro – ohne die Überfahrt nach Europa. Ein Vermögen für eine Familie im Sahel. „Viel zu viele probieren es deshalb alleine, zu Fuß", sagt Soulé. „Sie schlagen sich langsam durch, arbeiten immer wieder, gehen oder fahren dann weiter. Die meisten davon verschwinden irgendwo am Weg. Mehrere enge Freunde von uns sind nie wieder aufgetaucht." Denn alle drei Wege sind gefährlich. „In Algerien verschwinden immer mehr Menschen in Todeslagern in der Wüste", erzählt Soulé (siehe Kapitel 2). „In Libyen werden Afrikaner neuerdings deportiert oder in Lager gesteckt. Und in Mauretanien gibt es Sklaverei." Unzählige Westafrikaner seien dort jahrelang als Haussklaven in den Häusern von Grenzbeamten und Polizisten hängen geblieben. Ein Blick in die UN-Berichte über Sklaverei bestätigt die Gerüchte: Mauretanien ist eines der wenigen Länder der Welt, in denen echte Sklaverei noch üblich ist – das System ist 800 Jahre alt, und es ist ein „integraler Bestandteil der mauretanischen Gesellschaft", berichtet die *American Anti-Slavery Group*.

Sicherer ist es, per Flugzeug nach Europa zu reisen. Dafür muss man mehr Geld auf den Tisch legen: Vermittler in der Hauptstadt verrechnen etwa 1.200 Euro für einen falschen Pass mit einem gekauften Visum, dazu kommen die Kosten für den Flug. Es werden kaum Pässe gefälscht, das wäre zu gefährlich – meist kommen Dokumente von Verstorbenen oder gekaufte Pässe aus Mali zum Einsatz, in denen sich das Foto leicht austauschen lässt. „Das ist ein richtiges Business", erklärt Toni, „es funktioniert wie ein Reisebüro. Du zahlst, bekommst die Dokumente, sie bringen dich zum Flughafen und in Paris holt dich ein Kontaktmann ab. Dann bist du frei." Einige Tage später treffe ich, auf seine Vermittlung hin, einen solchen „Unternehmer" in einem Café in Ouagadougou. Der Herr trägt einen beigen Anzug und Sonnenbrillen, ist ausgesucht höflich und trinkt Cola. Er erklärt mir recht nüchtern, wie er im großen Stil an Visa kommt: Gemeinsam mit einem Beamten einer beliebigen Botschaft eines Schengen-Landes wird in dessen Land eine Person gesucht, die Einladungen ausspricht und daran mitverdient. Manchmal ist es auch der Visa-Unternehmer selbst, der diese Kontakte aufbaut. Mit den Einladungen werden dann ganz normale Touristenvisa ausgestellt. Die meisten brauchen außerdem noch einen Pass – dazu hat der Herr Kontakte innerhalb von Burkina Faso.

Wege nach Europa

Am besten funktionieren echte Pässe von Verstorbenen. „Die Europäer können Afrikaner auf den Fotos ohnehin nicht auseinander halten", lacht er. Dann wird das Visum ausgestellt, das Geld aufgeteilt, fertig. Welche Botschaften beteiligt seien, könne er nicht sagen, sagt der Visumverkäufer; wie viele Visa er pro Jahr kauft, auch nicht. „Haben Sie noch Fragen?", fragt er dann höflich. Es ist ein seltsam belangloses Gespräch, ein Geplauder über ein recht alltägliches Geschäftsfeld.
Dann bleibt noch eine dritte Möglichkeit: ein Vertrag mit einer „Mafia", wie die jungen Männer sie nennen. Für diese Art des Reisens braucht man kein Geld – die Organisation stellt alles zur Verfügung, vom Pass bis zum Flugticket. Immer wieder werden so ganze Hundertschaften in die USA gebracht, um dort in Fabriken zu arbeiten, erzählt Toni. Nach Europa werden vor allem Landarbeiter und Hausmädchen vermittelt. Aber immer öfter ist Kriminalität im Spiel. „Du unterzeichnest mit deiner Familie einen Vertrag, dass du eine bestimmte Summe abarbeiten wirst", erklärt Toni. „Im besten Fall landest du als Landarbeiter in Süditalien und bist nach drei Monaten frei. Im schlimmsten Fall musst du Drogen verkaufen oder, wenn du eine Frau bist, als Prostituierte arbeiten. Das sagt dir vorher niemand – aber du kannst dann nicht zurück. Sie haben deine Familie als Pfand." Bis zu 40.000 Euro müssen die Geschleppten einnehmen, bevor sie frei sind – doch die meisten werden vorher abgeschoben, die Banden kümmern sich nicht um jene, die erwischt werden. Der Nachschub ist fast grenzenlos, seit die Einwanderungsbestimmungen immer strikter werden. „Jedes Mal, wenn ich von Verschärfungen bei der Einreise nach Europa höre, werde ich wütend", zischt Toni. „Sie halten die Leute nicht vom Auswandern ab. Aber sie treiben sie in die Hände der Mafias."

Die heilige Pflicht, zu gehen

Sie fachsimpeln über falsche Pässe, Preise von Sahara-Durchquerungen und die Gefahren des Seeweges auf die Kanari-

schen Inseln – jede Nachricht über Tote an den Grenzen wird hier aufmerksam verfolgt. Sie erklären mir, wie viel Geld die Schule ihrer jüngeren Geschwister kostet, für die sie aufkommen müssen, und dass heuer wieder die Hirse ausgehen wird. Sie erzählen von Verwandten in Europa, bei denen sie unterkommen würden, wenn sie es über die Grenze schaffen. Wären wir in Paris oder London, würden sie wohl in einen Rap verfallen. Doch wir sind in Afrika.
Toni, der aus dem Nachbardorf des trockenen Tolo kommt, ist der Enkel eines *Griou*, eines afrikanischen Erzählers. Plötzlich – mitten unter den Erklärungen über Kolonialgeschichte und die korrupte Regierung – verfällt er in einen Sing-Sang und beginnt zu erzählen: von einem jungen Mann aus seinem Dorf, dessen kleine Schwester an Hunger stirbt. „Ich werde gehen!", ruft er. Von einer Mutter, die nicht genug zu essen findet, um ihren Säugling zu ernähren. „Ich werde dich retten, ich werde gehen!", Vom Regen, der schon zwei Jahre nicht gekommen ist und die Ernte verdorren ließ. „Und wenn ich sterbe am Weg – ich werde gehen!" Er erzählt alte Legenden aus der Zeit, als noch Wald stand im Sahel, von der Ankunft der ersten Weißen, den Spiegeln und Kleidern, die sie brachten, den Sklaven, die sie mitnahmen. „Selbst wenn ich als Sklave ende – ich werde gehen!" Einer der fünf Hip-Hop Jungs dreht den Ghetto-Blaster ab und begleitet die archaische Erzählung auf einem Holz-Xylophon, ein anderer übersetzt sie, halb in Trance, Wort für Wort in eine komplizierte Zeichensprache. Das Martyrium der Sahara-Durchquerung wird zu Versen und Liedern. Der Erzähler schwitzt und rollt die Augen, lacht und weint. Es ist ein magischer Moment. Als Toni aufhört, drei Schlucke Wasser nimmt, die er ausspuckt, und die Kalebasse im Kreis herumreicht, sind zwei Stunden vergangen. Und ich habe verstanden, dass Auswandern keine spontane Entscheidung ist: Es ist die tief verwurzelte Pflicht des älteren Sohnes, die Familie aus dem Elend zu retten.

Die heilige Pflicht, zu gehen

Schlussbemerkung

Wie weiter?

Der Umgang mit Zuwanderung und Migranten ist eine der großen Herausforderungen, die Europa in Zukunft zu bewältigen hat. Die Probleme rund um Einwanderungs- und Integrationspolitik verlangen dringend nach einer Lösung, denn sie drohen Europas Gesellschaft tief zu erschüttern.

In der Frage der Neuzuwanderung gibt es Ansätze auf EU-Ebene: Die EU-Kommission warnt immer wieder, dass Europa schon ab 2010 wegen des Geburtenrückgangs mehr Zuwanderung brauchen wird, und hat dazu einige Konzepte präsentiert.[121] In den einzelnen Ländern wird über den Geburtenrückgang ebenfalls intensiv bis alarmiert diskutiert, doch Zuwanderung kommt als offensichtliche Lösung kaum vor. Stattdessen werden die Grenzen höher gezogen, die Möglichkeiten der Zuwanderung erschwert.

Es kann sich offenbar kein Politiker leisten, den Bedarf an Zuwanderern offen anzusprechen. Dafür gibt es drei Gründe: Erstens gilt die Anwesenheit von Millionen Ausländern als Erklärung für die hohen Arbeitslosenzahlen in Europa – auch wenn es keinen erwiesenen Zusammenhang zwischen Zuwanderung und Arbeitslosigkeit gibt. Zweitens herrscht immer noch das Bild eines weißen Europa vor: Zuwanderer aus anderen Erdteilen und ihre Kinder gelten als Einwohner zweiter Wahl – lieber will man die Geburtenrate bei alteingesessenen Europäern heben. Drittens geht das Tabu, über Neuzuwanderung zu sprechen, auf die schweren Probleme mit der Integration jener Einwanderer zurück, die schon lange in Europa leben.

Multikulturalismus, Assimilierung und Gastarbeiter: Drei gescheiterte Modelle

Europas Staaten haben im Umgang mit Immigration auf ganz verschiedene Modelle gesetzt. Gescheitert sind bisher alle.

Das erste Modell ist der Multikulturalismus, der der Integrationspolitik in den Niederlanden und in Großbritannien zugrunde liegt. Lange Zeit galt das niederländische Modell als vorbildlich. Die niederländische Gesellschaft ist nach einem historisch gewachsenen „Säulen"-Modell aufgebaut, ähnlich der Sozialpartnerschaft, aber mit einer weltanschaulichen Komponente: Die verschiedenen kulturellen, religiösen und politischen Gruppen – wie etwa Katholiken, liberale Bürger oder Sozialisten – organisierten sich jeweils in einer „Säule", die eigene Minderheitenrechte – wie etwa das Betreiben von Schulen, genießt. Das Staatsgebäude ruht auf allen diesen Säulen, das demokratische Handeln auf der Mitwirkung aller dieser Gruppen. Die neu dazugekommenen Minderheiten von Einwanderern wurden vom Staat dazu ermuntert, sich ebenfalls als Gruppe zu organisieren und als solche am demokratischen Leben teilzunehmen. Der Staat förderte die Gründung eigener Schulen und Medien und wollte mit einer relativ schnellen Einbürgerung und einem umfassenden Anti-Diskriminierungsgesetz erreichen, dass die Zuwanderer „aus der eigenen ethnischen Identität heraus" an der Gesellschaft teilnehmen. Ein ähnliches Modell verfolgte Großbritannien.

Doch in der Praxis scheiterte der Multikulturalismus: Er stempelte jeden Einwanderer und alle seine Nachkommen als Teil einer Gruppe ab, die in der Realität diskriminiert wurde – und es gab daraus kaum ein Entkommen. Er führte zur Bildung von Ghettos, in denen andere Regeln galten als in der Mehrheitsgesellschaft, was besonders Frauen und Kinder betraf: In den Niederlanden wurde sogar darüber diskutiert, Minderheiten ein eigenes Familienrecht zuzugestehen. Er verschärfte außerdem den Ausschluss der Migranten aus der Gesellschaft: Die Arbeitslosigkeit unter Zuwanderern ist in den Niederlanden viermal höher als unter der alteingesessenen Bevölkerung, 60 Prozent der Marokkanerinnen und Türkinnen (50 Prozent bei den Männern) haben nur einen Pflichtschulabschluss. In der „einheimischen" Bevölkerung sind das nur neun Prozent. Und während in Amsterdam, Rotterdam und Den Haag die Bevölkerung zu über 30 Prozent „nicht-westlich" ist, findet man am Land und in den kleinen Städten kaum Zuwanderer. Eine gespaltene Gesellschaft war entstanden. Auch in Großbritannien wachsen die sozialen Unterschiede, anstatt zu schrumpfen (siehe Kapitel 8). Der gesetzliche Schutz gegen Diskriminierung nützt nichts: Einwanderer bleiben schlechter ausgebildet, haben weniger qualifiziertere Jobs und sind ärmer. Der multikulturelle Anspruch der Toleranz konnte nicht verhindern, dass rassistische Barrieren in der Praxis zum Ausschluss führen.

Der Multikulturalismus bot außerdem eine bequeme Ausrede, sich nicht um die Probleme der Migranten kümmern zu müssen, und wurde damit zu einer Kehrseite des Rassismus. Am besten abzulesen ist dies am Schicksal von Frauen: Während eine Entführung mit anschließender Zwangshochzeit und Vergewaltigung oder eine Genitalverstümmelung bei einer minderjährigen weißen Europäerin zu einem landesweiten Aufschrei geführt hätte, schwieg man verschämt, wenn es sich um eine arabisch- oder afrikanisch-stämmige Frau handelte. Man fühlte sich nicht im Recht einzugreifen und überließ die Kinder der Einwanderer damit ihrem Schicksal.

Der Multikulturalismus wurde sowohl in den Niederlanden als auch – in geringerem Maß – in Großbritannien schon seit den 1990er-Jahren kritisiert.[122] Der große Schock kam aber in beiden Fällen durch Attentate, verübt von jungen Männern, die in Europa geboren und aufgewachsen waren und es dennoch so hassen lernten, dass sie töteten: Als in Amsterdam im November 2004 ein junger Holländer marokkanischer Abstammung den Filmemacher Theo van Gogh erschoss, weil dieser den Islam beleidigt hatte, und als sich in London im Juli 2005 vier junge Briten pakistanischer und jamaikanischer Abstammung in der U-Bahn in die Luft jagten, galt der Multikulturalismus als gescheitert. Ein Nachfolgemodell ist noch nicht in Sicht.

Das gegenteilige Modell der Integration verfolgt Frankreich: die Assimilierung. Nach dem französischen Modell gilt jeder als Franzose, der im Land geboren ist. Anders als im Multikulturalismus spielen Religion und Kultur in der Theorie keinerlei Rolle, sie werden sogar bewusst ignoriert: Das verbindende Element ist ein laizistischer Staat, der allen die gleichen Rechte garantiert. Jeder, der in Frankreich geboren ist, bekommt mit dem 18. Geburtstag die Staatsbürgerschaft verliehen und kann aktiv am Gesellschaftsleben teilnehmen. Kategorisierungen nach Hautfarbe, Herkunft, Religion oder Muttersprache sind verpönt. Während in Großbritannien die Religionsfreiheit sogar zur Aufhebung der Helmpflicht für turban-tragende Sikhs führt, müssen islamische Mädchen in Frankreich das Kopftuch am Schultor ablegen. Die realen Konsequenzen für die Integration sind jedoch erstaunlich ähnlich: Wie in Kapitel fünf und sieben ausführlich beschrieben, scheiterte auch das französische Modell in der Realität am Rassismus. In keinem Land ist der Ausschluss der zweiten und dritten Generation aus der Gesellschaft so deutlich, sind die Unterschiede in der Arbeitslosigkeit so groß oder der Weg nach oben so wirkungsvoll versperrt wie in Frankreich. Die Diskrepanz zwischen dem Versprechen der Freiheit, Gleichheit, Brüderlichkeit und der Realität des Ausschlusses führt zu jener Wut, die in den französischen Vorstädten allgegenwärtig ist.

Das dritte Modell, verfolgt von Deutschland und Österreich, ist das Gastarbeitermodell. In diesem Modell wurde den Zuwanderern gar nicht erst versprochen, dass man sie in die Gesellschaft aufnehmen würde: Sie waren dezidiert nur zum Arbeiten im Land und sollten nach Gebrauch so schnell wie möglich wieder in ihre Heimat zurückkehren. Es kam anders, die Gastarbeiter blieben jahrelang und holten schließlich ihre Familien nach. Doch bis heute haben in Österreich und Deutschland erstaunlich viele Kinder von Zuwanderern, die hier geboren sind, keine Staatsbürgerschaft und damit keine vollen Bürgerrechte. Das Gastarbeitermodell war zwar offenbar erfolgreich darin, Radikalisierungen wie in Frankreich, Großbritannien und den Niederlanden gar nicht erst aufkommen zu lassen: Wem man nichts verspricht, der fordert es auch nicht so vehement ein. Aber es verhindert, dass Zuwanderer sich in die Gesellschaft einbringen, und es fördert ein Leben mit der Hoffnung auf Rückkehr – und damit, ebenso wie der Multikulturalismus, die viel zitierten „Parallelgesellschaften", in denen andere Regeln gelten als im Gastland. „Das Gastarbeitermodell mit billigen, willigen, aber rechtlosen Arbeitskräften ist eine sozialpolitische Einbahnstraße. Tausende Migrantinnen und Migranten ohne Aufstiegschancen, in schlechten und überteuerten Wohnungen, mit der Unsicherheit des permanenten Aufenthaltsverbots bewirkten das Gegenteil von Integration: nämlich soziale Ausgrenzung", warnt Michael Chalupka, Direktor der Diakonie in Österreich.

Doch es gibt erfolgreiche Modelle, wie man mit Zuwanderung umgehen kann – wenn auch nicht in Europa, sondern in Kanada. Kanada ist nicht nur ein Einwanderungsland, es definiert sich auch so. Dort kann man als *Immigrant* (Einwanderer) oder *Foreign worker* (ausländische Arbeitskraft) einreisen, um zu arbeiten. Jedes Jahr wandern 230.000 bis 250.000 *Immigrants* ein, die planen, Teil der kanadischen Gesellschaft zu werden. Es wird von ihnen erwartet, sich nach drei Jahren einbürgern zu lassen. Bewerben kann man sich um die Einwanderung mittels eines Punktetests – doch nur 17 Prozent aller Einwanderer müssen den Test bewältigen. Der Rest sind Familienangehörige und Flüchtlinge (10-20 Prozent), dazu kommen die *Foreign Workers* mit befristeter Aufenthaltsgenehmigung (92.713 im Jahr 2004).

Auch Kanada verfolgt eine Art Multikulturalismus – aber es ist einer der Chancengleichheit, nicht des Ausschlusses. „Multikulturalismus besteht aus drei Bausteinen: unantastbaren Minderheitenrechten, einer pragmatischen Politik des Ausgleichs und einer gemeinsamen staatsbürgerlichen Identität", schreibt der Integrationsforscher Rainer Bauböck.[123] In Kanada sind alle drei Elemente vorhanden. In Europa fehlt zumindest das dritte: Einwanderer waren immer „die Anderen" und nicht Teil des „Wir". Sie wurden nie als Teil der Gesellschaft wahrgenommen.

Der Verrat an den europäischen Werten

Hört man in Europa Menschen auf der Straße und in Gasthäusern zu, wie sie über Integration sprechen, dann fallen fast immer diese zwei Sätze: „Die sollen sich gefälligst integrieren" oder „Die wollen sich ja gar nicht integrieren". Hier ist der

Volksmund Spiegel der Politik. Die Last der Integration wird den Einwanderern umgehängt, und während sie sich an den geschlossenen Türen und unsichtbaren Barrieren abmühen, steht die Mehrheitsgesellschaft im besten Fall mit verschränkten Armen daneben und sieht zu. Meist sieht sie aber einfach weg.
Es wird Eingliederung erwartet, ohne Bürgerrechte zuzugestehen. Und es wird kulturelle Anpassung verlangt, ohne zu definieren, woran man sich denn nun anpassen sollte. Was ist die europäische Kultur, in die Einwanderer sich einfügen sollen? Bayrische Trachtenvereine, Roma in der Slowakei, Punks in Berlin, Wallfahrer in Rom, Opernpublikum in Paris – was haben sie gemeinsam, an das man sich anpassen könnte?
Die Antwort darauf lautet meist: die europäischen Werte. Zuwanderer sollten diese übernehmen und verinnerlichen, um Teil der Gesellschaft zu werden. Nun sind auch diese Werte, das hat die Diskussion um die EU-Verfassung gezeigt, alles andere als Konsens. Es gibt aber einen Grundstock, auf den sich alle einigen können: die Basis der Menschenrechte, das Versprechen von Freiheit, Gleichheit und Respekt. Diese drei Prinzipien waren – als „Freiheit, Gleichheit, Brüderlichkeit" – Ergebnis der europäischen Aufklärung und Antrieb der Französischen Revolution. Sie sind das europäische Versprechen von sozialer und formaler Gerechtigkeit ohne Unterschied nach Herkunft, Rasse, Geschlecht und Religion, von Rechtsstaatlichkeit und dem Recht auf Partizipation. Sie sind das Versprechen, dass es keine Unterordnung und keine Leibeigenschaft mehr geben werde, sondern freie Menschen mit gleichen Rechten. Sie sind der Kern der europäischen Werte.
Und sie werden, wenn Einwanderer betroffen sind, oft außer Kraft gesetzt.
Europäische Grundwerte gelten heute, das zeigen die Reportagen und Analysen in diesem Buch, viel zu oft nur für alteingesessene Weiße. Das Recht auf Freiheit gilt oft nicht für Ausländer, die hier mit dem falschen Pass leben, Sozialhilfe bezogen haben oder einen Fehler bei Behördengängen gemacht haben: Sie können fast willkürlich wegen einer einfachen Verwal-

tungsübertretung ins Gefängnis kommen und deportiert werden. Gleichheit gilt für Einwanderer und ihre Nachkommen weder vor dem Gesetz noch – mangels Bürgerrechten – bei der Mitbestimmung und schon gar nicht in der sozialen Realität des Arbeits- oder Wohnungsmarktes. Respekt ist etwas, das viele Zuwanderer schon gar nicht mehr erwarten. Und mit dem System der Illegalisierung von Einwanderern, die hier als Arbeiter geduldet werden, hat sich gar eine neue Form von Leibeigenschaft gebildet.

Wir sprechen hier nicht von ein paar tausend Touristen oder dem einen oder anderen Schwarzarbeiter, sondern von einem beachtlichen Teil der europäischen Bevölkerung: Zehn Millionen illegale Migranten arbeiten in Europa. Zwischen fünf und zehn Prozent der Einwohner sind, je nach Land, Ausländer, viele davon in Europa geboren. Und noch viel mehr werden trotz Staatsbürgerschaft als Fremde behandelt. Europa ist schon seit Jahrzehnten nicht mehr rein weiß und christlich. Es ist ein Einwanderungskontinent, in dem verschiedenste Religionen, Kulturen, Hautfarben zusammenleben. Nur dass ein Teil dieser gemischten Bevölkerung nicht in denselben Genuss der europäischen Werte kommt wie die Mehrheitsbevölkerung.

Man muss von Zuwanderern verlangen, Grundwerte zu respektieren – sonst leistet man der Bildung von Ghettos Vorschub, in denen der Rechtsstaat in den Hintergrund rückt und Unterdrückung innerhalb von Subkulturen ermöglicht wird. Aber Europa leidet daran, dass kein Konsens über diese Grundwerte zu erzielen ist. Es ist angesichts der grausamen Kolonialgeschichte nicht verwunderlich, dass „europäische Werte" bei Menschen aus ehemaligen Kolonien nicht als das Non-Plus-Ultra gelten, sondern als Herrschaftsinstrument gesehen werden, als das sie auch oft missbraucht werden – bis heute, wenn sie als Grundlage von Entwicklungspolitik dienen, die den Betroffenen mehr schadet als nützt (siehe Kapitel 9). Es ist daher auch nicht verwunderlich, dass man im postkolonialen Europa zögert, diese schwammig definierten Werte Zuwanderern aufzuzwingen – die Gewissheit darüber, ob sie universal gültig sind und somit die Werte anderer Kulturen „ausstechen", ist verloren gegangen. Doch damit fehlt auch die Grundlage für das Zusammenleben in einer multikulturellen, gemischten Gesellschaft. Bassam Tibi hat das in seinem Buch *Europa ohne Identität – die Krise des Multikulturalismus* eindringlich beschrieben.

Europas Neu-Definition als Einwanderungskontinent

Es gibt nur einen Ausweg aus der Sackgasse, in der Europas Integrations- und Einwanderungspolitik steckt: einen radikalen Bewusstseinswandel in der Gesellschaft. Europa ist seit Jahrzehnten ein Einwanderungskontinent und muss mit dieser Tatsache erst umzugehen lernen. Ein gesellschaftlicher Bewusstseinwandel erfolgt nicht von heute auf morgen, aber er ist sehr wohl möglich. Die Voraussetzung dafür ist allerdings ein grundlegend anderer Umgang der Politik mit dem Thema Migration: Statt Schlagworte wie Terror, Kriminalität, Menschenhandel und Parallelgesellschaft mit Einwanderung zu verknüpfen, müssten die vielen positiven Seiten der Migration für Europa herausgestrichen werden (und sei es nur, dass Europas Wohlstand auf der Arbeit von Einwanderern aufgebaut ist). Statt Segregation müsste Gemischtheit angestrebt werden – etwa indem Ghetto-Bildungen im Ansatz verhindert und binationale Ehen gefördert statt erschwert werden. Statt einen großen Teil der Bevölkerung vom Recht auszuschließen, an den gesellschaftlichen Entwicklungen teilzuhaben – wie es derzeit durch den erschwerten Zugang zur Staatsbürgerschaft geschieht –, müssten Einwanderer aktiv dazu eingeladen werden zu partizipieren. Statt Einwanderer als Reservearmee des Arbeitsmarktes zu sehen, die abgeschoben wird, sobald man sie nicht mehr braucht, müssten rigide Anti-Diskriminierungsbestimmungen und gezielte Förderungen dafür sorgen, dass Aufstieg möglich ist. Statt Integrationsverträgen und Staatsbürgerschaftstests, die vor allem als Mittel des Ausschlusses dienen, müsste sich Europa auf die eigenen Grundwerte besinnen und sie Einwanderern mit Respekt nahe bringen – vor allem, indem man sie vorlebt. Nur dann kann man verlangen, dass sie auch respektiert werden. Das alles ist weder billig noch einfach. Aber es ist die einzige Möglichkeit.

Europa ist ferner an den Entwicklungen in den Herkunftsländern der Flüchtlinge und Auswanderer direkt beteiligt. Entwicklungszusammenarbeit kann die Armut, die durch europäische Handels- und Geopolitik geschaffen wird, nicht wieder gutmachen – umso mehr, als sie viel zu oft gar nicht auf die Bedürfnisse der Betroffenen eingeht, sondern als Vehikel für europäische Exporte, Investitionen und politische Interessen dient. Die Zusammenarbeit mit den Herkunftsländern müsste partnerschaftlich gestaltet werden und Europa müsste sich darauf einstellen, viel weniger von diesen Ländern zu profitieren und viel mehr in die soziale Sicherheit dort zu investieren. Sonst droht tatsächlich, was Afrikaner seit Jahren ankündigen: ein Massenansturm auf den reichen Norden.

Die europäische Politik ist in den letzten Jahrzehnten blindlings in die Realität einer Einwanderungsgesellschaft gestolpert. Die Probleme, die sich daraus zwingend ergaben, wurden verdrängt oder als solche von „Ausländern" gesehen, die man ja abschieben könne. Statt diese Probleme offen anzusprechen und zu lösen, wird an einer „Festung Europa" gearbeitet, die sich nach innen und außen von Einwanderern abschottet. Aber diese Festung ist ein Konstrukt – ein abgeschlossenes Europa hat es nie gegeben, und in der Zukunft wird Europa mehr, nicht weniger Zuwanderung anziehen. Die Mauern der Festung werden täglich von kleinen Explosionen erschüttert. Europa hat sich dadurch in ein Pulverfass verwandelt. Aber die Zündschnur ist noch zu löschen.

Anhang

ANHANG 1

EU-Politik zu Migration

ANHANG 2.

Staatsbürgerschaft:
30 Fragen an Moslems

ANHANG 3

Der deutsche Staatsbürgerschaftstest

ANHANG 1

EU-Politik zu Migration

Bis zum Jahr 2000 war „Integration" das zentrale Schlagwort der EU-Politik zu Migration. Ab 2001 wurde es durch „Sicherheit" abgelöst: Das Haager Programm, das die EU-Migrations- und Integrationspolitik der Jahre 2005 bis 2010 festlegt, verbindet Migration, Integration, Asyl, Menschenhandel, Terrorismus, organisierte Kriminalität und Drogenhandel in einem Politikfeld.

TAGUNG DES EUROPÄISCHEN RATES
(Brüssel, 4./5. November 2004)
Schlussfolgerungen des Vorsitzes

II. RAUM DER FREIHEIT, DER SICHERHEIT UND DES RECHTS

14. Die Sicherheit der Europäischen Union und ihrer Mitgliedstaaten hat insbesondere angesichts der Terroranschläge vom 11. September 2001 in den Vereinigten Staaten und vom 11. März 2004 in Madrid neue Dringlichkeit erhalten. Die Bürger Europas erwarten zu Recht von der Europäischen Union, dass sie grenzüberschreitenden Problemen wie illegaler Migration, Menschenhandel und Schleuserkriminalität sowie Terrorismus und organisierter Kriminalität mit einem effizienteren, gemeinsamen Konzept entgegentritt, wobei die Achtung der Grundfreiheiten und Grundrechte gewährleistet sein muss.

15. Fünf Jahre nach der Tagung des Europäischen Rates in Tampere, auf der ein Programm vereinbart wurde, das die Grundlagen für wichtige Errungenschaften im

Bereich der Freiheit, der Sicherheit und des Rechts geschaffen hat, ist es nun Zeit für ein neues Programm, das die Union in die Lage versetzen soll, ausgehend von dem bereits Erreichten, Probleme, die künftig auf sie zukommen, effizient zu meistern. Zu diesem Zweck hat der Europäische Rat ein neues Mehrjahresprogramm angenommen, das sich auf die nächsten fünf Jahre erstreckt und unter der Bezeichnung „Haager Programm" diesen Schlussfolgerungen beigefügt ist. Dieses Programm spiegelt die Ambitionen wider, die im Vertrag über eine Verfassung für Europa zum Ausdruck kommen. Es berücksichtigt dabei die Evaluierung der Kommission, die der Europäische Rat im Juni 2004 begrüßt hat, und die vom Europäischen Parlament am 14. Oktober 2004 angenommene Empfehlung zur Anwendung der Beschlussfassung mit qualifizierter Mehrheit und des Mitentscheidungsverfahrens.

16. Das Haager Programm behandelt alle Aspekte von Politikbereichen, die einen Bezug zum Raum der Freiheit, der Sicherheit und des Rechts haben, einschließlich ihrer außenpolitischen Dimension; dies sind insbesondere die Bereiche Grundrechte und Unionsbürgerschaft, Asyl und Migration, Grenzkontrollen, Integration, Bekämpfung des Terrorismus und der organisierten Kriminalität, justizielle und polizeiliche Zusammenarbeit und Zivilrecht; im Dezember 2004 wird eine Drogenstrategie hinzugefügt. In diesem Zusammenhang ist der Europäische Rat der Ansicht, dass die Schaffung geeigneter europäischer Rechtsinstrumente und die Stärkung der praktischen und operativen Zusammenarbeit zwischen den entsprechenden nationalen Stellen – wie auch die rechtzeitige Umsetzung der vereinbarten Maßnahmen – von entscheidender Bedeutung sind.

17. Der Europäische Rat fordert die Kommission auf, auf der Grundlage dieses Programms 2005 einen Aktionsplan mit Vorschlägen für konkrete Maßnahmen und einen

Zeitplan für deren Annahme und Umsetzung vorzulegen. Des Weiteren ersucht er die Kommission, dem Rat jährlich einen Bericht über den Stand der Umsetzung der Maßnahmen der Union („Fortschrittsanzeiger") vorzulegen. Die Mitgliedstaaten übermitteln die hierfür erforderlichen Informationen. In diesem Zusammenhang unterstreicht der Europäische Rat die Bedeutung der Transparenz und der Einbeziehung des Europäischen Parlaments.

18. Der Europäische Rat fordert den Rat auf, sicherzustellen, dass der Zeitplan für jede einzelne Maßnahme eingehalten wird.

19. Ohne den Finanzrahmen 2007-2013 präjudizieren zu wollen, stellt der Europäische Rat fest, dass die finanziellen Auswirkungen des mehrjährigen Programms für den Raum der Freiheit, der Sicherheit und des Rechts entsprechend zu berücksichtigen sind.

20. Der Europäische Rat wird die Fortschritte beim Haager Programm in der zweiten Hälfte des Jahres 2006 prüfen.

ANHANG 2

Staatsbürgerschaft: 30 Fragen an Moslems

Muslime, die sich um einen deutschen Pass bewerben, müssen sich in Baden-Württemberg seit Jahresbeginn 2006 einem umstrittenen Gesinnungstest unterziehen, der ein Beispiel für den Generalverdacht liefert, unter dem Muslime seit 2001 stehen. Das Stuttgarter Innenministerium hat den Gesprächsleitfaden entwickelt. Die Antworten der Antragsteller werden protokolliert und müssen abschließend unterzeichnet werden. Der Antragsteller unterschreibt, dass er darauf hingewiesen wurde, dass „unwahre Angaben" zur „Rücknahme der Einbürgerung führen können" – selbst, wenn er dadurch staatenlos würde. Der Leitfaden ist speziell für die 57 Staaten konzipiert, die der Islamischen Konferenz angehören. Andere Einbürgerungswillige werden nur überprüft, wenn sie islamischen Glaubens sind oder ihr ernsthaftes Bekenntnis zum Grundgesetz bezweifelt wird. Wie alle anderen, die einen deutschen Pass beantragen, müssen sie ein Bekenntnis zur freiheitlich demokratischen Grundordnung abgeben. Hier der Fragenkatalog, der von Beamten der 44 Einwanderungsbehörden von Baden-Württemberg angewandt wird:

1. Das Bekenntnis zur freiheitlichen demokratischen Grundordnung des Grundgesetzes für die Bundesrepublik Deutschland umfasst die Werteordnung des Grundgesetzes, die inhaltsgleich für alle Staaten der Europäischen Union gilt. Dazu gehören unter anderem – der Schutz der Menschenwürde – das Gewaltmonopol des Staates, das heißt, außer dem Staat darf in der Bundesrepublik Deutschland niemand Gewalt gegen einen anderen anwenden, es sei denn in Notwehr. Der Staat selbst darf Gewalt nur auf Grund einer gesetzlichen Ermächtigung

anwenden – sowie die Gleichberechtigung von Mann und Frau. Entsprechen diese Grundsätze Ihren persönlichen Vorstellungen?

2. Was halten Sie von folgenden Aussagen? „Demokratie ist die schlechteste Regierungsform, die wir haben, aber die beste, die es gibt." „Die Menschheit hat noch nie eine so dunkle Phase wie unter der Demokratie erlebt. Damit der Mensch sich von der Demokratie befreien kann, muss er zuerst begreifen, dass die Demokratie den Menschen nichts Gutes geben kann ..."

3. In Filmen, Theaterstücken und Büchern werden manchmal die religiösen Gefühle von Menschen der unterschiedlichen Glaubensrichtungen verletzt. Welche Mittel darf der Einzelne Ihrer Meinung nach anwenden, um sich gegen solche Verletzungen seines Glaubens zu wehren, und welche nicht?

4. Wie stehen Sie zu Kritik an einer Religion? Halten Sie diese für zulässig? Setzen Sie sich damit auseinander?

5. In Deutschland können politische Parteien und Vereine wegen verfassungsfeindlicher Betätigung verboten werden. Würden Sie trotz eines solchen Verbots die Partei oder den Verein doch unterstützen? Unter welchen Umständen?

6. Wie stehen Sie zu der Aussage, dass die Frau ihrem Ehemann gehorchen soll und dass dieser sie schlagen darf, wenn sie ihm nicht gehorsam ist?

7. Halten Sie es für zulässig, dass ein Mann seine Frau oder seine Tochter zu Hause einschließt, um zu verhindern, dass sie ihm in der Öffentlichkeit „Schande macht"?

8. In Deutschland kann die Polizei bei gewalttätigen Auseinandersetzungen zwischen Eheleuten einschreiten und zur Abwehr von weiteren Gefahren den Täter für einige Tage aus der Wohnung verweisen? Was halten Sie davon?

9. Halten Sie es für einen Fortschritt, dass Männer und Frauen in Deutschland kraft Gesetzes gleichberechtigt sind? Was sollte der Staat Ihrer Meinung nach tun, wenn Männer dies nicht akzeptieren?

10. In Deutschland kann jeder bei entsprechender Ausbildung nahezu jeden Beruf ergreifen. Was halten Sie davon? Sind Sie der Meinung, dass bestimmte Berufe nur Männern oder nur Frauen vorbehalten sein sollten? Wenn ja, welche und warum?

11. Welche Berufe sollte Ihrer Meinung nach eine Frau auf keinen Fall ausüben? Hätten Sie bei bestimmten Berufen Schwierigkeiten, eine Frau als Autoritätsperson anzuerkennen?

12. In Deutschland kann jeder selbst entscheiden, ob er sich lieber von einem Arzt oder einer Ärztin behandeln lässt. In bestimmten Situationen besteht diese Wahlmöglichkeit jedoch nicht: Notfall, Schichtwechsel im Krankenhaus. Würden Sie sich in einem solchen Fall auch von einer Ärztin (männlicher Einbürgerungsbewerber) oder einem Arzt (Einbürgerungsbewerberin) untersuchen oder operieren lassen?

13. Man hört immer wieder, dass Eltern ihren volljährigen Töchtern verbieten, einen bestimmten Beruf zu ergreifen oder einen Mann ihrer Wahl zu heiraten. Wie stehen Sie persönlich zu diesem Verhalten? Was würden Sie tun, wenn Ihre Tochter einen Mann anderen Glaubens heiraten oder eine Ausbildung machen möchte, die Ihnen nicht gefällt?

14. Was halten Sie davon, dass Eltern ihre Kinder zwangsweise verheiraten? Glauben Sie, dass solche Ehen mit der Menschenwürde vereinbar sind?

15. In Deutschland gehört der Sport- und Schwimmunterricht zum normalen Schulunterricht. Würden Sie Ihre Tochter daran teilnehmen lassen? Wenn nein: warum nicht?

16. Wie stehen Sie dazu, dass Schulkinder an Klassenausflügen und Schullandheimaufenthalten teilnehmen?

17. Ihre volljährige Tochter/Ihre Frau möchte sich gerne so kleiden wie andere deutsche Mädchen und Frauen auch. Würden Sie versuchen, das zu verhindern? Wenn ja: mit welchen Mitteln?

18. Bei Einbürgerungsbewerberinnen: Ihre Tochter möchte sich gerne so kleiden wie andere deutsche Mädchen und Frauen auch, aber Ihr Mann ist dagegen? Was tun Sie?

19. Ihre Tochter/Schwester kommt nach Hause und erzählt, sie sei sexuell belästigt worden. Was tun Sie als Vater/Mutter/Bruder/Schwester?

20. Ihr Sohn/Bruder kommt nach Hause und erzählt, er sei beleidigt worden. Was tun Sie als Vater/Mutter/Bruder/Schwester?

21. Erlaubt das Grundgesetz Ihrer Meinung nach, seine Religion zu wechseln, also seine bisherige Glaubensgemeinschaft zu verlassen und ohne Religion zu leben oder sich einer anderen Religion zuzuwenden? Was halten Sie davon, wenn man wegen eines solchen Religionswechsels bestraft würde (z. B. mit dem Verlust des Erbrechts)?

22. Sie erfahren, dass Leute aus Ihrer Nachbarschaft oder aus Ihrem Freundes- oder Bekanntenkreis einen terroristischen Anschlag begangen haben oder planen. Wie verhalten Sie sich? Was tun sie? (Hinweis für die EBB: Der Vorsitzende des Zentralrats der Muslime in Deutschland, Dr. Nadeem Elyas, hat im ZdF am 15. 07. 2005 – nach den Anschlägen in London – erklärt, die Zusammenarbeit mit den Sicherheitsbehörden sei für Muslime „ein islamisches Gebot und kein Verrat"!)

23. Sie haben von den Anschlägen am 11. September 2001 in New York und am 11. März 2004 in Madrid gehört. Waren die Täter in Ihren Augen Terroristen oder Freiheitskämpfer? Erläutern Sie Ihre Aussage.

24. In der Zeitung wird manchmal über Fälle berichtet, in denen Töchter oder Ehefrauen von männlichen Familienangehörigen wegen „unsittlichen Lebenswandels" getötet wurden, um die Familienehre wieder herzustellen. Wie stehen Sie zu einer solchen Tat?

25. Was halten Sie davon, wenn ein Mann in Deutschland mit zwei Frauen gleichzeitig verheiratet ist?

26. Wie beurteilen Sie es, wenn ein verheirateter Mann aus Deutschland in seinen früheren Heimatstaat fährt und dort ein zweites Mal heiratet?

27. Manche Leute machen die Juden für alles Böse in der Welt verantwortlich und behaupten sogar, sie steckten hinter den Anschlägen vom 11. September 2001 in New York? Was halten Sie von solchen Behauptungen?

28. Ihre Tochter bewirbt sich um eine Stelle in Deutschland. Sie bekommt jedoch ein ablehnendes Schreiben. Später erfahren Sie, dass eine Schwarzafrikanerin aus Somalia die Stelle bekommen hat. Wie verhalten Sie sich?

29. Stellen Sie sich vor, Ihr volljähriger Sohn kommt zu Ihnen und erklärt, er sei homosexuell und möchte gerne mit einem anderen Mann zusammenleben. Wie reagieren Sie?

30. In Deutschland haben sich verschiedene Politiker öffentlich als homosexuell bekannt. Was halten Sie davon, dass in Deutschland Homosexuelle öffentliche Ämter bekleiden?

ANHANG 3

Der deutsche Staatsbürgerschaftstest
(Bundesland Hessen – Auszug)

1. Wie viele Einwohner hat Deutschland?
2. Nennen Sie drei Flüsse, die durch Deutschland fließen!
3. Nennen Sie drei deutsche Mittelgebirge!
7. Welche Voraussetzungen muss man erfüllen, um deutscher Staatsbürger zu werden?
8. Nennen Sie drei Gründe, warum Sie deutscher Staatsbürger werden wollen!
9. Was verstehen Sie unter dem Begriff „Reformation" und wer hat sie eingeleitet?
10. Welche Versammlung tagte im Jahr 1848 in der Frankfurter Paulskirche?
11. Die erste Republik mit demokratischer Verfassung in Deutschland wurde 1918 ausgerufen. Wie wird diese erste deutsche Republik genannt?
12. Wann ging diese erste deutsche Republik zu Ende?
13. In welchen Jahren der ersten Hälfte des 20. Jahrhunderts war Deutschland eine Diktatur?
14. Wie hieß die damals herrschende Partei?
15. Erläutern Sie den Begriff „Holocaust"!
16. Wenn jemand den Holocaust als Mythos oder Märchen bezeichnet: Was sagen Sie dazu?
17. Erläutern Sie den Begriff „Existenzrecht" Israels!
18. Welches Ereignis fand am 20. Juli 1944 statt?
19. Was geschah am 8. Mai 1945?

20. Nach dem Zusammenbruch des „Dritten Reiches" war Deutschland in vier Besatzungszonen aufgeteilt. Wer waren die vier Besatzungsmächte?

21. In welchem Jahr wurde die Bundesrepublik Deutschland gegründet?

22. Wie hieß der erste Bundeskanzler?

24. Welches Ereignis fand am 17. Juni 1953 in der DDR statt?

25. Was verstehen Sie unter dem deutschen „Wirtschaftswunder"?

26. Erläutern Sie den Begriff „Mauerbau" (1961 in Berlin)!

27. Welcher deutsche Bundeskanzler bekam den Friedensnobelpreis?

28. In welchem Jahr kam es zur Wiedervereinigung?

29. Nennen Sie die Bundesländer, die heute auf dem Gebiet der ehemaligen DDR existieren!

30. Der 9. November hat in der deutschen Geschichte eine besondere Bedeutung. Welche Ereignisse fanden statt a.) am 9.11.1938 und b.) am 9.11.1989?

31. Wo sind die Grundrechte der Staatsbürger festgelegt?

32. Wie heißt die Verfassung der BR Deutschland?

33. In welchem Jahr ist sie in Kraft getreten?

34. Von wem geht in der Bundesrepublik Deutschland alle Staatsgewalt aus? Welche Vorteile ergeben sich daraus für die Bürgerinnen und Bürger?

35. Welches Recht schützt Artikel 1 der bundesdeutschen Verfassung?

37. Die Verfassung garantiert Grundrechte. Nennen Sie vier!

39. Einer Frau soll es nicht erlaubt sein, sich ohne Begleitung eines nahen männlichen Verwandten allein in der

Öffentlichkeit aufzuhalten oder auf Reisen gehen zu dürfen: Wie ist Ihre Meinung dazu?

40. Wer kann in der Bundesrepublik Deutschland einen Antrag auf Ehescheidung stellen?

41. Beschreiben Sie den Grundgedanken der Gewaltenteilung!

42. Erläutern Sie den Begriff „Religionsfreiheit"!

43. In Filmen, Theaterstücken und Büchern werden manchmal die religiösen Gefühle von Menschen der unterschiedlichen Glaubensrichtungen verletzt. Welche Mittel darf der Einzelne Ihrer Meinung nach anwenden, um sich gegen so etwas zu wehren, und welche nicht?

48. Die Wahlen zu den deutschen Parlamenten müssen nach Art. 38 der Verfassung allgemein, unmittelbar, frei, gleich und geheim sein. Erklären Sie diese Wahlgrundsätze!

52. Unter welchen Umständen können in der Bundesrepublik Deutschland politische Parteien und Vereine verboten werden? Würden Sie trotz eines solchen Verbots die Partei oder den Verein doch unterstützen? Unter welchen Umständen?

54. Nennen Sie zwei Interessenverbände aus dem Wirtschafts- und Arbeitsleben!

57. Wie heißt die Vereinigung von Abgeordneten einer Partei im Parlament?

58. Für die Abgeordneten in den Parlamenten gilt der „Grundsatz des freien Mandats". Was heißt das?

59. Was bedeutet die „Fünf-Prozent-Klausel" bei der Wahl zum Deutschen Bundestag?

60. Alle Bürgerinnen und Bürger können sich mit Beschwerden und Vorschlägen auch an besondere Ausschüsse der Parlamente wenden. Wie heißen diese Ausschüsse der Volksvertretungen in Bund und Ländern?

62. Was ist das Bundeskabinett?

67. Wie heißt die Vertretung der deutschen Länder auf Bundesebene?

68. Die Bundesrepublik Deutschland hat einen dreistufigen Verwaltungsaufbau. Wie heißt das unterste politische Gemeinwesen?

69. Wie lautet die Amtsbezeichnung der Regierungschefs der meisten Bundesländer?

70. Die Bundesrepublik Deutschland ist ein Rechtsstaat. Was bedeutet Rechtsstaat?

71. Die Rechtsordnung verbietet, privat Vergeltung zu üben oder das Recht auf eigene Faust durchzusetzen. Das Opfer einer Straftat darf an dem Täter keine Rache nehmen. Wem steht alleine die Strafgewalt zu?

76. In welcher Stadt hat das Europäische Parlament seinen Sitz?

78. Wie heißt das Organ der EU, das die Gemeinschaftspolitik plant und die Entscheidungen ausführt?

79. Welchem internationalen Verteidigungsbündnis gehört die Bundesrepublik Deutschland an?

80. Nennen Sie drei deutsche Philosophen!

81. Johann Wolfgang von Goethe und Friedrich Schiller gelten als Deutschlands berühmteste Dichter. Nennen Sie jeweils ein Werk der beiden Dichter!

82. Nennen Sie einen deutschen Literatur-Nobelpreisträger!

84. Der deutsche Maler Caspar David Friedrich malte auf einem seiner bekanntesten Bilder eine Landschaft auf der Ostseeinsel Rügen. Welches Motiv zeigt dieses Bild?

85. In Kassel findet alle fünf Jahre eine der bedeutendsten Ausstellungen moderner und zeitgenössischer Kunst statt. Welchen Namen trägt diese Ausstellung?

90. In den deutschen Kinos startete 2004 der Film „Das Wunder von Bern". Auf welches sportliche Ereignis nimmt der Film Bezug?

91. In welcher deutschen Stadt fanden letztmals die „Olympischen Sommerspiele" statt und von welchem Ereignis wurden sie überschattet?

92. Zum gesellschaftlich-kulturellen Bild der Bundesrepublik Deutschland gehören Sportarten und Sportler. Nennen Sie drei bekannte deutsche Sportler!

94. Welche Personen gelten in Deutschland als Pioniere des Automobilbaus? Nennen Sie zwei Namen!

95. Welcher deutsche Physiker hat mit seiner Entdeckung im Jahre 1895 die medizinische Diagnose bis zum heutigen Tag revolutioniert?

96. Was gelang dem deutschen Wissenschaftler Otto Hahn erstmals 1938?

97. Welcher deutsche Arzt entdeckte die Erreger von Cholera und Tuberkulose?

98. Welche Farben hat die deutsche Bundesflagge und wie sind sie angeordnet?

99. Wie heißt der Nationalfeiertag der Bundesrepublik Deutschland und wann wird er begangen?

100. Wie heißt die deutsche Nationalhymne und mit welchen Worten beginnt sie?

Danksagung

Dieses Buch konnte nur zustande kommen, weil uns viele, viele Leute geholfen haben:

Mary Kreutzer hat die Recherche von Studien und Dokumenten geleitet, unterstützt von Stefanie Mayer (Kapitel 9 und Schluss), Irene Messinger (Kapitel 2, 3 und 4), Thomas Rammerstorfer (Kapitel 5 und 7), Maria Pohn-Weidinger (Kapitel 6) und Eve Medioni (Kapitel 7), Julia Kospach den Text sensibel vorlektoriert. Walter Lutschinger, das Team des Styria-Verlages und PR-Frau Barbara Brunner haben uns und das Buch perfekt betreut.

Vor allem haben aber viele Menschen mich und Reiner Riedler aufgenommen und und uns erlaubt, einige Tage oder Wochen an ihrem Leben teilzunehmen. Wir danken:

Burkina Faso: der Österreichischen Bergbauernvereinigung – insbesondere Iris Strutzmann – für die Einladung zur Begegnungsreise, Brigitte Bauchinger für die Begleitung, Petra Radeschnig und Yves Delisle von der Österreichichischen Entwicklunszusammenarbeit für die Einblicke in die Projekte, Bernard Ouedraogo und dem Team von „Naam", dem Dorf Tolo, Abdul, Soulé, Polo, Ben, Madi und Tino aus Ouhigouya für die Gastfreundschaft.
Ghana: Margaret Akagwire und ihrer ganzen Familie.
Marokko: Moustapha, Driss und Tariq für ihre Gastfreundschaft.
Ceuta: Azedine, Mustafa, Ali, Mohammed, Abdullah, Walid, Mourad, Le père de l'hangar und allen anderen „clandestinos" vom Sardinero, Gema Prieto und Gonzalo Sanz von ACEMI-GRA, Hermana Paula Domingo, Padre Aurelio von Cruz Blanca, dem Team vom Flüchtlingszentrum CETI, Carlos Ugarte von *Médicos del Mundo*, Alfonso Cruzado von der *Guardia Civil*, Valenciano vom Geheimlager Benitez.

Melilla: José Palazon von Prodein.
Almeria: Federdico Pacheco, Abd El Kader vom SOC.
Roquetas del Mar: M. Sanagaré von AEMA.
San Isidro: Tiko, Samba, Ismail und alle anderen *Maliens* und *Senegaliens* von der Plastiksiedlung.
Paris: „A toutes les Victimes", Simon und Malika aus der Banlieue Sud, Abdullah, Mohammed, Dembo, Metin und die „potes" von La Courneuve, Mohammed Abdi von *Ni Putes Ni Soumises*, Fanta Sangare von *Femmes Relais*, der Anwältin Linda Curiel, Paul Zigani aus Seine Saint Denis, allen Bewohnern des Foyer Malien in Montreuil.
London: Ahmed Versi von *Muslim News*, Imam Shahib von der Central London Mosque, Imam Dawoud Noibi, dem Team von Blak-Stone.com.
Wien: Hannes Rauch und Rudolf Gollia vom Innenministerium, Revierinspektor Schön vom Anhaltezentrum Rossauer Lände, Roland Schönbauer (UNHCR), Philipp Sonderegger (SOS Mitmensch), Martin Schenk (Diakonie), *Orient Express*.

Und schließlich und besonders Ulli, Luca und meinen Eltern, die meine langen Abwesenheiten nicht nur ertragen, sondern unterstützt haben. Ohne euch wäre es nicht gegangen!

Anmerkungen

[1] Alle Zahlen: *CIA World Fact Book*, 2006
[2] Ausführliche Kritik an der Grenz-Praxis in Ceuta: amnesty international: *Spain: The southern border. The state turns ist back on the human rights of refugees and migrants*, London 2005
[3] Medicos Sin Fronteras: *Violencia e inmigración. Informe sobre la inmigración de origen subsahariano en situación irregular en Marruecos*, September 2005
[4] Ebda.
[5] Gezählt sind nur die Fälle, die in Zeitungsberichten erwähnt wurden. Die Gewalt an der Grenze ist nicht Folge schlechter Ausbildung oder besonderer Grausamkeit der spanischen Grenzpolizei, sondern hat offenbar System, wie Untersuchungen an anderen Grenzen belegen: An der EU-Außengrenze in der Ukraine werden Flüchtlinge ebenfalls mit Gewalt empfangen, kritisiert *Human Rights Watch* im Bericht: *Ukraine: On the Margins. Human Rights Violations against Migrants and Asylum Seekers at the New Eastern Border of the European Union* (Februar 2006). Exemplarisch für die Praxis auf den europäischen Flughäfen steht das Buch *Bienvenue en France* von Anne de Loisy, die sechs Monate in der Transitzone des Flughafens Charles de Gaulles verbrachte und von Gewalt, willkürlichen Rückschiebungen und Demütigungen berichtet.
[6] Europäische Kommission: *Zusammenhänge zwischen legaler und illegaler Migration*, Studie im Auftrag des Europäischen Rates, 2004
[7] Mitteilung der Europäischen Kommission: *Auf dem Weg zu einem integrierten Grenzschutz an den Außengrenzen der EU-Mitgliedsstaaten*, KOM 2004
[8] Mitteilung der Kommission an das Europäische Parlament und den Rat: *Die Entwicklung des Informationssystems Schengen II*, KOM 2001
[9] Nach Auskunft der *Ärzte ohne Grenzen*
[10] Zahlen: Schätzungen von Flüchtlingen
[11] Civipol: *Feasability Study on the control of the European Union's maritime borders – Final Report*, 4. Juli 2003
[12] www.united.non-profit.nl/pdfs/deathlist2005.pdf (7. März 2006), See- und Landweg
[13] Worauf diese Schätzung von einem Leichenfund auf drei Tote beruht ist unklar – ich schätze die Zahl der Toten höher ein, Belege sind aber schwer zu finden.

Die marokkanische Vereinigung der Freunde und Familien von Opfern der illegalen Einwanderung AFVIC berichtet von 3.286 Leichenfunden an den Stränden von Marokko und Spanien zwischen 1997 und 2001. (www.bladi.net)
Der UN-Ecosoc wiederum nennt in einer Mitteilung an das UN-Generalsekretariat im Jahr 2002 für die Jahre 1997–2000 die Zahl von 3.000 Toten rund um die Meerenge von Gibraltar (UN-Ecosoc E/CN.4/2002/NGO/45)

[14] Quellen: APA, Reuters, EPA, BBC. Aufgelistet zum Teil auf www.noborder.org

[15] Civipol: *Feasability Study on the control of the European Union's maritime borders – Final Report*, 4. Juli 2003

[16] Rat der Europäischen Union: *Programm mit Maßnahmen zur Bekämpfung der illegalen Einwanderung an den Seegrenzen der Mitgliedstaaten der Europäischen Union*, Brüssel, 28. November 2003. (15445/03)

[17] Laut Civipol: siehe Anmerkung Nummer 15

[18] *Der Standard*, 15. März 2006

[19] *Tagesspiegel*, 8. März 2005

[20] *Frankfurter Allgemeine Zeitung*, 7. März 2006

[21] Human Rights Watch: *Spain. The other face of the Canary Islands. Rights Violations against Migrants and Asylum Seekers*, (Volume 14, 1D) Februar 2002
Amnesty international: *Spain. The southern border. The State turns ist back on the human rights of refugees and migrants*, London, Juni 2005

[22] www.cearcanarias.org/es/población.htm, 24. Februar 2006

[23] Auf einer Veranstaltung in Tübingen im Februar 2006

[24] In einem Interview in *La Repubblica*, 16.August 2004
Mittlerweile musste Calderoli zurücktreten – er hatte seine Sensibilität neuerlich bewiesen, als er auf dem Höhepunkt der weltweiten Proteste gegen die in einer dänischen Zeitung veröffentlichten Mohammed-Karikaturen diese auf einem T-Shirt im Fernsehen zeigte.

[25] Zitiert nach: Francesco Messineo: *Straße nach nirgendwo*, Ai-Journal, Dezember 2005

[26] Europäisches Parlament: *Bericht der Delegation des LIBE-Ausschusses über den Besuch des Zentralen Aufnahmelagers Lampedusa (Italien)*, Berichterstatterin: Martine Roure, Brüssel, 19. September 2005

[27] *Io, clandestino a Lampedusa*, in: *L'Espresso*, September 2005

[28] Zitiert nach FFM: *Ausgelagert*, S. 79

[29] Amnesty International: *Libya – Time to make Human Rights a reality*, Februar 2004

Amnesty International: *Immigration cooperation with Libya: The Human Rights Perspective. Amnesty International Briefing ahead of the Justice and Home Affairs Council*, 12. April 2005

[30] European Commission: *Technical Mission to Libya on Illegal Immigration. 27th November–6th December 2004*, Brüssel, 4. April 2005 (Doc 7753/05)

[31] Einzelne EU-Staaten haben mit diesen Staaten schon Rücknahme-Abkommen: So etwa Italien mit Libyen, Spanien mit Marokko, Mali und Ghana (seit Dezember 2005).

[32] Europäische Kommission: *Mitteilung zu einem europäischen Asylsystem*, 3. Juni 2003. Den Anfang der Diskussion machte Tony Blair in seinem Beitrag *New visions for refugees* und erntete allgemeine Ablehnung, ein Jahr später griff der deutsche Innenminister Otto Schily die Idee wieder auf, als ein Schiff der Hilfsorganisation *Cap Anamur* mit schiffbrüchigen Flüchtlingen an Bord wochenlang in keinem europäischen Hafen anlegen durfte. Auch er erntete damals nur Kritik.

[33] Beispiele sind der *Barcelona-Prozess* und die Neue Nachbarschaftspolitik – in allen Dokumenten und Verträgen findet sich die Bekämpfung der illegalen Migration als Priorität.

[34] Gemessen an der Einwohnerzahl

[35] *La Voz de Almería*, 17. Dezember 2003

[36] Der Plan des spanischen Umweltministeriums dazu: www.mma.es/info_amb/act_pub/pdf/3_actuaciones.pdf

[37] Ausführlicher Bericht: *CGT: La Fresa Marga. Movilizaciones de inmigrantes en Huelva. Encierro en la UPO de Sevilla*, März 2003

[38] Quellen: Europäisches Bürgerforum und Medienberichte aus *Le Monde* und *Libération*, August 2005

[39] Quellen: Interview mit Federico Pacheco von der SOC im Februar 2006 in Almería und Medienberichte

[40] *La Voz de Almería*, 4. Februar 2006

[41] Analyse von etwa 25 Artikeln aus *La Voz de Almería* und *Diario de Almería* anlässlich zweier Fernsehreportagen (ARD und ORF) im Winter 2006

[42] Spanien: 21,3% des BIP, Portugal: 21,2 Prozent des BIP, Italien: 24,4 Prozent des BIP, Griechenland: 27,6 Prozent des BIP. Quelle: Friedrich Schneider: *Praxis der Ökonomie*, Skript zur Vorlesung im WS 2005/2006, Universität Linz

[43] *Der Standard*, 10. März 2006

[44] Jörg Alt: *Illegal. Größenschätzungen für Deutschland*. Überarbeitete und aktualisierte Fassung des Exkurses in: Jörg Alt: *Leben in der Schattenwelt – Problemkomplex illegale Migration* (2003)

[45] laut Ankündigung von Innenminister Nicolas Sarkozy, *Le Monde*, 27. Februar 2006

[46] Die Vorgangsweise wird vom Innenministerium bestätigt – Gespräch mit Major Tatzgern am 12. April 2005
[47] Das österreichische Fremdenrechtspaket wurde deshalb von Asylanwälten vor dem Verfassungsgerichtshof angefochten – ein Urteil stand zum Zeitpunkt der Drucklegung noch aus.
[48] In Italien können Illegale anonym ärztlich behandelt werden. In Deutschland hingegen ist noch nicht geklärt, ob sich Ärzte strafbar machen, wenn sie Illegale behandeln – die Organisation *Ärzte gegen Atomkrieg* startete deshalb 2005 die Kampagne „Achten statt verachten – Gesundheitsversorgung für Menschen ohne Papiere" siehe: www.ippnw.de
[49] Jörg Alt: *Illegal. Größenschätzungen für Deutschland* Überarbeitete und aktualisierte Fassung des Exkurses in Jörg Alt: *Leben in der Schattenwelt – Problemkomplex illegale Migration*, 2003
[50] www.ohneuns.ch
[51] Karen Schönwälder, Dita Vogel, Giuseppe Sciortini *Migration und Illegalität in Deutschland*. AKI Forschungsbilanz 1. (Wissenschaftszentrum Berlin für Sozialforschung, Arbeitsstelle Interkulturelle Konflikte und gesellschaftliche Integration), Dezember 2004
[52] Nach Daten der Bundesregierung und des Bundeskriminalamtes in Deutschland. S. Karen Schönwälder, Dita Vogel, Giuseppe Sciortini: ebda
[53] Liste von Studien in: Friedrich Schneider, *Praxis der Ökonomie*. Skript zur Vorlesung im WS 2005/2006, Universität Linz
[54] *Archipel* 9/2002
[55] Einen vollständigen Überblick über Organisationen und Kampagnen, die zum Problembereich illegale Migration arbeiten, bietet: *Picum (Platform for international cooperation on undocumented migrants): 10 ways to protect undocumented migrant workers*, Brüssel 2005, www.picum.org
[56] Katholisches Forum Leben in der Illegalität und Migrationsrat: *Manifest Illegale Zuwanderung*
[57] UNHCR: *Asylum levels and trends in industrialized countries*, März 2006
[58] Quelle: UNHCR
[59] Anne de Loisy: *Bienvenue en France! Six mois d'enquête clandestine dans la zone d'attente de Roissy*, èditions le cherche midi, Paris 2005
[60] Deserteurs- und Flüchtlingsberatung: *Aktuelle Information aus der Schubhaft*, Februar 2006, www. deserteursberatung.at
[61] Menschenrechtsbeirat: *Haftbedingungen in Anhalteräumen der Sicherheitsbehörden* (Bericht), Oktober 2005,

www.menschenrechtsbeirat.at

[62] *profil* 6. Februar 2006
[63] Laut Informationen der *Plattform Zivilcourage*, dies wurde von der Polizei dementiert.
[64] *Der Standard* 25. Jänner 2006
[65] APA 14. Februar 2006
[66] Bundeszentrale politische Bildung, Netzwerk Migranten, Hamburgisches Weltwirtschafts-Institut: *Focus Migration – Länderprofil Frankreich*, April 2005
[67] Nach Auskünften des Rathauses. Genaue Daten: 16 Prozent Arbeitslosigkeit, 50 Prozent Jugendarbeitslosigkeit, 11 Prozent der Familien haben fünf oder mehr Mitglieder, weitere Informationen: www.cg93.fr
[67] In *France 2*, 28. Februar 2006
[69] Der Grund: Lehrer müssen eine gewisse Punktezahl bei Wettbewerben erreichen. Da kaum Banlieue-Einwohner unter den Absolventen sind und die Regierung lokale Lehrer haben wollte, wurde diese Regel für die ZUS gelockert. Der Effekt ist aber, dass die niedriger qualifizierten Lehrer auch weniger verdienen.
[70] Observatoire des Zones Urbaines Sensibles: *Rapport Annuel 2005*. Dort auch genaue Daten zu Arbeitslosigkeit, Ausbildung, Gesundheit.
[71] Mit dem Erfolg einer Legalisierungsaktion nach einem Regierungswechsel im Jahr 1997, bei der von 150.000 Antragstellern 87.000 eine Aufenthaltsgenehmigung bekamen.
[72] *Express* 21. November 2004 und andere
[73] EU-Kommission: *Grünbuch über ein EU-Konzept zur Verwaltung der Wirtschaftsmigration*. Brüssel, 11. Jänner 2005 (KOM 2004)
Einen Eindruck vom Alltagsrassismus und der täglichen Diskriminierung von Menschen mit Migrationshintergrund bieten der jährlich erscheinende Bericht der Antirassismus-Organisation Zara (www.zara.or.at) sowie der Rassismusbericht der *Europäischen Stelle zur Beobachtung von Rassismus und Fremdenfeindlichkeit*.
[74] Bundeszentrale für politische Bildung u.a.: *Focus Migration. Länderprofil Deutschland*, April 2005
[75] Eine Studie der FU Berlin untersuchte die Standpunkte türkischstämmiger Jugendlicher zur Doppelstaatsbürgerschaft: Etwas mehr als 50 Prozent plädieren darin für ein integratives Modell, das beide Staatsbürgerschaften zulässt. Nur jeder sechste wünscht ausschließlich die türkische, ebenso wenige ausschließlich die deutsche Staatsbürgerschaft. In der Praxis hatten zwei Drittel der Befragten eine türkischen, ein Drittel einen deut-

schen Pass. Hans Merkens, Volker Schmidt: *Individuation und soziale Identität bei türkischen Jugendlichen in Berlin.* Abschlussbericht eines von der Volkswagenstiftung geförderten Projekts, FU Berlin 2001

[76] In *Offen gesagt*, Februar 2005. Siehe auch: Bassam Tibi: *Europa ohne Identität? Die Krise der multikulturellen Gesellschaft,* München 2000

[77] Bernhard Perchinig: *Einbürgerung im Land der Hämmer,* in: *liga* 3/2005

[78] Jeanette Goddar: *Gefährliche Tendenz zum Ghetto oder die ganz gewöhnliche Suche nach Nestwärme? Chinatown, Little Italy, türkisches Viertel: Einwandererquartiere sind häufig ethnisch homogen. Das Beispiel Berlin-Kreuzberg.* In: *Das Parlament,* Nr. 31/32 2004

[79] Deutsche Bundesregierung: *Lebenslagen in Deutschland. Der zweite Armuts- und Reichtumsbericht der Bundesregierung,* Berlin 2005

[80] *Kurier* 4. Jänner 2006

[81] Siehe dazu die Studie des Zentrums für Soziale Innovation von August Gächter, 2005

[82] Sozialbericht der Bundesregierung 2003/2004, zitiert nach: *Österreichische Armutskonferenz,* www.armutskonferenz.at

[83] OECD: *Learning for tomorrow's world: First results from Pisa*

[84] derstandard.at, 1. Dezember 2005

[85] Quelle: Echo-TV

[86] Dieser Text ist auch erschienen in *liga* 03/05

[87] Waris Dirie: *Desert Flower* (Virago 1997), Waris Dirie, Corinna Milborn: *Schmerzenskinder* (Marion von Schröder 2005), Samira Bellil: *Dans l'enfer des tournantes* (Gallimard 2003), Necla Kelek: *Die fremde Braut* (Kiepenreuther und Witsch 2005), Serap Cileli: *Wir sind eure Töchter, nicht eure Ehre* (Neutor 2002)

[88] Größte Glocke des Wiener Stephansdoms

[89] Offener Brief in: *Die Zeit* 2. Februar 2006

[90] Siehe: Waris Dirie, Corinna Milborn: *Schmerzenskinder,* Marion von Schröder 2005

[91] Erste Steinigung in Europa, in *Emma* 01/02 2005

[92] http://bouns93.skyblog.com/

[93] Das Wort *caillera* ist die Selbstbezeichnung der Jugendlichen in den Vorstädten. Es ist eine Verballhornung nach der Methode des *verlan*, einer Jugendsprache, die die Silben verdreht (von *l'envers*). Es kommt von *racaille*, „Abschaum", ein sehr beleidigender Ausdruck, mit dem die Jugendlichen der Vorstädte oft beschimpft werden.

[94] Erhellend ist in diesem Zusammenhang ein Vergleich der

medialen Rezeption der Aufstände in den Banlieues von November 2005 und der Ausschreitungen gegen die neuen Arbeitsgesetze im März 2006.

[95] Christiane Kohser-Spohn, Frank Renken: *Trauma Algerienkrieg. Zur Geschichte und Aufarbeitung eines tabuisierten Konflikts*, Campus Verlag 2006

[96] In: *Radio France Info*, 8. November 2005

[97] Le Bondy Blog: http://previon.typepad.com/hebdo/. Der Blog wurde im Februar, nach Abzug der Schweizer Journalisten, von acht Jugendlichen aus Bondy übernommen und bietet einen guten Einblick in den Banlieue-Alltag.

[98] Text: http://www.rap2k.com/paroles-rap-11014-en-bas-des-tours.html

[99] Didier Lapeyronnie: *Soziale Klassen und Segregation: Die Konstruktion des Ghettos in der französischen Gesellschaft.* Tagungsbeitrag, Institut für Interdisziplinäre Konflikt- und Gewaltforschung, Universität Bielefeld 2004

[100] ebda.

[101] Fadela Amara: *Ni Putes ni Soumises*, S. (La Découverte Poche, Paris 2003)

[102] Lapeyronnie ebda.

[103] Nach einem Bericht der *Direction Centrale des Reseignements Généraux* des französischen Innenministeriums vom 23. November, veröffentlich in *Le Parisien* am 7. Dezember 2005

[104] Für eine gründliche Analyse der Strategie der Muslim-Brüder in Europa: Fiammetta Venner: *OPA sur l'islam en France. Les ambitions de l'UOIF*, calmann-levy 2005

[105] Trevor Philips: *After 7/7 – sleepwalking into segregation*, Rede vor dem *Manchester Council for Community Relations*, 22. September 2005

[106] www.blak-stone.com

[107] www.blak-stone.com, Forum, Eintrag Fazza 15. Juli 2005

[108] Gilles Kepel: *Die neuen Kreuzzüge. Die arabische Welt und die Zukunft des Westens*, Piper 2004, S. 301

[109] In *Salaam – Muslim lifestyle magazine*, Nr. 2/2005

[110] Mansoor Abul Hakim: *Women who deserve to go to Hell*, Darul Ishaat, Azhar Academy, London 2003

[111] Muhammad Iqbal Siddiqi: *Islam forbids free Mixing of Men and Women*, Adam Publishers, 2003

[112] International Organisation on Migration: *World Migration Report 2005*, www.iom.int: 21,8 Millionen sind innerhalb ihres Landes vertrieben worden, 13 Millionen sind Asylwerber und politische Flüchtlinge.

[113] CIA: *World Fact Book*,

www.cia.gov/cia/publications/factbook/geos/uv.html

[114] Alle Zahlen: Jean Ziegler: *Das Imperium der Schande*, Bertelsmann 2005

[115] Ebda; detaillierte Zahlen siehe: *United Nations Conference on Trade and Development* (UNCTAD): *Development and Globalization. Facts and Figurs*, 2005

[116] Auch bei den 34 Ländern, denen Schulden erlassen wurden, fiel diese Entschuldung so niedrig aus, dass die Schuldenrückzahlung weiterhin auf Kosten der öffentlichen Dienste geschieht. Siehe Karin Küblböck: *Schöne, Worte, fehlende Taten – Entwicklungspolitik für Afrika*, in: *liga* 01/2005

[117] Diese Marktverzerrung war das Hauptthema der Ministerkonferenz der Welthandelsorganisation WTO im Dezember 2005 in Hongkong und sprengte fast die Verhandlungen über weitere Liberalisierungen.

[118] Die FAO bezeichnet dieses Phänomen als fortschreitende Verarmung von Bauern, die beim besten Willen nicht mit modernen kapitalistischen Betrieben in einer zunehmend offenen Weltwirtschaft werden konkurrieren können. 16 Länderfallstudien der FAO zur Untersuchung der Auswirkungen der WTO-Vereinbarungen zur Landwirtschaft belegen einen drastischen Anstieg von Nahrungsimporten infolge der Liberalisierung. Quelle: www.koo.at

[119] Laut Isaac Held von der *US National Oceanographic and Athmospheric Administration NOAA in Proceedings of the National Academy of Sciences* 1/2006

[120] *Der Standard*

[121] EU-Kommission: *Grünbuch über die Verwaltung der wirtschaftlichen Einwanderung*. 11. Jänner 2005. Die zehn Prioritäten der EU-Einwanderungspolitik für die Jahre 2005 bis 2010 finden sich im Haager Programm: Stärkung der Grundrechte und der Unionsbürgerschaft, Bekämpfung des Terrorismus, Steuerung der Migrationsströme, Einführung eines gemeinsamen Asylverfahrens, Maximierung der positiven Auswirkungen der Immigration, Einführung eines integrierten Schutzes an den Außengrenzen der Union, Datenschutz und Informationsaustausch, organisierte Kriminalität: Ausarbeitung eines strategischen Konzepts, Gewährleistung eines leistungsfähigen europäischen Rechtsraumes für alle, Verantwortung und Solidarität gemeinsam ausüben. (siehe Anhang 1)

[122] 1991 markierte Fritz Bolkesteins Ausspruch „Meine Toleranz reicht nicht bis zu den Intoleranten" den Beginn der Debatte. Der Publizist Paul Scheffer kochte sie 2000 mit seinem Artikel *Das multikulturelle Drama* weiter hoch. Die Philosophin Baukja

Prins nannte die neue Nüchternheit, die die multikulturelle Begeisterung ablehnte, „New Realism": Sein herausragendster Vertreter war der rechte Politiker Pim Fortuyn, der als bekennender Homosexueller eine gewisse Glaubwürdigkeit hatte, wenn er gegen homophobe Imame in Amsterdam protestierte.

[123] Rainer Bauböck: *Multikulturalismus in der ersten Person Plural.* In: *liga* 01/05

Anna Politkowskaja
Tschetschenien
Die Wahrheit über den Krieg
Band 17929

Nach dem Ausbruch des zweiten Tschetschenien-Krieges verbrachte Anna Politkowskaja viele Monate als Korrespondentin in der Kaukasus-Republik. Dieses Buch berichtet vom Schicksal der Menschen in Tschetschenien, von den Opfern des Krieges. Anna Politkowskaja klärt auf über das unbeschreibbare Leid der Bevölkerung, analysiert, welche Auswirkungen dieser Krieg auf das Leben in Russland hat und beschreibt die Interessen der neuen »Generalsoligarchen«, die an ihm verdienen.

»Der Preis für ein Menschenleben war in Russland noch nie sehr hoch, jetzt aber ist er auf ein Tausendstel gefallen. Wir alle sind – wie die nicht gerettete ›Kursk‹ – in tödliche Tiefe gesunken. Und keiner gibt den Befehl zu unserer Rettung.«
Anna Politkowskaja

»Vermutlich gibt es keine bessere Kennerin der Hintergründe des Krieges als die Autorin.«
Süddeutsche Zeitung

Fischer Taschenbuch Verlag

Anna Politkowskaja
Russisches Tagebuch
Band 17928

Ein Bericht aus erster Hand, der wagt, was in Russlands »gelenkter Demokratie« lebensgefährlich ist: die Wahrheit.

Mit Blick für das Schicksal des Einzelnen beschreibt Anna Politkowskaja die Politik ihres Landes. Sie zeigt nicht nur die Verbrechen der russischen Armee in Tschetschenien, sondern auch jene an den russischen Soldaten und den Kampf ihrer Mütter um die Rechte und Würde ihrer Söhne. Sie prangert Putins »starken Staat« an und schildert das Klima der Resignation, der Angst und der Ratlosigkeit.

»Und niemand soll wagen zu behaupten,
ich hätte alles nicht gesehen, gehört und gespürt.
Denn ich habe es am eigenen Leib erlebt.«
Anna Politkowskaja

Fischer Taschenbuch Verlag

Fischer Kompakt
Der direkte Weg zum Wissen
Geschichte, Ökonomie, Philosophie,
Religion und Kulturgeschichte

Ralf Elger
Islam
Band 15368

Walter Heering
Europäische Geldpolitik
Band 15366

Michael Gehler
Europa
Band 15360

Rolf Steininger
Der Kalte Krieg
Band 15551

Rolf Steininger
Der Nahostkonflikt
Band 16121

Diethard Sawicki
Magie
Band 15568

Walter Heering
Geld
Band 15553

Günter Frankenberg
Grundgesetz
Band 15370

Diether Döring
Sozialstaat
Band 15567

Stefan Wolle
DDR
Band 16122

Manfred Hildermeier
Russische Revolution
Band 15352

Rolf Steininger
Der Vietnamkrieg
Band 16129

Bernhard Lang
Die Bibel
Band 16126

Fischer Taschenbuch Verlag

fi 666 014 / 2

Tim Flannery
Wir Wettermacher
Wie die Menschen das Klima verändern und
was das für unser Leben auf der Erde bedeutet
Band 17221

»Endlich gibt es eine anschauliche und lesbare Darstellung
eines der wichtigsten, kontroversesten Themen, die heute
jeden auf der Welt betreffen. Wenn Sie nicht schon süchtig
nach den Büchern von Tim Flannery sind, dann entdecken
Sie ihn jetzt: dies ist bis jetzt sein bestes.«
JARED DIAMOND,
Autor von „Kollaps" und „Arm und Reich"

»Ein besseres, wichtigeres Buch
kann man sich kaum vorstellen.«
BILL BRYSON,
Autor von ›Eine kurze Geschichte von fast allem‹

»Tim Flannery hat mit ›Wir Wettermacher‹
eine Art Weißbuch der Klimaforschung geschrieben,
das sich liest wie ein Krimi.«
Süddeutsche Zeitung

Ausgezeichnet von *bild der wissenschaft* zum
Wissenschaftsbuch des Jahres 2006.

Fischer Taschenbuch Verlag

Neil Belton
Die Ohrenzeugin
Helen Bamber. Ein Leben gegen die Gewalt
Band 15653

Neil Beltons ermutigendes Buch über Helen Bamber und ihr weltweites Engagement gegen Folter ist die Biographie einer außergewöhnlichen Frau. Geschrieben mit großem Takt, mit Sensibilität und Einfühlungsvermögen, zeichnet es auch die Geschichte all der Menschen nach, denen Helen Bamber in ihrer Arbeit begegnet ist und von deren Schicksalen sie Zeugnis ablegt.

»Dies zu Recht preisgekrönte Buch hat mich tief ergriffen.
Neil Belton hat ein Buch der Zuversicht und
der Hoffnung geschrieben.«
Hans Keilson

»Dies ist ein erstaunliches Buch, geschrieben mit großem Können und Einfühlungsvermögen. Es ist wenig wahrscheinlich, dass es je noch etwas Vergleichbares geben wird.«
The Times

Fischer Taschenbuch Verlag

Wolfgang Machreich stellt zwölf Schicksale vor: Menschen, die nach Europa gekommen sind und hier um ihre gesellschaftliche Anerkennung ringen. Eindringlich zeigt er, dass Integration ein wechselseitiger Prozess der Anpassung sein muss: Integration zielt auf das Ich, das Du, das Wir!

Wolfgang Machreich
**GESTRANDET
ODER GELANDET?**
**Wie Integration gelingen kann
Menschenbilder und Strategien**
192 Seiten
Hardcover mit Schutzumschlag
€ 19,95
ISBN 978-3-85485-221-6

molden